U0840841

SHEQING MINYI
CHUANGXIN SHIJIAN

社情民意创新实践

范笑天 ◎ 著

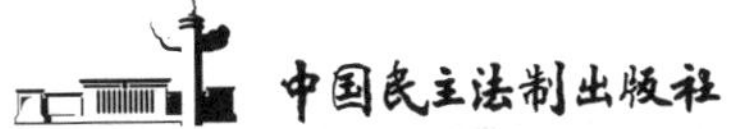

图书在版编目（CIP）数据

社情民意创新实践 / 范笑天著 . -- 北京：中国民主法制出版社，2023.12

ISBN 978-7-5162-3406-8

Ⅰ. ①社… Ⅱ. ①范… Ⅲ. ①民意测验—社会调查—研究—中国 Ⅳ. ① D668

中国国家版本馆 CIP 数据核字（2023）第 236952 号

图书出品人：刘海涛
策 划 编 辑：黄丰文
责 任 编 辑：陈　曦
文 字 编 辑：李　郎

书　　名 / 社情民意创新实践
作　　者 / 范笑天　著

出版·发行 / 中国民主法制出版社
地址 / 北京市丰台区右安门外玉林里 7 号（100069）
电话 /（010）63055259（总编室）　63058068　63057714（营销中心）
传真 /（010）63055259
http: //www. npcpub.com
E-mail: mzfz@npcpub.com
经销 / 新华书店
开本 / 16 开　710 毫米 ×1000 毫米
印张 / 18　**字数** /215 千字
版本 / 2023 年 12 月第 1 版　2023 年 12 月第 1 次印刷
印刷 / 廊坊市祥丰印刷有限公司

书号 / ISBN 978-7-5162-3406-8
定价 / 85.00 元
出版声明 / 版权所有，侵权必究。

（如有缺页或倒装，本社负责退换）

序

中共十八大以来，以习近平同志为核心的中共中央高度重视多党合作事业，习近平总书记十分关心中国特色社会主义参政党建设。各民主党派始终坚持以习近平新时代中国特色社会主义思想武装头脑、指导实践、推动工作，不断提高政治站位，坚持与完善中国共产党领导的多党合作和政治协商制度，团结引领广大成员不断继承光荣传统、传承优良作风，增进对中国共产党领导和中国特色社会主义的政治认同、思想认同、理论认同、情感认同，夯实多党合作的共同思想政治基础。

各民主党派认真学习贯彻习近平总书记关于做好新时代党的统一战线工作的重要思想，深刻领悟“两个确立”的决定性意义，增强“四个意识”、坚定“四个自信”、做到“两个维护”，结合民主党派肩负的职责使命，把“四新”“三好”要求落到实处。确保中国共产党在同心圆中永远居于圆心的地位和作用，在实践中不断巩固和强化统一战线“众星拱月”的良好局面，利用自身优势，发挥积极作用，贡献正能量。

中国新型政党制度创造了一种新的政党政治模式，在中国政治和社会生活中显示出独特优势和强大生命力，在推进国家治理体系和治理能力现代化中发挥了不可替代的作用，也为人类政治文明发展作出了重大贡献。要依照习近平总书记的嘱托，把民族复兴作为最高政治目标去奋斗。当前，民主党派的参政能力，与新型政党制度完善要求存在一定差距。对此，民主党派要有紧迫感，要从新型政党制度运行的大框架下思考和实践。民主党派要坚持以中国共产党为师，树立“打铁必须自身硬”“有为才能有位”的观念，补齐自身建设短板，不断提高政党意识，全面提升履职能力，建设中国特色社会主义参政党，为新型政党制度创新完善继续努力。

中共中央对参政党建设的重视，为各民主党派在新时代履职尽责提供了政治保障。各民主党派要始终坚持以习近平新时代中国特色社会主义思想为指导，认真学习贯彻中共十八大、十九大、二十大及历次全会精神，贯彻落实习近平总书记关于做好新时代党的统一战线工作的重要思想，结合实际、大胆探索、努力实践、积极履职，推动各项工作不断取得新成效。

编辑出版《社情民意创新实践》一书，意在着重回顾梳理中共十八大以来，在以习近平同志为核心的中共中央坚强领导下，民主党派成员担当作为的时代使命和时代精神。本书主要以建言献策阐释学习贯彻习近平总书记关于做好新时代党的统一战线工作的重要思想，充分加强自身能力建设，提升履职工作实效等方面的创新实践探索，反映和展现新时代民主党派成员夯实信仰之基,力求上进,勇于实践的勤勉务实作风。

本书共收入 50 篇个人履职建言文章，全面立体展现新时代民主党派成员作为中国特色社会主义参政党成员履职尽责的探索成果，包括创新工作的背景、思路、做法、过程、成效以及心得体会，在选取文章上力求体现较强的思想性、开创性、典型性，同时又要兼顾可读性、感染力。希望通过创造性的探索实践，在履行基本职能过程中，坚定信仰，不忘合作初心，把中共中央的决策部署和多党合作统战工作的根本要求贯彻落实下去，在实现中国式现代化民族复兴伟业的新征程中奉献参政党成员的一份力量。

范笑天

2023 年 8 月 25 日

目录
CONTENTS

全面推进农业产品升级，促进乡村产业振兴

聚焦北京“十四五”规划开局起步，着眼推动北京经济社会高质量发展彰显乡村产业功能，让习近平总书记就乡村振兴战略、“三农”发展等系列重要论述在京郊大地落地生根开花结果，民建北京市委就北京农产品转型升级的发展现状、存在问题、实现路径举措等问题开展调研。

一、北京农业产业发展情况

近些年，受新冠肺炎疫情等因素影响，不论全国种植业养殖业等农业产业，还是一、二、三产业融合发展，规模效益等综合指标均有所下降。北京市全面贯彻落实习近平总书记关于“三农”工作的重要论述，奋力谱写乡村振兴新篇章，实现了“十四五”农业产业起步平稳良好。

一是农业产业结构调整迈出新步伐。坚持“调转节”，北京优化和调整农业产业结构，减少高耗水作物播种面积，清退低端养殖场，逐步实现农业产业向重生态、高品质、精品化目标转变。据统计：2013—2018 年，北京农业高耗水作物播种面积从 290 万亩调减到 83.5 万亩，调减了 70%；低端规模养殖从 2535 家调减到 255 家，调减了 90%。

二是绿色创新产业体系取得新成效。据统计，2013—2018 年，农业年用新水量从 7.3 亿立方米下降到 4.18 亿立方米，调减了 43%。化肥和

农药施用量分别减少了46%和30%，“三品一标”认证覆盖率从42%提高到71.8%。农业生态服务价值贴现值从9431亿元提高到10992亿元，提升了16%。2018年第一产业万元增加值能耗、水耗分别比2014年下降了1.6%、32.4%。

三是产业融合发展彰显新作为。北京不断优化农业产业供给侧结构性改革，加快构建都市现代农业产业集群，促进产业融合发展。支持平谷国家现代农业（畜禽种业）产业园、通州国际种业科技园区发展创建，成功举办世界草莓大会等6项国际性农业展会，连续举办7届北京农业嘉年华，实现“办好一次展会、带动一个产业、致富一方农民”。

四是农村居民增收拓展新途径。以打造精品民宿、休闲农业、乡村旅游、农事体验、健康养老等生态型农业产业，不断激活农村居民干事创业热情，拓展增收渠道和门路，以提高农业创新力、竞争力和全要素生产率，因地制宜推动富民产业。2018年，全市百家精品民宿、1172个休闲农业园区、7783个民俗旅游接待户，接待游客近4000万人次，极大增加农民收入。

五是农产品升级体现新成就。北京品牌的高产优质玉米年推广面积占全国的1/6，“京红”“京粉”系列蛋种鸡蛋占全国市场的1/2；绘制出世界首张西瓜基因组序列图谱，建成全球数量最大的玉米品种标准DNA指纹库。

六是京津冀农业产业协同发展实现新跨越。在环京周边地区扶持建设蔬菜基地近30万亩、家禽基地34家，环京津一小时物流圈20个蔬菜主产县平均供京比重近59%。京津冀协同发展标志性工程“三元乳业河北工业园”带动当地1500人就业；配套建设1.7万亩的高标准畜牧场，带动周边农户种植青贮饲料5万亩，年增收2000万元。

二、农产品（优特）产业分布情况

北京都市型现代农业区域划分为山区生态涵养发展圈、近郊农业发展圈、城市农业发展圈、平原农业发展圈和环京合作农业发展圈五大农业圈，各个农业圈对应了北京的各种特色农产品。比如：密云有特色粮食经济作物甘薯和特色蜂蜜产业；延庆有苹果、西瓜等知名农产品；怀柔有板栗；房山有上方山香椿、西河谷稻和冰柿子等特色农产品。近郊农业发展圈包括海淀区、朝阳区、昌平区，其中海淀有京西稻和玉巴达杏，昌平有草莓和京白梨。城市农业发展圈主要在丰台区，主要的特色农产品有草桥菊花等。平原农业发展圈主要包括平谷区、通州区、大兴区。平谷的特色农产品有茅山后佛见喜梨、平谷大桃和燕山板栗等，通州的主要农产品是蔬菜，作为北京的菜篮子，大兴有庞各庄金把黄鸭梨。

北京地区特色农产品分布表

名称	地区	备注
甘薯	密云区	
蜂蜜	密云区	密云蜂蜜
西瓜	延庆区	“延庆西瓜”品牌
苹果	延庆区	延庆国光苹果
京西稻	海淀区	地理标志农产品
玉巴达杏	海淀区	地理标志农产品
怀柔板栗	怀柔区	地理标志农产品
昌平草莓	昌平区	地理标志农产品
京白梨	昌平区 / 门头沟区	地理标志农产品
冰柿子	房山区	

续表

名称	地区	备注
西河稻谷	房山区	
上方山香椿	房山区	地理标志农产品
草桥菊花	丰台区	
茅山后佛见喜梨	平谷区	地理标志农产品
平谷大桃	平谷区	地理标志农产品
燕山板栗	平谷区	地理标志农产品
蔬菜	通州区	
庞各庄金把黄鸭梨	大兴区	地理标志农产品

三、北京农产品优势情况

1. 平谷区。果品生产是平谷农业经济的支柱产业和农民致富的主要来源，建成了大桃、板栗、红杏、苹果、核桃等 8 大果品基地 40 万亩，年总产量 1.6 亿公斤，约占北京市总产量的 1/4，连续 12 年居北京市首位，是全国果品百强区之一，其中“平谷大桃”“北寨红杏”“茅山后佛见喜梨”属于地理标志农产品。“平谷大桃”已成为北京市的拳头产品，享誉全国，其品种之多、产量之高、上市时间之长、出口量之大均居全国区级首位。以大桃种植面积发展到 20 万亩，设施大桃面积 8000 亩，大桃年产量 1.2 亿公斤，荣获中国果品学会授予的“中国桃乡”称号。

2. 顺义区。顺义区以养殖为主，一直秉承在保护自然生态环境基础上，依据自身地理资源优势和产业基础，不断调整和优化产业布局，形成适度规模化经营的养殖区。尽可能减少环境污染，并将废弃的资源转换为可再利用的无公害资源，使产业形成闭合式链条持续健康发展。

3. 昌平区。昌平区所处的特殊地理位置，非常有利于草莓生产。草莓具有营养丰富、香味浓郁、种植收益高、见效快、老少皆宜等优点，近年来昌平区大力发展草莓产业，使其成为昌平京郊采摘的主要果品、提高农民经济收入的重要经济作物。昌平区农业形成了以草莓生产为中心的“草莓产业链”和“草莓文化”，草莓产业已成为昌平区农业的主导产业、农民致富的新途径。

4. 大兴区。按照《大兴区农业结构调整工作意见》中任务指标规定，到2020年，农业规模化生产面积将达到22万亩，约占全区农业生产面积的53%（不含生态林），农业结构调整指标简单概括为“515818”，“5”是指5万亩瓜田，“15”是指15万亩菜田，“8”是指8万亩粮田，“18”是指新增及改造林木面积18万亩。到2020年，大兴区农业产业总体布局调整为“东粮、中菜、南果、北绿”。据此，大兴区特色农业产业的发展重点转化为瓜菜产业和林果产业，其中瓜主要是西甜瓜，菜主要有黄瓜、西红柿、菜花、叶菜、茄子、辣椒，林果类主要有葡萄、梨和安定镇的桑葚。

5. 延庆区。延庆区蔬菜供应保障能力稳步提升，菜田面积达到5.8万亩，建成北京市夏秋季蔬菜重要供应生产区。禽蛋、鲜奶供应保持稳定。据统计，延庆区药材与景观作物品种83种，总面积21297亩，其中纯药用植物29个品种1786.5亩，药用景观作用兼备植物21个品种9994.5亩，无药用的景观植物33个品种9516亩。其中500亩以上规模的品种有黄芩、油葵、茶菊等13个品种，多分布在东部山区。

四、北京农业产业面临的问题

近年来，北京农业产业结构调整取得新进展，绿色创新产业体系取得新成效，农村居民收入得到提升，各方面取得了良好成就，但仍面临高质农产品发展后劲不足、农业产业新型人才短缺、销售渠道传统简单等问题。

一是高品质农产品发展后劲不足。农业产品规模化程度不深，辐射和带动能力不强，优质农产品辨识度低，市场认可度不够。产业单一化，势必造成产能过剩，有些经济作物存在跟风种植、过度集中上市的情况，面临较大市场风险。蔬菜育苗相关技术攻关能力急需提高，相关种苗研发、基地建设有待加强。据统计，2021 年“北京优农”品牌申报初选通过企业 149 家，通过企业中种植业 94 家，占 63.08%，渔业占 2 家，种植业仍是北京农业产业主力，渔业还不能满足供给。

二是农业产业新型人才短缺。建立适应新农村发展，支撑产业发展长久稳定人才链是稳步提升产业产品升级、提高农民经营性收入的重要保障。当前，面临适应新农村发展人才资源短缺的难题，缺少与市场经济要求相适应的经营管理、品牌营销、电商、金融等人才，更缺少与乡村产业发展相契合的本土实用技术人才。

三是销售渠道传统简单。农业产业销售主要还是以传统的销售模式为主，受疫情影响，很多农产品滞销情况严重，急需拓展销售新模式。北京“点状供地”水平有待提升，在用好本市 29 处试点实施“点状供地”项目服务基础上，积极探索农村集体建设用地“点状供地”新模式。调研发现：国贸商城的中岛一直闲置，可以免费提供活动场地，类似的老牌商城还有很多，新燕莎集团、翠微股份等，如何协调北京市的商业资源帮助优质农产品有更多机会展示、传播、销售是需要相关部门规划设计的。随着科技不断发展，2—3 年实体经营后将转型线上经营，有的时间还短些。按照这样的规律，在政府相关政策的扶持下，未来农产品转型线上营销将成为必然。

五、全面推进农业产业品牌升级、促进乡村产业振兴的几点建议

北京农业在做强做好“调转节”前提下，应不断提升都市农业农村现代化水平，释放农业产业创新能力，促进北京农村生态整合功能不断发挥潜力，在京津冀农村农业各项改革举措协同推进中，守好“米袋子”、做精“菜篮子”、保障“肉案子”、管好“果盘子”，让绿色发展成为首都农业产业最亮底色，全面推进农产品品牌升级，实现农村居民增收，促进乡村产业振兴。

1. 扛起首都“三农”工作责任，全面推进农产品升级。2021 年 3 月 2 日，蔡奇书记在全市农村工作会议上强调，做好新发展阶段首都“三农”工作，必须立足北京“大城市小农业”“大京郊小城区”的市情农情，着重把握好四点：坚持把解决好“三农”问题作为全市工作的重中之重，下大力气补齐农业农村现代化这个短板，把乡村振兴作为融入新发展格局的重要举措来抓，坚持走“大城市带动大京郊、大京郊服务大城市”的城乡融合发展之路。

一是把握党总领“三农”工作总基调不松懈。贯彻落实《中国共产党农村工作条例》，把“五级书记抓乡村振兴”要求落到实处。各部门要遵照蔡奇书记指示要求，切实扛起“三农”工作责任，全面提升工作能力，凝心聚力促进农产品升级改造，真抓实干实现农民增收、强化使命保障和改善民生，让农村居民充分共享首都改革发展成果。积极发挥

基层党组织联系协调作用，把政策制定好贯彻执行好，把要做的事规划设计好，把能人使用好，把在脱贫攻坚工作中有想法、有经验、有办法的优秀干部和人才充分利用起来，党组织要成为扎根在农村干事创业者的“后台”，要积极发挥基层党员模范带头作用，少做指挥者，多做执行人、带头人。

二是聚焦碳达峰碳中和目标贡献首都力量。蔡奇书记2021年5月29日，在永顺镇座谈时指出，实现碳达峰、碳中和是一项系统工程，需要多管齐下、综合施策。他强调，实现碳达峰、碳中和，是贯彻习近平生态文明思想的重要实践，是我国实现可持续发展、高质量发展的内在要求，也是构建新发展格局的重要标志。北京作为首都，理应在这方面走在全国前列。当前，部分农业产业对降碳认识有待提高，化肥农药使用超标现象仍存在，农村产业结构调整依然处于突出地位。为此建议：大力降低农业企业能耗，积极推广绿色农业理念，减少农药和化肥使用；推动传统农业行业资源循环利用及技术改造升级；聚焦绿色农业产业发展技术攻关，为相关科研主体营造更加宽松和谐研发环境，各级党组织要为科研团队和人员施展才华提供“平台”，支持相关科研和知识产权保护工作开展，为彻底解决“卡脖子”问题保驾护航。

三是正确处理好发展适度规模经营和扶持小农户的关系。产业规模化生产问题要坚持因地制宜，不能一味求大摊全，既要把准发展适度规模经营是农业现代化必由之路的前进方向，发挥其在现代农业建设中的引领作用，也要认清小农户家庭经营很长一段时间内是我国农业基本经营形态的国情农情，在鼓励发展多种形式适度规模经营的同时，完善针对小农户的扶持政策，加强面向小农户的社会化服务，把小农户引入现代农业发展轨道。党组织要做好顶层设计和谋划，对于群众有关农业现代化相关认识的不准确认识，要积极面对和处理，不能将矛盾积压、风险上移，要用勤勉务实担当作风推进乡村振兴各项工作健康有序发展，做到解疑释惑凝聚共识，实现人民安居乐业社会和谐稳定的良好局面。

2. 尊重市场规律，提升产品质量。实现市场认可，消费群体买单的必要前提应该是产品质量过硬。在推动北京市农产品升级中要始终立足服务首都城市战略定位，坚持新发展理念，推动城乡一体化和农业现代化高质量发展这一前提，坚持兴农靠质量、强农依品牌，扭住“绿色”和“溯源”两个关键要素，加快推进双认证步伐，完善农产品质量安全追溯体系。

一是推动建立农产品质量溯源体系。农产品升级的关键就是产品的质量，为了解决这一突出问题，2021 年 3 月 10 日，北京市农业农村局发布建立北京市优质农产品产销服务站，其中主要承担农产品质量安全追溯体系建设、无公害种植业农产品产地认定和产品认证以及种植业田间督导方面的技术性、辅助性工作等。北京目前有国家地理标识保护产品、地理标志证明产品、农产品地理标志产品共计 30 余项，以地理标志产品为引领，逐步建立更多农产品质量溯源体系，为提升北京农产品知名度、美誉度、影响力保驾护航。

二是大力推行农产品绿色标准化。完善农产品质量追溯体系，重点推广绿色、环保生产技术。以质量安全备案溯源编码标识、信息采集和数据传输为核心技术，对农产品选种、施肥、种植、培育、收获、仓储、运输等全过程加强备案溯源。强化资质备案制度、建立电子化追溯体系，加强农产品生产加工制造运输储藏的监督和管理，建立农产品的电子档案，实现产品从种植到餐桌追溯和全流程监管。建设“农产品政府端智慧管理平台”“农产品正品商城＋社区 App”“农产品物流运输行业智慧管理平台”“农产品保险理赔业务智慧管理平台”“农产业废物处理智慧管理平台”，逐步完善对农产品的生产企业、品牌运营企业、销售企业、物流运输企业等全产业链信息溯源体系的建设。

三是提供正品认证交流交易平台。围绕无公害种植业农产品产地认定和产品认证全产业链建设绿色分享交流平台，营造相互促进的良性竞争环境，帮助政府职能部门对农产品原料来源、生产制造、质量认证、产品流通等环节进行有效的监控监管，推进物联网、区块链、编码标识、数据共享、质量追溯等技术在农产品升级中的应用。

3. 引导科技赋能打造品牌，让消费者选得舒心、买得称心、用得放心。 2021 年 3 月，蔡奇书记在全市农村工作会议上强调，做优特色农业，培育一批富有“农味”和“京味”的农产品加工品牌。政府要引导科技赋能农产品升级，鼓励更多的“农味”“京味”自信地走出去，加大鼓励具备条件的地区可以根据本地实际，举办科技赋能展销会展览会。

一是政府引导要先行。适时出台“关于进一步加快农业发展的决定”“北京市特色农业项目扶持意见”等政策，建立起基地优势主导、产业扶持、保障产业发展的长效机制。加快农业优良品种更新换代，大力引入社会力量参与种苗、植保、营养配肥、土壤改良、冷链、销售等环节。以创建“全国电子商务进农村综合示范县”为契机，建立健全农村电商服务站点，大力发展电商，放大品牌效应，实现农村物流服务全覆盖，有效促进农产品网上销售。此外，要加大对北京市渔业企业的扶持力度，重点开发特色农产品精深加工。

二是坚持农产品现代化发展思路。推进弱项产业发展生产标准化、种植适度规模化、经营产业化、产品品牌化、技术现代化，帮助生产规模相对较小但品质优良的农产品提高知名度，打造“名优特”农产品。把“弱项目”做成“大产业”，通过扶持建立产业示范基地逐步向核心基地成长过度的发展新格局，以其为辐射，形成以“名优特”农产品为主导产业的“村有品、人有业、区有名”都市产业新格局，摸索出一条把农产品做成强势产业，确保农民增产增收的新路子。

三是科技支撑要落到实处。《北京市“十四五”时期乡村振兴战略实施规划》强调强化科技创新引领，全面提高农业效益和竞争力。应积极开展各种新品种培育和技术创新研究工作，编制北京绿色农产品生产标准化技术规程，组织力量进行蔬菜种苗技术攻关，同时要主动与国内超大城市、国际农业科研院所开展合作。根据种植户的需要，采取“配餐式”的形式，邀请专家举办各类科技讲习班。打通各类农产品协会技术、信息等资源共享，为农户在产前、产中、产后做好全程的技术和信息服务。

4. 用好各类政策工具箱，发挥消费促进乡村振兴的积极作用。农产品一边连接着需要增收增富的农村居民，一边连接着偌大的消费市场。通过各种展销推介，借助电商平台推广等形式，为升级后的农产品提供更多展示舞台，有效满足市场消费潜力。北京市要继续实施国家级电子商务进农村示范县项目，完善电商物流体系和电商人才体系建设。

一是大力发展电商及加工业。积极开展家庭农场示范创建，培育新型农业经营主体，改善投资环境，创建优质营商环境，引进涉农龙头企业、电商企业参与实现私人订制，充分发挥民间商协会的作用，大力打造电商平台，放大品牌效应。加强特色优势产业加工园区建设，进一步开发精深加工产品。北京市各地方都在建设融媒体中心，积极培养本乡本土直播达人，同时要合理利用地方融媒体或各街道（乡镇）公众号来做公益宣传。

二是释放农业功能，围绕农产品升级发展休闲旅游新业态。充分利用区位优势，在已有一定规模和知名度的旅游优势基础上，大力发展以特色农产品种植、食品加工为纽带的精品民宿、田园观光、农耕体验、森林康养等新业态，延长产业链，提升价值链。在打造田园综合体中，构建“政府引导、企业主体、农民载体、全社会参与”的农业创新发展机制。

三是聚集金融经销零售等各方资源，建立产业链稳定利益联结机制。用好《北京市人民政府办公厅印发〈关于进一步加强金融服务“三农”发展的若干措施〉的通知》《关于金融支持农民专业合作社发展的意见》等农村金融扶持政策，放大财政支农效应，缓解北京市“三农”领域“融资难”“融资贵”的问题。以农民组织的合作社或村集体作为项目实施的主要载体，鼓励全社会力量充分参与农业产业链条，采取订单模式，满足私人定制需求，与村民风险共担、利益共享。

5. 改善农村农业新职业供给质量结构，保障人才支撑。中国的现代化离不开农业农村现代化，农业农村现代化关键在科技、在人才。要加大农业技术现代化人才经费投入，保障人才队伍建设持续发展。乡村振兴更要重视提高农业技术现代化，相关教育主管部门要尝试在农业院校、农科类专业中开展定向生招录，对愿意报考涉农类考生给予一定的奖励，给予一定的分数优惠，“强化引导、讲明政策、描绘前景、寻找突破”，多培养愿意扎根农村的人才。

一是政府要在提高农民技能上多下实功。推行高素质农民培育工程，利用集中办班、现场培训以及农业远程教育、农业特派员、农业驻站专家等方式，开展家庭农场主专题培训，成立农民专业合作社、合作联社等基层集体组织，真正让农民共享集体经济发展和农村改革成果。二是改善农村农业新职业人才供给质量结构。随着新技术、新产业、新业态、新模式的不断产生和发展，围绕农业产业特征特点，新兴农业职业不断涌现，要加快培养大批高素质劳动者和技术技能人才，改善农村农业新职业人才供给质量结构，支持产业聚合发展，建设“农产品技术人才服务平台”，推动农业产业链数字经济与实体经济的深度融合。三是要大力推进城乡基础公共服务一体化均等化发展。让来乡村的人才可以享受到与城里人一样的基本公共服务，也可以让生活在农村的人们享受到与城里人一样的公共服务，鼓励和吸引新乡贤、返乡大学生、退伍军人等投身乡村振兴，在乡村振兴推进工作中给能者以舞台，促使他们进一步成长为推进乡村振兴的骨干力量。

论政党协商制度的理论意义

在统一战线框架内的政党协商制度的践行，具有多方面的理论意义，这在过去的探讨是不够的，这不利于政党协商制度的进一步深化和完善。笔者认为，如下几个问题亟须在理论上加以深入探讨。

第一，中国共产党领导的政党协商是在一个核心党（执政党，即中国共产党）的领导下开展的，各政党在法律上是平等的。但是，在政党的地位、作用和影响力方面，还是有主次差别的，中国共产党居于绝对的核心地位，这是历史选择的结果，也是各种社会政治力量关系发展的结果，中国共产党的政治主导作用不可或缺，也是不可替代的。这样，在政党协商过程中，就有明确无误的主次之分。而在中国的政党协商制度运行过程中，中国共产党占据大党的主导地位，却从来不以此便利图一党之私利，而是从最广大人民群众的利益出发，站在国家整体发展目标高度，认真地开展政党协商，听取各参政党的意见和建议，中国共产党与民主党派“肝胆相照，荣辱与共”的关系，反映在政党协商制度中，就是将国家发展和社会进步的各项重大政策的政治责任，与其他政党共担。这是一种全新的政党关系模式，一改西方政治学教科书所言“政党关系必定是强竞争关系”的定论。居主导地位而不自傲不排斥异见，这就是中国共产党运行好发展好政党协商制度的核心所在。所以，在中国特色社会主义政治制度的词典里，就独创地列有“政党平等”概念，在涉及国家发展和社会进步的重大政策讨论过程中，参与协商的政党是完全平等的，不存在大党小党之分。——这就是以“政党平等”理论为指导，来推进和完善政党协商制度。

第二，核心党的优势资源不断扩展的重要方式。中国共产党历来重视思想建设和组织建设，成为执政党以后，这两方面的建设更上台阶，具有不可比拟的政治优势。在统一战线框架下的政党协商制度，恰恰成为这种组织优势扩散的重要机制，中国共产党从来就注重调动全社会的积极力量来实现政治目标，在革命时期是如此，在建设时期是如此，在改革时期更是如此。这种调动的一个重要途径就是以组织化、制度化方式，让全社会的主要人群、阶层和阶级都能够领会、理解和认同中国共产党的政治目标，并用恰当的政治方式来引领人们为实现这一目标共同努力。政党协商就是调动社会的政党资源，以民主方式就重大政策问题进行协商，凝聚共识，组成合力。如工青妇等人民团体承担着联系群众、反映民意、集中民智的桥梁纽带作用，而中国共产党通过强化政治领导等方式来起到引领作用。政党协商制度，与此类似，是一种在中国共产党领导下的政党之间良性合作相互促进的机制。——这就是以“优势资源扩散”理论来促进统一战线框架内的政党协商迈向更高的阶段。

第三，社会政治动员的高级阶段。社会政治动员是一个以全社会成员为对象的广泛过程，但是，不同组织形式的人群接受动员的条件、程度和后果是不完全一样的。过去，在毛泽东时代更多关注于缺少严谨组织化的一般民众的政治动员（比如政治意识教育、政治活动的参与），而如民主党派这样具有较高级组织化形式的人群的政治动员被放到了次要的地位，这样，这部分人群的专业知识、能力和组织潜力就难以充分地发挥出来。进入改革开放时期，民主党派的政治地位得到了恢复、政治作用得到了重视，政治参与形式也越来越多样化，在统一战线框架下的政党协商是这种参与的高级形式之一，让民主党派能够有真正的机会参与国家和社会重大决策的制定和实施。这反过来也促进了民主党派人士更多地关心国家和社会重大事务，更有效地利用自己的专业特长和组织资源来为国家发展和社会进步服务。也就是说，中国共产党的政党协商，对民主党派成员而言，使得他们进入政治生活的深度层面，无论在相关信息的获得方面，还是在决策参与、实施监督方面，他们发挥了重要作用，而这是最高层面的政治动员结果之一。同样重要的是，政党协商使得这种政治动员被导向一个正确的大方向，减少了过度的政治动员可能带来的政治无序或动荡的几率。——这就是以“政治动员”理论来强化政党协商的积极政治效应。

第四，制度化协商有利于避免、缓冲不同群体利益的冲突。从广义上看，八个民主党派是社会上相应人群的利益和意愿的代表者，统一战线框架下的政党协商本意也是通过制度化的协商途径，来创造这样一种机制：不同人群的代表有平等的机会来表达他们的利益与意愿，这种表达被纳入协商轨道，从而避免了因为利益与意愿的差异、对立而造成政治冲突。设想一下，如果不通过协商，而是通过其他渠道（比如党际竞争等），就会耗费大量的社会政治资源，就会产生过度的失控的政治斗争，这种斗争很可能造成社会分裂，如果一些别有用心的政治团体或个人在其中上下其手的话，就必然演变成为全社会政治危机，近些年来泰国发生的危机就是典型的反面事例。社会和解和合作理论目前在西方和东方很多社会里十分流行，就是因为它能够用来加深对西方民主政治中的负面效果的认识，帮助人们少走弯路，寻找解脱困境的可行方法。中国人口众多，不同群体在改革开放进程中的利益得失不尽一致，一些重大政策难以施行到位，就与此有关，所以，以社会和解合作理论来探究其中的一些关键性问题，可以提供一些解决的思路，而政党协商制度的实践，也可以借用这个理论来深化、优化，以便更有效地整合社会各方面的力量，真正集聚人心、集聚智慧，达成社会的真正有机团结。——这就是以社会和解与合作理论来深化政党协商制度对整合社会力量方面的有效作用。

第五，政治制度优越性的内核：稳定、可预期、包容性、开放性，这对越来越开放的中国社会来说，是一个基本要求。在过去几年，因为认识上的一些偏差，政治稳定被过分狭隘的定义，在政治操作过程中，也出现了一些失误，其结果恰与初衷相悖，一些政治不稳定因素增长很快。而统一战线框架下的政党协商制度的新开拓，为确保建立高质量的政治稳定，提供了有效的方法，奠定了坚实的制度基础。我们国家处在社会转型的关键时期，各种矛盾和摩擦对社会政治稳定构成了负面力量，影响稳定的各种因素十分复杂。要根本上确立起真正的政治稳定，就要从制度建设入手，而这一制度必定是有利于挖掘各方面人士的政治积极性、发挥各方面人士的参与热情、确保各方面人士政治参与的权利。政党协商制度的要义是吸纳社会各类人群的政治意愿、利益和智慧，化解可能出现的政治上的种种不一致，为合理的政治参与愿望提供制度化的渠道，所以，尽管在协商过程中可能出现不一致，但它却起到了“释放”作用，使得全社会对这种不一致有相当的思想准备，为化解这种不一致寻求建设性的出路。这个过程在本质上就是积极地维护政治稳定的过程，相比应急地解决已经出现的种种政治矛盾和危机，要主动得多，可选择的余地要广泛得多。——这就是以“政治稳定”理论来推进政党协商制度的可持续性。

第六，促进协商各方政党本身的民主化制度建设。在政党的功能与作用发挥方面，用进废退是一个基本原理。它指的是，一个政党在国家和社会重大事务决策和执行中的功能与作用发挥得越积极，政党的活力就越强，其发挥功能和作用的能力也越强，反之，政党自身的功能就会退化，变得失去组织活力，在社会上也失去影响力。回想一下，在“文革”时期，政治秩序大乱，民主党派被迫停止活动，根本谈不上参与国家和社会重大政策的制定与实施，结果是，当“文革”结束民主党派恢复活动时，既没有人才，也没有健全的组织结构，更没有影响力。那时，执政党的重大政策决定（比如停止“以阶级斗争为纲”的口号、将工作重心转移到经济建设上来等），民主党派根本没有能力参与，只有被动地学习领会的份儿。经过三十多年的多党合作制度建设，民主党派越来越多地参与到国家和社会重大政策的决定与实施过程中，发挥的作用越来越明显，这客观上也促成民主党派的参政能力的提升，相关的组织建设、思想建设和作风建设也上了新台阶。政党协商制度的运行，更是为民主党派本身的建设提供了良好的契机，因为，要在这种协商中真正发挥作用，就必须在民主党派的建设方面有所作为。比如：要用更多的方法来与民主党派人士及所代表的人群、阶层发生联系；对国家和社会重大事务有更精深的研究；对政党的政治活动有更精细的设计，与中国共产党的政党合作方式有更积极的探索。所有这一切，都是政党建设的重要课题，而政党协商制度的运行让我们有机会在具体生动的政治实践过程中深化探索，并在政党建设方面有更远大目光，有更切实的组织操作手段。在这一方面，中国共产党的“党的建设”是有大量经验可循的。——这就是以“政党建设”理论来为政党协商制度奠定更加厚实的基础。

建立设计师独立发展体系应设立国家级工业设计师资格考试

从大国重器到寻常百姓家的锅碗瓢盆，工业设计距离我们并不遥远。工信部等十一部委于2010年7月22日联合发布《关于促进工业设计发展的若干指导意见》，该文第七条“营造良好的市场环境”中明确提出建立工业设计专业技术人员职业资格（IDVQ）制度、开展工业设计专业人员的职称评聘工作。其后，广东省和浙江省分别于2010年和2013年颁发了本省首批IDVQ证书，成为中国最先推行该制度的两省。

当前，工业设计师资格认定考试等相关工作在各省各地的发展存在不协调不均衡等问题，工业设计对提振制造业高质量发展、不断满足人民对美好生活向往具有重要意义。新时代高质量发展新阶段，必须加快工业设计发展并鼓励创新，让工业设计为“中国制造”到“中国智造”保驾护航。

构建“双循环”发展新格局，通过工业设计赋能产品附加值是从需求侧着手，引导国内消费群体尤其是广大中高端消费群体加深对自主品牌的信赖。改革开放40多年，靠良好设计和产品质量的国外高档商品冲击着国货，我们要从国货“怎么了”的质疑中勇于面对工业设计发展存在的短板和不足。

工业设计是以工业产品为主要对象，综合运用科技成果和社会、经济、文化、美学等知识，对产品的功能、结构、形态及包装等进行整合优化的集成创新活动。高质量工业设计可以为企业发展贡献利润，提高产品市场竞争力，撬动国内大市场潜力。与传统产业相比，工业设计产业具有知识技术密集、物质资源消耗少、成长潜力大、综合效益好等特征。作为典型的集成创新形式，与技术创新相比，工业设计具有投入小、周期短、回报高、风险小等优势。作为面向工业生产的现代服务业，工业设计产业不是要创造一种参数或者性能，而是以人为中心，以价值创造为核心，在某种程度上工业设计为人类进步实现可持续发展提供不竭动力。为了更好地推动工业设计服务经济社会生活健康发展，积极培养更多业务精湛的设计师，提出以下建议。

一、建立设计师独立发展体系

一是摆脱工业设计被边缘化的境地。当前，我国工业设计水平基本停留在产品改良改造阶段，原创设计力量不足。部分企业对工业设计的重要性认识不足，工业设计部门在部分企业处于边缘化地位。二是客观认识我国工业设计现状。工业设计在我国起步比较晚，仅仅借鉴学习国外设计，虽然实现了短期见效益的目标，但在平台建设、人才梯队的培养等方面还比较薄弱，而大部分企业只重视引进技术、购买设备、广告营销，没有把工业设计作为企业产品开发流程的核心竞争力纳入经营战略。三是需要给予更多政策扶持。国家相关部门要给工业设计行业更多的扶持政策、发展空间，比如在国家级重大项目招投标、推荐参评奖项等方面给予独立工作室、民营设计机构更多的机会，要鼓励更多的设计师在自主创新方面有积极作为。

二、建立工业设计师准入制度迫在眉睫

一是工业设计要坚持走产学研前置融合道路。工业设计是实践学科，目前的应届毕业生，到实践中无法立马进入工作，基本都是经过6个月的培养才能进入项目组。对公司来说，这6个月，公司处于投入期，没有产生利润。产学研的融合，需要前置，让学生更早地进入项目中，估计能节约一些时间。二是认识中国的工业设计师群体特点。中国工业设计师群体劳动强度大、收入低、工作不稳定等。此外，因为没有专门的职称，工业设计师的职称评定一贯走工程师系列，设计师被迫花大量时间去准备不熟悉的工程师职称考试，所以设计师的资格考试要针对行业特点设计设置。三是行业发展急需资格准入制度建立。现在中国工业设计师还没有达到一定规模，需要培养更多高质量工业设计师。当前，工业设计师行业准入门槛较低，行业缺乏统一规则，行业健康发展需要建立统一准入标准和制度。工业设计事关国家长久发展战略和目标，必须加强包括政治、战略、管理在内的顶层设计。行业健康发展需要各方面的关注和扶持，设计无国界，但设计应有民族和时代属性，中国工业设计发展需要建立健全相关体制机制，更需要从业者不断前进不断创新。“让中国工业设计赢得世界尊重”，这既是使命也是担当。

大力发展群众冰雪运动，促进冰雪经济发展

“冰天雪地也是金山银山”。北京冬奥必定为点燃冷资源，为促进中国冰雪经济快速发展提供绝佳机会，北京冬奥会的举办也必将带动中国冰雪体育产业、冰雪经济的大发展、大繁荣。当前，我们实现了3.46亿人上冰雪的目标，全国各地正化冰雪资源为冰雪文化、冰雪经济，让“冷资源”热起来，冰雪资源必定成为促进经济发展的新动力、新引擎。

一、抢抓冬奥会带动文创产业发展新机遇

北京冬奥会举办才几天，赛场内，各项比赛激情上演，激烈角逐，赛场外，“冰墩墩”热度不减，出现了“一墩”难求的场面。一届冬奥会的成功举办，不仅向外界展示了我国高水平的场地设施等硬件建设水平，也展现了我国的文化软实力。抓住冬奥文化创意产品备受追捧的机会，提前做好规划设计，主动对接文创企业，持续推动冬奥后文创产业发展。应尽快出台相应的政策，鼓励文创企业加快技术革新、产品升级，鼓励企业打造更多深受消费者喜爱、展现文化自信的优秀文创产品。

二、大力发展群众冰雪运动，促进冰雪经济发展

“在中国，冰雪运动不进山海关。如果冰雪项目能在关内推广，预计

可以带动两三亿人参与，由此点燃中国冰雪运动的火炬。”要把推动冰雪运动普及贯穿始终，大力发展群众冰雪运动，提高冰雪运动竞技水平，加快冰雪产业发展，推动冬季群众体育运动开展，增强人民体质。北京冬奥会的筹办为中国冰雪产业迎来了快速发展的黄金期。如今，“带动三亿人参与冰雪运动”已经从愿景变成现实，成为国家进步、经济社会发展的生动写照。

2022 年的这个春节，因为北京冬奥会的举办，滑雪场、溜冰场挤满了冰雪体验者，三五成群，扶老携幼，到处呈现冰雪的激情和活力，也让冰雪场地相关服务机构忙得不亦乐乎。据旅游出行平台大数据显示，自 2021 年 12 月以来，全国滑雪场门票预订量同比去年增长 86%，冰刀鞋、滑雪服、滑雪板也成为热销的“新年货”。特别是 2022 年春节期间，冰雪运动器材及装备成交额均有一到三倍的增长，冰雪经济正快速带火冬季旅游市场。“新年货”要成为新时尚，需要相关部门积极宣传引导，生产企业要充分抢抓国内冰雪群众运动大市场有利条件，以市场需求为导向，抓好中高端市场供给，切实拿出实招加强创新人才培养，提高产品服务质量，不断提升各种资源与市场配置相适应能力，精益求精，提升技术水平。

三、加紧布局冰雪旅游项目，刺激冰雪旅游消费

截至 2021 年初，全国已有 654 块标准冰场、803 个滑雪场，较冬奥申办成功的 2015 年增幅达 317% 和 41%。2020—2021 年雪季，全国冰雪旅游人数 2.3 亿人次，冰雪旅游收入 3900 亿元。到 2025 年，我国冰雪产业有望达到万亿元规模，冰雪产业正在成为新的经济增长点。各地要在冰雪运动“南展西扩东进”战略下，深刻理解其要义，结合

本地资源优势和实际，加紧布局冰雪旅游项目，扩大冰雪旅游消费，不断创新扩大冰雪运动产品和服务供给，打破冰雪运动的时空局限。以丰富游客日常生活可以享受冰雪休闲旅游乐趣为导向，深挖冰雪旅游消费潜力，推动冰雪旅游与相关行业融合，提升冰雪旅游公共服务能力水平，夯实冰雪旅游发展基础。让冰雪运动实现从北到南、从冬季到四季、从规模到品质、从小众竞技运动到大众时尚生活方式的转型升级。

放大冬奥效应，驱动冰雪经济大发展

中国农历虎年新春，全世界见证了北京成为首个双奥之城。北京冬奥胜利开幕，中国向世界展现了面对困境的坚韧，战胜挑战的中国之勇气！携手共进，一起向未来，必将书写人类命运共同体的更加美好未来。从2014年申办冬奥到2022年的成功开幕，中国实现了3亿人上冰雪的目标，中国正以坚强自信的姿态与世界同行，冰雪项目、冰雪产业也随着冬奥在中国大地兴起，相信这美好的开始，必定为中国经济增长贡献一股新的力量。在世界疫情大背景下，北京冬奥能如期呈现，和各方面的积极奉献和支持分不开。北京冬奥除了带给我们冰与雪的激情之外，还应该引发相关发展的思考，比如，黑、吉、辽、内蒙古等地，如何守住冰雪资源优势，抢抓冬奥发展机会，放大冬奥效应，促进冰雪经济带动相关产业融合发展。

一、树立长线和敬畏发展思维

1. 用好冰雪资源比守更重要。黑、吉、辽、内蒙古等地自然冰雪资源丰富，得天独厚。过去一到冬天广大东北地区老百姓就开始“猫冬”，现如今凭借着发展冰雪旅游，老百姓的生活状态发生了根本性的变化，但随之而来的也出现了对有关市场价格、服务的投诉吐槽。“宰客、杀熟”

现象不应该成为阻挡发展的“绊脚石”，这些乱象不仅严重影响地方形象，更重要的是伤及消费者的情感，损失的是市场的接纳与认可，是花多少钱都买不回来的。相关部门要树立长线发展思维和敬畏意识，在明晰本身优势前提下，要充分敬畏生态、敬畏文化、敬畏服务，规范引导冰雪经济行为，建立相关体制机制，重点要在落实做实上下足功夫。建立引入人大、政协民主党派参与市场监督机制，条件成熟的地区要逐步建立数字监督投诉智慧平台，让信息技术更多服务经济发展。

2. 相关部门要提高数字经济思维能力和专业素质。冰雪产业大发展，需要相关部门推出切实可行、符合当地产业发展规律的政策，增强发展数字与冰雪实体经济融合的本领，强化安全意识和长远发展思维，推动数字经济更好地服务和融入新发展格局；还需要相关部门提高数字素养和技能，以时不我待精神，不断夯实承接国家重大冰雪项目落地能力，加强基础建设，提升服务本领，集中力量提升冰雪旅游质量，不断树立冰雪经济社会良好形象。

3. 政府相关部门要做好冰雪产业与其他产业项目融合发展的顶层设计。冰雪产业发展要立足国内大循环，不断提升吸引资源要素优势，创新优化制造业产业布局，更要不断深化区域协同发展能力。抢抓冬奥发展先机，驱动冰雪经济大发展，规划设计要符合当地发展实际、当地文化特点，真正把“冰山雪地”变成“金山银山”。

二、因地制宜，在特色服务项目上下功夫

1. 个性化服务可以成为冰雪产业发展新模式。以往滑冰滑雪都是集中在周末和白天，可以推出夜间滑冰滑雪项目，为来自全国各地的冰雪运动爱好者提供全天候、个性化、多样式的私人定制订单式服务。

2. 冰雪产业发展可以成为地方经济增长新业态。把冰雪运动与乡村游、关东风情游、温泉游、周边游等模式结合，探索冰雪单一模式向多元化产业发展，从而推动冰雪产业全方位升级，培育新的冰雪产业增长极。

3. 冰雪产业大发展是乡村振兴的有效尝试。全面提升宾馆、餐饮、土特产销售、汽车租赁等富民增收新产业服务质量，黑、吉、辽、内蒙古要进一步挖掘整合冬季文化旅游资源，组织开展冰雪嘉年华、冰雪那达慕、冰雪趣味运动会等特色活动，真正把"冷资源"转化为经济的"热效应"。

三、持续提升冰雪产业服务能力

1. 坚持人才是事业发展的关键。冰雪产业要做成大产业，需要人才支撑。相关部门要制定冰雪经济人才发展规划，积极培养冰雪产业服务专业人才队伍，抓好建设。除了基本的教练员、应急救援员外，还要培养大量服务人员，不断提高其服务能力和水平，主动与国际接轨，学习国际先进管理和服务经验，优化现有人才结构梯队，逐步打造适应个性化多样化需求的服务团队。

2. 持续加大对冰雪产业保障投入力度。若想保障一个产业健康科学持续发展，设备设施制造上要质量过关。相关部门要主动靠前作为，不断激励科研力量进行技术攻关，不断创新，以满足市场发展需求。

3. 让科技赋能冰雪经济发展。在提升冰场雪地的智能化智慧化服务水平同时，还要兼顾与其他产业协同推进发展的整体思路。逐步创建一个安全高效智能化市场消费环境，让科技赋能冰雪产业成为现实。

凝聚磅礴伟力　实现伟大梦想

习近平总书记指出："促进不同思想观点的充分表达和深入交流，做到互相尊重、平等协商而不强加于人，遵循规则、有序协商而不各说各话，体谅包容、真诚协商而不偏激偏执，形成既畅所欲言、各抒己见，又理性有度、合法依章的良好协商氛围。"习近平总书记对凝聚共识进行了创新性发展，这为新发展阶段凝聚共识工作坚持大团结大联合，坚持一致性和多样性统一，努力寻求最大公约数、画出最大同心圆提供了根本指导。

2021 年是中国共产党成立 100 周年，回望百年征程，中国共产党初心不改，始终坚持人民为本，以实现民族复兴为己任，伟大的中国人民在中国共产党坚强领导下从站起来、富起来到强起来，正意气风发地走在建设社会主义现代化强国的康庄大道上。展望"十四五"开局起步，全国各族人民激情满怀，充满力量和斗志，在以习近平同志为核心的中共中央坚强领导下,中国前进的步伐必定铿锵,民族复兴的信念必定执着。前进的道路注定不会一帆风顺，我们必须冷静客观地看到中国经济和社会发展将面临多重考验。从外部看，百年未有之大变局加速演进，形势依然错综复杂，疫情冲击导致各类衍生风险不容忽视；从内部看，经济恢复不均衡、基础不稳固。2021 年以来，习近平总书记多次强调，要建立起扩大内需的有效制度，释放内需潜力，要把满足国内需要、改善人民生活品质摆在更加突出位置。民主党派作为中国特色社会主义参政党要在充分发挥自身界别优势，在围绕中心服务大局的前提下，推动参政党自身建设高质量发展，在积极投身新时代中国特色社会主义的伟大实践中，引导广大成员和所联系界别群众深化对国民经济稳中加固、稳中向好、中国正在全面建设社会主义现代化国家的新征程上阔步前行的共识，在补齐自身建设和适应经济社会发展能力需求短板上用实劲、做实事、求实效，为构建新发展格局、推动高质量发展发挥积极作用。

习近平总书记要求："要及时了解统一战线内部思想动态，把在一些敏感点、风险点、关切点上强化思想政治引领同经常性思想政治工作结合起来，求同存异、聚同化异，推动各党派团体和各族各界人士实现思想上的共同进步。"民主党派面对新发展阶段要提高凝聚共识的认识，通过思想政治引领、提升工作质量，全面加强中国特色社会主义参政党建设，为实现中华民族伟大复兴贡献力量。

一、凝聚共识是实现中华民族伟大复兴中国梦的必然要求

实现中华民族伟大复兴中国梦就是实现每一个中国人的梦，就是实现人民对美好生活的向往。实现中华民族伟大复兴中国梦必须高举爱国主义、社会主义伟大旗帜，以对伟大祖国、中华民族、中华文化、中国共产党、中国特色社会主义的绝对认同和无限热爱，充分调动一切可以调动的积极因素，汇聚起心往一处想、劲往一处使的磅礴伟力。中国共产党的领导是中国特色社会主义最本质的特征，是中国特色社会主义制度最大优越性。中国共产党领导是实现中华民族伟大复兴的根本政治保障。中国共产党百年奋斗实践告诉我们，只要一心跟着中国共产党，时刻和中国共产党想在一起，站在一起，干在一起，就没有攻克不了的艰难和险阻，就一定能够实现中华民族伟大复兴的中国梦。各民主党派作

为中国特色社会主义参政党，要学习贯彻习近平新时代中国特色社会主义思想，学习习近平总书记“七一”重要讲话、辛亥革命110周年纪念大会重要讲话等一系列重要讲话精神，做中国特色社会主义事业建设的重要推动者、实践者、维护者，坚定不移地走中国特色社会主义改革发展道路，坚持长期共存、互相监督、肝胆相照、荣辱与共的基本方针，不断增强“四个意识”、坚定“四个自信”、坚决做到“两个维护”，始终在思想上政治上行动上同以习近平同志为核心的中共中央保持高度一致。勤勉进取、务实奋斗，让共识成为新发展阶段推动民主党派各项事业的最亮底色，推动多党合作制度在实现民族复兴的康庄大道上坚持好发展好完善好。

二、凝聚共识是提高政治判断力、政治领悟力、政治执行力的现实需要

习近平总书记指出，增强政治判断力，就要以国家政治安全为大、以人民为重、以坚持和发展中国特色社会主义为本，增强科学把握形势变化、精准识别现象本质、清醒明辨行为是非、有效抵御风险挑战的能力。政治领悟力就是对中共中央精神深入学习、融会贯通，坚持用中共中央精神分析形势、推动工作，始终同中共中央保持高度一致。政治执行力就是要经常同中共中央精神要求对标对表，切实做到对以习近平同志为核心的中共中央提倡的坚决响应，中共中央决定的坚决执行，中共中央禁止的坚决不做，坚决维护中共中央权威和集中统一领导，做到不掉队、不走偏，不折不扣抓好中共中央精神贯彻落实。民主党派在凝聚共识方面积极作为，不断提高“政治三力”，形成了生动具体实践。联系成员、界别群众和社会力量，协助党委和政府做好协调关系、理顺情绪、化解矛盾、克服极端中增进理解、融洽情感，扩大群众工作的覆盖面，为党领导人民有效治理国家、实现人民美好生活目标厚植政治和社会基础，形成共襄伟业的强大合力。

作为与中国共产党通力合作的亲密友党，民主党派要充分调动和汇聚一切智慧和力量，扭住参政党思想政治建设核心，不断提高各项工作专业化水平，在新发展阶段奋力谱写多党合作新篇章。

三、凝聚共识是履行参政党职能的重要实践

民主党派履行参政议政、民主监督、参加中国共产党领导的政治协商基本职能的最终目的和落脚点就是为了形成最广泛的共识，使多党合作制度优势转化为国家治理效能。民主党派各项工作最终是为了凝聚共识、汇聚力量、汇聚智慧。中共十八大以来，我国的经济实力、科技实力、民生保障、生态环境等综合国力跃上新台阶。全面建成小康社会，中华民族伟大复兴向前迈出了新的一大步。在以习近平同志为核心的中共中央的坚强领导下，民主党派大力促进凝聚共识工作，以定点帮扶和助力打赢脱贫攻坚战，积极参与新冠肺炎疫情防控、重大自然灾害救援救助、乡村振兴等各项工作，发挥了参政党积极力量，展现了民主党派优势。进入新发展阶段，要以习近平新时代中国特色社会主义思想为指导，坚持参政党性质定位，准确把握政治性、专业性、时代性，不断提高工作精准化、精细化、专业化程度。在促进凝聚共识上寻求新思路、拓展新路径、探讨新办法、展现新作为、树立新形象、形成新成果。要面向广大成员和所联系的界别群众，在不断夯实共同思想政治基础的前提下，积极推动凝聚共识对党派成员及所联系界别群众的辐射和覆盖。

习近平总书记在辛亥革命110周年纪念大会上发出呼吁，海内外全体中华儿女更加紧密地团结起来，发扬孙中山先生等辛亥革命先驱的伟大精神，携手向着中华民族伟大复兴的目标继续奋勇前进！民主党派成员要以实际行动凝聚起建设社会主义现代化强国的磅礴力量，一心跟着以习近平同志为核心的中共中央朝着更加美好幸福的未来前进，前进，再前进！

非公经济始终是社会主义事业忠诚拥护者

非公有制经济作为我国经济制度的一部分，始终是坚持和发展中国特色社会主义的重要经济基础；民营经济人士作为“自己人”，始终是我们党长期执政必须团结和依靠的重要力量。非公有制经济人士要在习近平新时代中国特色社会主义思想指引下，学习贯彻习近平总书记“七一”重要讲话精神，不断加强自我学习、自我教育、自我提升，珍视自身的社会形象，做爱国敬业、守法经营、创业创新、回报社会的典范。

习近平总书记关于民营经济发展的重要论述为引导民营经济人士树立正确的国家观、法治观、事业观、财富观提供根本遵循。新发展阶段，民营经济人士在全社会中应成为识大局、顾大局、为大局的积极力量，应成为中国特色社会主义事业忠诚的拥护者、有力的建设者、坚定的实践者。

一是将习近平总书记“七一”重要讲话精神转化为推动中国特色社会主义经济健康发展的强大动力。当前，要把习近平总书记“七一”重要讲话精神学懂弄通，在具体实践中做实，不断从讲话中汲取奋斗的力量。民营经济人士作为统战成员要始终坚定中国共产党领导，听党话跟党走感党恩，始终与中国共产党心往一处想、劲往一处使，始终为中华民族复兴事业贡献智慧和力量。民营经济人士要秉持优秀企业家精神，坚定信心和底气，始终坚守做好“两个健康”事业的责任和使命。当前，从事民营经济的人士面临市场环境、经济环境、社会环境变化快、情况复杂等现实挑战，民营经济人士如果不加强学习是难以了解形势，难以在人才管理、产品研发、技术革新、经营策略上有所进益。对国内外复杂多变的形势需要有客观、冷静、清醒地辨识，要对党和国家的基本思想、方针和政策有通盘的理解、学习、掌握、运用。不断加强自我学习，自我学习的首要之义就是要强化政治理论学习。

习近平总书记指出：“民营企业家要讲正气、走正道，做到聚精会神办企业、遵纪守法搞经营，在合法合规中提高企业竞争能力。”广大非公经济人士要牢固树立坚持中国共产党领导的思想坚决不动摇。相关部门要引导非公经济人士建立学习制度，不断健全激励机制，使机制制度更好为民营经济体实现高质量发展提供源源不竭的动力，在全社会营造好传播好民营企业弘扬企业家精神和工匠精神的正能量声音，讲好民营经济人士面临企业转型升级和事业接力传承双重压力前提下，实现高质量发展、与世界一流企业合作，走向更加广阔舞台的中国企业家故事。通过开展习近平总书记“七一”重要讲话学习实践活动，积极树立起民营经济人士自我学习、善于学习、勤于学习的良好形象。

二是从非公经济制度变迁过程中，充分认识领会党支持民营经济发展的重要精神。1978 年中共十一届三中全会作出了改革开放的伟大决策，把党和国家的工作重心转移到经济建设上来，为个体私营经济发展创造了条件。中共十二大、十三大先后确认个体经济、私营经济是“公有制经济必要和有益的补充”。1988 年宪法修正案首次明确了私营企业的法律地位。1992 年邓小平同志发表了“南方谈话”，提出了社会主义本质论、

“三个有利于”标准和“社会主义也有市场”等重要论断。中共十四大确立了社会主义市场经济体制的改革目标，提出以公有制为主体、多种经济成分长期共同发展，掀起了新一轮改革开放热潮，扭转了民营经济徘徊不前的局面。中共十六大首次提出“两个毫不动摇”，首次明确个体户、私营企业主等都是中国特色社会主义事业建设者。中共十八大以来，以习近平同志为核心的中共中央从统筹推进“五位一体”总体布局和协调推进“四个全面”战略布局，夺取中国特色社会主义事业新胜利的战略高度，就鼓励、支持、引导非公经济发展提出了一系列新论断和新举措。中共十八届三中全会进一步明确提出：公有制经济和非公有制经济都是社会主义市场经济的重要组成部分，都是我国经济社会发展的重要基础。“两个都是”的重要论述第一次将非公有制经济与公有制经济置于同等重要地位。2016年3月4日，习近平总书记在全国两会期间，用“两个都是”和“六个重要”评价非公有制经济的重要地位和作用。中共十八届四中全会提出要“健全以公平为核心原则的产权保护制度，加强对各种所有制经济组织和自然人财产权的保护，清理有违公平的法律法规条款”。中共十八届五中全会强调要“鼓励民营企业依法进入更多领域，引入非国有资本参与国有企业改革，更好激发非公有制经济活力和创造力”。中共十九大把“两个毫不动摇”作为党和国家一项大政方针写入新时代坚持和发展中国特色社会主义的基本方略。

这些都为民营经济人士在政治上站稳行正、在经营中守规懂法、在社会活动中树正气引风尚，提供了重要的理论遵循。新发展阶段，民营经济人士要更加有信心有决心坚定走高质量发展之路。

三是广大非公经济人士要深刻认清和坚信中国经济长期向好发展的趋势不会改变。广大民营经济人士应该清醒地认识到，各种国际国内不确定不稳定的因素和风险挑战虽然显著增多，但我国经济长期向好的基本面没有变，我国经济潜力足、韧性强、回旋空间大、政策工具多的基本特征没有变，保持经济持续增长的条件和基础没有变，经济结构调整优化前行的态势没有变。

中国经济正面临着一系列新挑战、新机遇、新发展，非公经济也面临着诸多前所未有的转变、困难、困惑，这些也都会影响非公经济人士对经济发展信心和自身成长的预期。相关部门要把为非公经济排忧解困和解疑释惑工作做细做深做实，引导非公有制经济人士坚持发展信心，促进非公经济健康可持续发展。中共中央强调的“两个健康”，就是希望广大民营经济人士要认清形势、坚定信心、提升素质、发挥才能，为推动非公有制经济取得更大更好的发展贡献力量和智慧。非公经济企业家要认识新常态、把握新理念、抓住新机遇，勇于迎接新挑战，在危机中育先机，迎难而上，坚持走创新驱动发展之路，为实现经济高质量发展目标努力奋斗。

民主党派机关干部的专业素质与履职能力建设

习近平总书记在2021年秋季学期中央党校（国家行政学院）中青年干部培训班开班式上发表重要讲话强调，年轻干部生逢伟大时代，是党和国家事业发展的生力军，必须练好内功、提升修养，做到信念坚定、对党忠诚，注重实际、实事求是，勇于担当、善于作为，坚持原则、敢于斗争，严守规矩、不逾底线，勤学苦练、增强本领，努力成为可堪大用、能担重任的栋梁之材，不辜负党和人民期望和重托。各民主党派机关干部要以习近平新时代中国特色社会主义思想作为武装头脑、指导实践、推动工作的根本遵循。

提升机关工作水平，是推进民主党派组织建设的重要环节，也是建设中国特色社会主义参政党的具体要求。民主党派机关干部作为机关工作的主体，其精神面貌、工作作风、工作能力、工作效率，都将直接关系党派机关工作的水平和效能，关系党派专业素质、外在形象和履职能力的发挥。

一、民主党派要以树立“十个形象”为抓手

机关起着承上启下、联系协调、工作实施的核心作用和上传下达、平衡关系的枢纽作用。民主党派要树立起与新时代要求相适应的良好作

风与形象，不辱使命，不负重托。一是理念坚定、品质高尚，思想素质高的政治形象；二是思想解放，开拓进取的创新形象；三是坚持原则，公平处事的公正形象；四是团结民主，合作共事的民主形象；五是心系国家，服务人民大众的公仆形象；六是干事创业，岗位建功的为民形象；七是实事求是，真抓实干的勤勉形象；八是恪尽职守，爱岗敬业的尽职形象；九是严于律己，情趣健康向上的作风形象；十是举止文雅，仪表端庄的文明形象。要在机关真正树立起这些形象，对每一个机关干部来说，要切实把“八项规定”和纠治“四风”的要求落到实处，进一步加强党派机关的思想建设和作风建设，努力把机关干部锻造成为政治坚定、作风优良、学识丰富、业务熟练的高素质人才。

二、民主党派干部要做到“五勤”

民主党派机关工作具有独特的规律和特点，作为在机关工作的干部要胜任这份工作，对其专业素质和履行能力有方方面面的要求。综合起来就是要做到“五勤”，不断提高干部的专业素质和履行本职工作的能力。

一要做到脑勤。脑勤就是要勤于和善于思考。《论语》里讲：“三思而后行”。作为机关干部，在日常工作中应常思考、勤反思、多关注，遇事能拿出主意或解决问题的办法；做事要在做事之前反复思考，考虑成熟了再去做，这既是对机关干部综合能力的考量，也是对本职工作高度负责的具体表现。这里所说的勤于思考，主要指的是在日常具体工作中处处留心、事事留意、善于捕捉信息和问题，并能及时找到问题的症结，当好领导的参谋和助手。同时，机关干部应养成善于读书的良好习惯，打牢理论知识和业务知识的根基。只有建立在扎实理论基础上的思考，才能称得上真实的勤于思考。善于思考，是指要有较高分析问题、辨别是非和解决矛盾的能力。不仅要善于从书本和实践中借鉴他人成功的经验，指导自己的行为，还要善于总结自己工作中的经验和教训，并善于改正和克服缺点或不足，使之为今后工作找到创新性的思路。

二要做到眼勤。眼勤就是要勤于和善于观察。机关干部必须具有较高的观察能力，要勤于和善于观察问题，就必须克服懒惰和依赖思想，这样才能发现问题，发现自己工作中的错误和不足，也才能通过现象看清事物的本质，以便想出和采取相应解决的方式、方法。同时，勤于和善于观察还能使机关干部学到别人的长处和优点，学到别人处理和解决问题的办法和经验，以人之长补己之短，使自己尽快成为勤于和善于发现问题、解决问题、化解矛盾的行家高手。

三要做到嘴勤。嘴勤就是要善于表达和协调。善于表达就是正确使用话语权，这对机关干部来说是极为重要的。运用好“话语权”，主要是指在为党委政府协商要事、执行政事、参谋谋事等提供各项服务保障中，必须始终保持思想上的敏锐性，树立关心民生、关注社会的忧国忧民意识，敢于站在时代的前沿，善于用全局的眼光观察问题，分析问题和解决问题，做到言人所未言、论人所未论，努力使建言立论具有全面性、前瞻性、指导性和可操作性；必须充分发扬求真务实的工作作风，坚持经常深入基层，深入党派所联系群众，深入实际，认真倾听群众呼声，反映群众意愿，集中群众智慧，善于在吸纳别人意见的基础上，形成自己的真知灼见，为党委政府决策提供第一手材料；必须养成良好的民主作风，采纳雅言，从善如流，既能听得进不同意见，不同声音，又能以平等的心态待人接物，以商量的方式处事，善于以自己的人格、人缘魅力团结人、凝聚人、感召人，在发扬民主，合作共事中不断扩大党派的社会“音量”。协调对机关干部来说非常重要，如对一些不符合规章制度要求或种种原因暂时无法给党派成员圆满答复的事项，尤其是在对方不理解时，要多做耐心说服、协调解释工作，想方设法让对方理解、配合、支持。再者，要敢于提出合理建议，敢于发表自己的主张或意见；要有探索问题、研究问题的勇气和胆略，只要是对机关工作有利，就大胆提出自己的设想或方案，争取领导支持，充分发挥机关干部履行职能的积极性、主动性和创造性，充分展示新时期民主党派机关干部与时俱进的风采和形象。

四要做到手勤。手勤就是要勤于和善于动笔做记录、做笔记。人们常说：好记性不如一个烂笔头。意思告诉我们装在脑子里的东西也有忘记的时候，而用笔记下来的东西长久可存。因此，作为机关干部必须拿起笔，一是随时记录下机关活动的详细情况，政治理论和业务知识学习的时间、内容、体会和经验，以便用于指导今后的工作。二是记录自己工作中的成功经验和错误教训，从中吸取有益的经验、教训。三是记录下领导交办的任务、工作内容，记录下已完成和正在干着的工作进展情况。四是记录上报下达的指示、指令等，以备查询。五是记录自己每天工作中发生的事情，对外联系和人员往来等情况，为今后工作留下有用的资料。

五要做到腿勤。腿勤就是要勤于和善于跑基层。这就需要民主党派机关干部不辞辛苦、不怕劳累常下基层了解情况、调查研究。干部必须放下架子，扑下身子，拜群众为师，在和群众交往、交谈中摸实情，干实事。只有腿勤，才能亲自走到，亲眼看到，亲耳听到，才会亲身感受到群众的疾苦与诉求，才能发现群众中的真实情况和存在的问题，找到对症下药、化解矛盾、解决问题的良方妙药。腿勤还体现在工作协调上，对工作中重点、难点问题的解决，只要多跑几趟，多下点功夫，多了解和多掌握一些情况，多协调、多商量，一定会取得令人满意的结果，再难的问题也会迎刃而解；腿勤还体现在对本职工作的勤勉上，对所管辖、所部署的工作要勤检查、常督促、抓落实，按时高质量地完成上级交办的各项任务。

作为民主党派机关干部，在日常生活工作中一定要着力培养自己的岗位情怀，切实增强热爱机关工作的光荣感和责任感。要培养岗位情怀，必须把机关工作作为一项事业来对待，忠于职守、尽职尽责；作为一份学问去探讨、去研究，努力在本职工作岗位上建功立业，始终充满勇于拼搏、奋发向上的工作激情；在具体工作中必须用心想事、用心谋事、用心干事，做到熟悉精通机关工作有能于此，致力于机关工作无愧于此，力争把所分管、所从事的每一项工作做细、做实、做出成效，始终保持旺盛的工作热情。

民主党派机关干部要不断地创新工作理念、工作机制和工作方式，坚持用创新的思维、创新的举措推进工作的创新发展，始终保持与时俱进、开拓进取的创新姿态；机关干部须耐得住清贫、耐得住寂寞、守得住廉洁、保持住小节，不图谋虚荣、不贪图小利，勤勤恳恳、兢兢业业干事，清清白白做人，始终保持蓬勃向上的朝气、昂扬奋进的浩然正气。

新发展阶段文化自信当有切实的载体

新发展阶段增强文化自信是全面建设社会主义现代化国家的重要力量支撑，是全面提升全民综合修养和素质的重要方面，也是推动社会文明健康和谐程度的重要表现。文化自信应该是一个民族应对各种复杂挑战与困难、兴旺与繁荣而表现出的最基本最深沉最持久的力量。文化自信承载了一个民族的过去，也终将引领一个民族从现在走向更加辉煌和灿烂的未来。文化自信是一件说起来容易做起来比较难的事情，因为一般人总是把“文化”说成是一种难以把握的理念、价值、观点上的东西，难以落实，难以显现。这其实是一种很深的误解。

文化自信是一个系统建设的工程，需要上下齐动员共参与，需要东西南北中各方面集结智慧和力量，而参与这个系统工程本身就是一种文化自信的担当和践行，只有了解5000年中华优秀传统文化的博大精深，也才能有提振自信的勇气和底气。在优秀的传统文化、伟大的革命文化和先进的社会主义文化中汲取实现人民美好幸福生活目标的前行力量，让文化自信成为一种信仰、一种力量、一种希望应是全民族的责任。然而，践行文化自信应当有切实的载体。

前些年，央视推出的《中国民歌大会》就是体现文化自信的一个好例子，它播出时间虽然不长，却受到广泛的好评。成功的因素有很多，其中关键是，它成功地以民歌为载体，显现和传播了博大精深的中国优秀文化，让观众从一首首的歌曲中，真切地体会到中华民族的一些根本性的文化追求，比如幸福、和谐、勤劳、乐观、积极进取精神等等。

文化自信的建立，需要从一件件、一桩桩具体的文化建设活动入手。这是因为，文化无所不在，在人们的日常生活的方方面面，角角落落。中华民族的文化特性亦是在千百年的淬炼锻造中逐渐成型的，是一种珍贵的、有远大前景的积极因子占主导地位的优秀文化。

近年来，关于中国文化的许多作品，不但在国内产生广泛的影响力，也成功地向世界展示了中国文化的精髓，比如，反映中国饮食文化的《舌尖上的中国》以及《中国汉字听写大会》《中国诗词大会》《中国成语大会》《经典咏流传》《中国地名大会》《典籍里的中国》等节目，都抓住了中国文化的有形有声有色的要点，成功地展示了我们的文化魅力。

值得注意的是，很多文化艺术作品在文化自信的确立方面，创新探索力度仍旧不足，以《中国民歌大会》为例，在文化自信建设方面提出以下思考：

一是要把握文化自信的基础性、群众性、流传性特点。比如，民歌是一种传播范围广，为民众喜闻乐见的艺术形式，民歌是与中国老百姓日常生活最贴近的歌曲样式。依据马克思主义文艺原理，民歌起源于民众的日常劳动与生活，是中国人文化观点的最常见载体之一。数千年来，中国积累起、传承起极为丰富的民歌宝库。改革开放 40 多年，无数文艺工作者艰辛努力，使得民歌得到了最完整最生动的展示。文化艺术作品要立足于中国文化自信，首先在收集、整理、展示上多下功夫。以央视的实力和眼量，应尽可能收集优秀民歌，把各地区、各时代、各民族的歌曲，以艺术再创造的手法，全数展示出来，这是文化自信的基础性展示。

二是要重视文化自信在年轻人和海外华人中的影响。比如，《中国民歌大会》要在展示各种民歌的同时，生动地反映出这些民族赖以形成、传播和留存的深厚文化渊源，借民歌将中国文化的精义传播出去，让民众，尤其是年轻人和海外人士真切地体会到中华文化的凝聚力和活力。那些反映各族人民的生活、劳动、爱情的民歌，所传导的中华民族追求幸福、安康的基本价值观念，就可以广为人知。在这些方面，相关活动在制作、策划样式上，要有大胆的、积极的创新，不能拘泥于一地一时的民歌展示，而要大气，要强烈地展示文化自信，展示大国文化的气韵和气度。

三是文化自信不能排斥交流和融合，要在比照中显示文化自信的缘由和价值。相关文化艺术活动应该立足成为一个交流互动的平台，要以适当方式显示出中外文化的某种比照效应，衬托出中国文化的气质和特质。比如，民歌是地域创新、民族创新十分显著的艺术形式。只有与异质的同类样式的比照中，才能最充分、最直观地展示出上述色彩。相关单位应该探索艺术地表达中外民歌不同特点的最佳途径、方式。只有这样，文化自信才能转化为其他人对中国文化的敬仰、敬畏、尊重，依从和认同。这对于提振文化自信的水平具有重要的意义。

四是全方位多角度各渠道整合优势，为中国文化传播提供平台。比如，《中国民歌大会》，要与央视的其他节目形成有机的互动，最大限度地系统展示中国文化的方方面面。应以《中国民歌大会》为重要的抓手，整合各栏目、各节目的资源，使之成为传播中国文化、坚定文化自信的重要品牌。所以，不能将《中国民歌大会》仅仅看成是一档文艺节目，而应该围绕它，布局一系列相关节目，如专题讲坛、人物访谈等。

要特别利用中文国际频道资源，将《中国民歌大会》广泛地传播到海外。央视应利用广泛的社会网络，在海内外进行再采风、再挖掘，借助这一节目，将中国的民歌文化发扬光大。文化自信就在这一过程中得以确立和巩固。

五是注重特定文化标识的创作与传播，让文化自信有一个适当的载体。这方面，可以借鉴西方一些文艺文化栏目、节目的经验，进行专业化创作。比如，应该推出系列的场景、曲艺、人物、歌词等标识性的作品。这种作品应最能反映民族所蕴含着的文化涵义，是亲和的，易于传播的，经得起时代考验的。从国际经验看，文化自信的弘扬需要适当的传播形式。文化标识就是一种形式。改革开放 40 多年来，中国的诸多文化产品（如文艺作品和其他非物质作品）正在世界上不断扩大影响，但还是缺乏系列的文化标识。借民歌这种特殊的音乐样式，央视可以在文化标识的创作、传播方面有所作为，有所探索。文化标识的广泛传播所体现的是文化的强大影响，是有扎实基础的文化自信之所在。

体育精神应纳入国民素质教育体系

2021年举办的东京奥运会上，中国体育代表团克服场地、环境、赛制、疫情等复杂因素影响，顽强拼搏、超越自我的竞技状态，既令人感动，更令人钦佩。对所获荣誉感到高兴和自豪，对于运动员和体育的最大尊重应该是，对没有获奖的运动员也要给予鼓励和关爱，获奖牌与否都是代表国家代表民族出征，民众要给予更多的理解和支持。所有的体育竞技中涌现出的为国争光、坚持到底、不言放弃的运动员，都值得尊敬。竞技体育带给我们的不仅仅是一块块奖牌，更多的是运动员在竞技过程中迸发出的体育精神。

2021年7月20日，在日本东京举行的国际奥委会第138次全会投票表决，同意在奥林匹克格言“更快、更高、更强”之后加入“更团结”，在复杂多变的国际环境下，体育带给世界的不仅仅是竞争，还应该有更多的意义。我国运动员在赛场上展现出的体育精神彰显了中国力量、中国担当，丰富了中国和中华民族精神内涵。为国争光、顽强拼搏、奋勇争先等精神实际上是一种追求精良、追求完美的价值准则，既反映在体育等职业或专业活动中，也反映在日常生活中。体育精神教育是国民素质教育体系重要组成部分，我们有必要推进包括体育精神教育在内的国民素质教育达到新的、更高的水平。

第一，任何精神的塑造从来不能依靠自发的或自然的力量。必须借助系统的力量，必须基于对民众思想观念的判断和对国家发展目标的把握，通过思想教育机制的升级来实现。体育精神的教育应该找到切实有效的途径,掀起全民热烈回应的热潮,从而将体育精神教育真正落到实处,让体育精神在内的中国精神为全世界所认可。

第二，要在国民素质提升的大框架下，强化体育精神教育。作为一种价值取向，如果总是找不到现实生活中的落脚点，就会变形或扭曲，失去存在的基础。没有这种基础，什么精神也树立不起来，也坚持不下去。不能想象，一个在日常训练中粗心马虎、得过且过的运动员会在比赛中追求卓著、追求精良，创造世人瞩目的成绩。所以，必须将涉及国民素质教育最基础部分的价值观念教育作为体育精神教育的基础，将体育精神教育与国民素质的整体提升联系在一起。在教育目标、规划制定与实施过程中，要从国民素质教育角度出发，确定体育精神教育的位置。为此，进行全方位的价值引导，根据不同人群的特点，确定灵活多样的方法，来升华这种教育，使体育精神教育根植于坚实的价值观念基础之上。

第三，体育精神教育要从小抓起、从娃娃抓起，并贯彻于人的终身教育中。生活与工作中追求精良标准的做法和习惯，从来不是一蹴而就的，需要长时间的积累和努力，体育精神教育更是如此。鉴于人的价值观念的萌生与发展、行为习惯的养成与巩固都是一个长期的过程，都与最初的教育有关，所以，我们要特别重视从小培养青少年认可和践行攻坚克难、勇攀高峰、追求卓著、迎难而上的价值标准，督促培养相应的行为习惯，同时还要探讨终身接受体育精神教育的机制和方法。

我国自 20 世纪 80 年代初期引入终身教育理念以来，所重视的更多是知识技能方面的更新与学习，缺乏精神价值标准的系统教育和养成。2016年里约奥运会结束后，国家首次将没有获得金牌或者奖牌的选手纳入代表团访问港澳地区，这种做法非常值得推崇。体育精神不仅表现在是否能够夺得金牌和奖牌，运动员在比赛中奋斗拼搏，为国家荣誉而战，就值得尊重。那次访问社会效益很好，潜移默化地在全社会推动了体育精神教育。2021年的东京奥运会还有2022年的北京冬奥会，都可以采取这样的形式，让运动员与民众有更多的接触，为体育精神发扬提供更广阔沃土。

第四，要以体育精神为基础，在全社会营造追求精良、追求卓越的氛围。体育精神教育最终要有精良成果作为检验成败的标准，也就是说，要有将追求卓著的价值标准转化为实际的职业或专业活动的内在机制，这种机制是体育精神落地的基础。一方面，要有切实的奖励机制，对各行各业作出卓越成就的人进行表彰；另一方面，对在职业或专业活动中敷衍塞责的人要进行严厉的处罚。

当前，社会上奖与惩两方面的机制都不够完善，部分有心追求精良品质的人渐渐失去动力，而惯于偷懒者因为得不到惩罚而获得了负激励，久而久之，就败坏了社会风气，使得体育精神落不了地、扎不了根。体育精神的养成之所以是一个艰难的过程，就是因为在奖励不足的情况下，社会认可度不够，追求卓著、勇攀高峰的行为难以复制，因而变得十分艰难。体育部门、宣传部门等要建立完善的奖惩机制，对坚持体育精神的人给予及时足够的奖励，让人自然乐意地践行体育精神，推动体育精神转化为国民素质的一部分。

以党为师不断总结经验开创多党合作新局面

在百年奋斗历程中，中国共产党始终把统一战线摆在重要位置，不断巩固和发展最广泛的统一战线，团结一切可以团结的力量、调动一切可以调动的积极因素，最大限度凝聚起共同奋斗的力量。新的征程上，民主党派作为中国特色社会主义参政党要始终不忘合作初心，加强思想政治引领，广泛凝聚共识，同中国共产党想在一起、站在一起、干在一起。各民主党派要从坚持中国共产党领导的独特政治优势出发，把握我国新型政党制度的基本规律，在中国特色社会主义新型政党制度的视野里，结合“不忘合作初心，继续携手前进”主题教育活动，深刻总结学习中国共产党的百年奋斗重大成就和历史经验，更好地团结在中国共产党领导下，在通向下一个一百年奋斗征程上贡献智慧和力量。

坚持中国共产党领导，不忘合作初心、继续携手前进是各民主党派发挥历史作用的力量源泉

中国特色社会主义最本质的特征和中国特色社会主义制度的最大优势就是中国共产党领导。坚持中国共产党的领导，是各民主党派长期以来始终不渝、历久弥坚的政治信念。中国共产党与各民主党派的合作经历的每个阶段的具体情况不同，但揭示的基本道理却是一脉相承的。那

就是一个政党要在中国的政治生活中发挥作用，要为人民谋幸福、为民族谋复兴作出贡献，必须依托正确的指导思想、有力的组织建设、符合各个时期具体情况的政治策略。

各民主党派对中国共产党的政治目标的认同，是中国多党合作事业的政治基础。中华人民共和国成立初期，多党合作事业进入了新的实践阶段，即中国共产党作为执政党在领导国家建设过程中，需要与各民主党派的密切合作，而后者也希望在这个过程中发挥更加积极有为的作用，这是多党合作在新的历史条件下的不断探索的初期，这里有成功的经验，也有不成功的教训，但是，中国共产党的政治领导地位始终没有变化。改革开放时期，我国多党合作制度迎来了新的发展的春天，中国特色社会主义政党制度也在丰富实践中逐渐发展和成熟起来。各民主党派对中国共产党政治目标的认同需要不断提升，才能发挥出中国特色社会主义政党制度的独创优越性和独特魅力。

坚持以习近平新时代中国特色社会主义思想为指导是民主党派加强参政党建设的根本遵循

中共十八大以来，中共中央高度重视多党合作在国家发展民族复兴中的作用发挥，中国共产党领导的多党合作和政治协商制度是从中国土壤中生长出来的新型政党制度。民主党派是中国特色社会主义参政党。中国特色社会主义进入新时代，多党合作要有新气象，思想共识要有新提高，履职尽责要有新作为，参政党要有新面貌。民主党派要做中国共产党的好参谋、好帮手、好同事。坚定不移走中国特色社会主义政治发展道路，把我国社会主义政党制度坚持好、发展好、完善好。这些重要论述，是习近平新时代中国特色社会主义思想的重要组成部分，为新时代多党合作事业发展指明了前进方向，也为民建加强中国特色社会主义参政党建设提供了根本遵循。

学习贯彻习近平新时代中国特色社会主义思想和中共十九大精神是参政党的首要政治任务，是新时代参政党要牢牢把握的新方位、新使命。要深刻领会习近平总书记关于加强和改进统一战线工作的重要思想、关于多党合作的重要论述，自觉及时跟进学习习近平总书记最新重要讲话、重要文章、关于多党合作和民主党派工作的重要指示批示精神，系统学习中共党史、国史、改革开放史、社会主义发展史、多党合作史，认真学习多党合作理论政策和优良传统、各民主党派历史和章程等。建设高素质中国特色社会主义参政党，是各民主党派面临的新的历史性课题，关系到各民主党派当前工作和未来持续发展，是十分重要的政治任务。

坚持思想政治建设是夯实多党合作政治基础的核心

思想政治建设是民主党派自身建设的核心。切实加强思想政治建设，保证了各民主党派正确发展的政治方向，为履行好参政党职能夯实了思想基础。中共十八大以来，中共中央高度重视多党合作和民主党派工作，不断推动理论创新、制度创新和实践创新，对加强思想政治引领，提高中国特色社会主义参政党建设水平，提出了新的更高要求。各民主党派要在学习贯彻习近平总书记“七一”重要讲话精神中汲取奋斗力量，积极展现中国特色社会主义参政党的政治气度和担当，积极加强自身建设，特别是思想政治建设，深入思考中国特色社会主义新型政党制度如何更规范更有效更科学地运行。

民主党派自身建设面临着新情况新问题新挑战。当前，民主党派存在着思想政治建设与新时代要求不相适应的现象，有的组织对思想政治建设的重要性认识不足，缺乏相应的方法和举措；有的成员对章程、党派历史和多党合作优良传统学习不够，对多党合作制度、参政党性质等理解不深，存在模糊认识等。要以庆祝中国共产党成立 100 周年重要系列活动为契机，进一步加强民主党派思想政治建设，坚守政治信念、巩固政治共识。引导广大成员坚决做到“两个维护”，深化对中国特色社会主义参政党性质、职能和历史使命的认识，传承和弘扬民建优良传统、共同价值理念，夯实新时代多党合作的共同思想政治基础，提高中国特色社会主义参政党建设水平。

民主党派思想政治建设发展规划要放置在中国特色社会主义新型政党制度的发展和完善大框架里。毫不动摇坚持中国共产党领导，旗帜鲜明讲政治。贯彻落实习近平新时代中国特色社会主义思想和中共十九大精神，是加强中国特色社会主义参政党建设的现实要求，是深化政治交接的时代要求。民主党派思想政治建设发展规划要放置在中国特色社会主义新型政党制度的发展和完善大框架里。要根据政治生活发展、变化、需求，找好着力点，从而显示出民主党派作为参政党在中国政治生活中不可忽视的作用。

坚持不断总结多党合作实践中的好做法好经验是提升各民主党派履职能力的重要保障

不忘合作初心，努力做中国共产党好参谋好帮手好同事，切实提高履职能力和本领。中共十八大以来，中共中央在强调从严治党的同时，也以加强和改善中国共产党领导为前提，探索发挥民主党派作用更灵活的方式和做法，取得了显著成效。其主要经验有：在人民政协这个统战工作平台上，更制度化地发挥各民主党派作用；开展脱贫攻坚专项民主监督等。这些重大的政策创新，成为完善中国特色社会主义新型政党制度的重要推动力。各民主党派在更广泛的政治参与过程中不断提高政治把握能力、参政议政能力、组织领导能力、合作共事能力、解决自身问题的能力，不断坚持好、发展好、完善好我国新型政党制度。

各民主党派是我国多党合作事业的重要组成部分，落实“四新”“三好”要求，民主党派各级组织和广大成员必须依靠思想政治共识的新提高，充分理解新时代中国特色社会主义参政党的使命任务，在履行职能中不断有新作为。建言献策要言之有据、言之有理、言之有度、言之有物，真诚协商、务实协商，道实情、建良言，参政参到要点上，议政议到关键处，努力在会协商、善议政上取得实效。

坚持以党为师学习弘扬伟大建党精神，是全面提升民主党派作为参政党自身建设的重要抓手

伟大建党精神为各民主党派全面提升自身建设提供理论指导。各民主党派参政能力的发展和进步，与中国共产党的执政能力的发展和进步有一定差距。当前，国家发展和社会进步事业需要越来越广泛的政治参与，政党制度的完善也需要民主党派发挥越来越积极的作用。民主党派要以党为师，如中国共产党那样抓好自身建设，通过制度化手段，践行从严提高党派治理新要求，要树立“打铁还需自身硬”和“有为才能有位”的观念。不要局限于一时一事的得失，要有宽广的政治胸怀和切实的政治作为。

要把与中国共产党的合作能力建设作为提高民主党派能力建设的基础。切实加强思想政治建设、组织建设、履职能力建设、作风建设、制度建设，全面提升民主党派的自身建设水平。要高举中国特色社会主义

伟大旗帜，以思想政治建设为核心、组织建设为基础、履职能力建设为支撑、作风建设为抓手、制度建设为保障，建设政治坚定、组织坚实、履职有力、作风优良、制度健全的中国特色社会主义参政党，以党为师学习发扬伟大建党精神，做自觉接受中国共产党领导，同中国共产党通力合作的亲密友党和好参谋、好帮手、好同事。

各民主党派推进自身建设过程中要积极宣传贯彻习近平总书记重要讲话、指示、批示精神。比如，领会民营经济“自己人”“两个健康”和“两个毫不动摇”的精神实质，坚定不移地为党派成员企业在构建新发展格局中搭好台、服好务、站好台、鼓好劲。“十四五”开局之年，中国经济面临多重考验。从外部看，百年未有之大变局加速演进，形势依然错综复杂，疫情冲击导致的各类衍生风险不容忽视；从内部看，经济恢复不均衡、基础不稳固。面对疫情常态化、面对错综复杂的国际国内环境，民主党派要立足构建新发展格局，紧紧扭住供给侧结构性改革主线，充分发挥自身界别的优势，为新能源汽车、工业机器人、集成电路等行业的发展建言献策，鼓励培育出更多拥有核心技术的企业带头人和重点企业，为经济发展作出更多奉献。引导广大成员保持对中国经济稳健前行、具有强大韧性和旺盛活力的客观认识，围绕中心服务大局，在积极投身新时代中国特色社会主义伟大实践中进一步提高政治认识，深化国民经济稳中加固、稳中向好、中国正在全面建设社会主义现代化国家的新征程上阔步前行的共识。以构建新发展格局为引领，推动经济高质量发展，为“十四五”时期我国经济发展提供持续动力，为科学民主决策提供参考，用实劲、做实事、求实效，特别是在补短板上聚焦发力，为促进经济社会发展发挥积极作用。

职业技术院校要注重技术人才培养，不能片面追求以升学为导向

教育部、人社部、工信部联合发布的《制造业人才发展规划指南》显示，制造业十大重点领域2020年的人才缺口超过1900万人，2025年将接近3000万人。然而职业技术院校毕业生不愿意从事制造业工作，不愿意当蓝领技术产业工人。《中国青年报》有关职业技术院校学生就业调查表明，有近六成的学生毕业不愿意当“蓝领”，这似乎不是什么新闻，职业技术院校的学生之所以不愿意在制造业工作的原因有很多，其中蓝领阶层工作收入低、生活单调枯燥、交际圈子闭塞、工作环境艰苦、职业发展空间狭窄、社会地位不高是主要原因。这是一个十分严峻的问题，需要引起相关部门的高度重视，制造业没有人才的供给，很难满足制造业的高质量发展。为此，提出以下建议：

第一，职业技术院校要革新教学理念，更新专业设计，提高管理水平，通过扎实作为，改变社会对职业技术院校态度。长时间以来，社会上普遍认为上职业技术院校是成绩较差、家庭条件普通等一般人的选择，很难把高分数与职业技术院校联系到一起。传统观念认为，上个技校毕业找个工作，而不求多大发展和成就，这种传统的观念直接影响和束缚了职业技术院校学生的成长成才。从某种程度上说，学生和学校本身都

存在“自暴自弃、低人一等”的思想偏见，势必造成一些职业技术院校办学指导思想出现偏差，认为这是一种对没考上大学或者高中学生的“兜底教育”，往往也不在教育教学上创新探索。若要扭转这种错误的观念和行为，必须从办学主体思想根源入手，相关教育主管部门对职业技术院校和主要负责人要加强教育引导，提升其待遇，为其在职称评定职级晋升等环节给予更多的倾斜，及时出台制度作为保障，建立长效机制，不能像有的地区采取一事一议、特事特办的做法。职业技术院校本身也要坚持“打铁还需自身硬”的理念，在国家相关政策允许下，进行专业设置的改革创新，专业要与市场就业形势有效衔接，积极想办法为学生实习就业创造一些可能，加强学生自立自强教育，发挥毕业生引领示范效应，对就业创业优秀毕业生的模范事迹进行主动宣传，积极主动与用人单位建立毕业生持续跟踪机制，不能毕业就不管，要与用人单位一起为优秀毕业生的成长提供更多的可能，为其在参加各种技能大赛、参加“中国青年五四奖章”等评比活动中，提供更多的帮助和支持，营造“一次选择终身不舍”的良好氛围。

第二，教育部、人社部等相关部门要出台制度防止对职业技术院校毕业生的歧视。职业技术院校的毕业生在找工作过程中，客观上受到一定的社会歧视。一些企业虽然宣传上说一视同仁，但是结果还是想尽一切办法把职业技术院校的毕业生拒之门外。没有良好的制度作为调节和平衡，这种现象就不能得到根本解决。若职业技术院校毕业生在工资待遇、提高学历层次等方面的问题不能得到根本解决，职业技术院校学生的就业就会陷入一个“死循环”。国家对制造业发展落实好相关政策，尤其对大量技术产业上的蓝领阶层给予重点关注和保障，落实好制造业离退工人待遇福利，这是对当下和未来将要从事制造业的蓝领们的有效激励。相关制造业和其他大量技术产业工人需求行业领域要切实地为其生活条件、工作环境、工资待遇、社会保障、子女就学、老人赡养、结婚生子等各方面给予实际的帮助和关心，让毕业生愿意留下来、干下去。国家相关部门要对职业技术院校管理缺位现象给予重点关注，很多学校轻视学生管理、教学管理、实习管理、就业延长服务管理等。很有必要建立健全相关管理综合制度，建立长效机制，加大媒体和社会监督力度，将思想政治、法律基础、体育体能、激励和廉耻等方面教育纳入学生毕业考试内容，改进教师考核项目细化标准，确有必要的实行职业技术院校合并整合。

第三，坚持职业技术院校办学的正确方针，不能片面追求以升学为导向办学。职业技术院校要坚持社会主义办学理念，不断加强和改进职业技术院校思想政治教育工作，聚焦坚持不懈用培养大国工匠和能工巧匠思想铸魂育才，落实国家相关职业技术院校工作指导精神，因地制宜，突出特色，办出特点，突出解决办学质量实效，切实创新授课方法、研究解决教学教育突出难题，推广示范成果，发挥其带动效应。加大对高职院校资金政策投入，高职院校的教育投入较本科教育还是存在很大差距。2014 年，中国高等本科学校学生人均公共财政预算内事业费支出 18576 元，是高职高专学校的 1.89 倍；生均公共财政预算内公用部分教育经费支出为 8932 元，是高职高专学校的 2.05 倍。国家要加大对职业技术院校的办学投入，很多高职院校为了维持办学，已经开始以升学为招生亮点，不想就业不能就业就直接继续专升本，继续参加高考等，对在校的学生进行“转移安排”，这种办学导向是不正确的，相关部门必须加以引导。前段时间，某学院招收初中毕业生 5 年拿大学文凭的事件上了热搜，现在打开抖音快手等短视频平台，仍然可见这类宣传和视频作品，这对准备考职业技术院校的学生是负面的引导。职业技术院校要引导学生树立理想抱负，坚定选一行爱一行，不断追求进步和卓越。世俗的偏见是需要自己用行动去改变的。职业技术院校这些年随着国家相关政策的保障，毕业待遇等方面越来越好，这是积极的一面，广大的职业技术院校的学生一定要冷静客观地看到，尤其是中共十八大以来的这些年，国家的经济社会发展，取得的成就有目共睹，对于职业技术院校来说应该是空前的利好机会。学校和学生都要充分地利用好这样的机会，坚定办学理念，创新学校专业设置，提升理论和实践教学水准，为学生成长成才创造更多机会。

第四，加强职业技术院校党的领导，引导社会舆论对职业技术院校和学生的关注。现阶段要建立健全职业技术院校党委书记领导、校长负责机制，这是确保职业技术院校健康发展良性办学的关键。建议国家相关部门组织编制“国家职业技术院校发展纲要（2021—2035 年）”，对系列问题纳入国家顶层设计层面，推动立法作为保障。社会媒体和舆论要给职业技术院校毕业生、学生更多的、积极的、正面的宣传，加大对世界技能大赛获奖选手的宣传力度，对那些没有获奖的学生也要给予更多的关注，不能把所有的关注点都集中在获金银铜奖的选手和老师上，新闻媒体和学校都有向社会多讲述职业技术院校故事的责任。对办学有特色的院校及其书记、校长进行跟踪采访报道，挖掘更多素材向社会传播，可以举办职业技术院校书记校长论坛，多举办学生技能大赛，建立起一整套培养学生技能的制度，并研究建立相关配套长效机制。总之，要坚持多管齐下，从思想认识到具体办学行动上把职业教育作为国民素质教育重要组成部分落到实处，落到点子上，不能停留在学习汇报和工作总结中，要不断适应国家经济社会发展对职业技术人才的需求，做好传统技术传承工作，不断提升学生就业创业能力，要把职业技术院校学生毕业就业成长成才当作关系民族发展的重要事情来抓。

"双减"利于学校发挥主阵地作用，使学校教育回归主体地位

最近，比较热的词一定少不了教育行业的"双减"，"双减"浪花四溅。其实"双减"不是今日才有，应该说是长时间困惑老师家长的老大难问题，既然来了，怎么应对"双减"？"双减"政策需要解放的应该是思想，需要拓展的是教育主管部门如何更好地运用好政策的思路，也需要家庭教育的主体家长对政策的理解和适应。

当前，关注"双减"的课后教育大于关注校内教育水平和质量的提高，要知道"双减"既包含课内负担、又包含课外补习双重压力。社会应该呼吁老师精心组织备课、认真做好课上教授、适当布置有效作业，甚至是分类作业，同时建立起老师与学生之间在布置作业的"交换"关系，这就是要尊重学生作为接受教育主体的意见想法，对于老师布置的作业学生可以提出不同的意见，这是提升课内教育教学质量的一种尝试。

调研发现，很多学校为了应对"双减"，课余时间急匆匆地上马了很多音乐类、美术类、书法类课程，这种做法未必是可取的，减负不是减了作业和校外培训，腾出的时间增加新课程，造成这样局面的原因有很多，其中很重要的一点就是学校为了应对"双减"的应急反应，看似对政策落实，其实暗藏了诸多的不科学性，此文不作剖析。那么，"双

减”背景下，教培行业该如何突围，学校该如何更好地服务受教育主体，这些问题都是亟待有效解决的，因为它关系学生、家庭、学校诸多方面的切实利益，为此，提出以下建议：

一是正确认识“双减”和素质教育。中共中央办公厅、国务院办公厅印发的《关于进一步减轻义务教育阶段学生作业负担和校外培训负担的意见》就校内和校外两方面的服务进行规范和引导，校内要做好教学质量提高、提升课后服务质量水平和能力。校外培训机构要规范化运作，提升综合服务整体水平。很长时间以来校外培训机构存在的问题，一直被各界关注，希望这次“双减”能成效显著。学校作为教育的主体要充分关注受教育的主体即学生的人格、身体、心灵、社会性的和谐发展。素质教育强调了这么多年，究竟什么是素质教育，是否学习一些唱歌跳舞书法绘画就是素质教育，学习语数外物理化就不是素质教育？在这次“双减”背景下，是否要更多地安排非学科类的课后科目？这一系列问题，都需要正确看待、理性分析、科学指导。素质教育其实在目前的学科设置中都有体现，这就需要学校和老师们多挖掘并在教学上渗透，即提高教育教学的能力水平，一味地照本宣科已经不能满足现实所需，更没有必要在课程的设置内容上再做“加法”增加更多的科目进来。学校要把好课余时间利用这一关，不能什么都“进”，要充分尊重和考虑到学生的实际心理需求、接受能力等综合因素。比如，将劳动课加入义务教育阶段，确实有必要，对培养学生们的体力、毅力、专注力、耐心、责任心都有益处，另外，国家相关部门要阻断游戏对青少年无限制开放的渠道和途径，防止青少年沉迷于网络游戏。

二是校外培训机构要及时调整服务项目、应对改革发展所需。以教室为主场景的线下门店、面授的教育培训为主要特征的校外教育培训形式存在了30年，这次“双减”背景下的改革是客观必然，不会更改了。可以预测，校外教育培训机构继续存在是肯定的，但规模会越来越小，市场占有份额也会越来越小。那么教培行业如何应对？要在服务上提高质量，要在项目设计更符合发展所需，这是必然。其次，就是必须要转型，主动应变，在变中寻求发展机会和创造新的可能。比如，线上教学可能会迎来一轮新的契机，基于家庭场景伴学、助学类教育产品会有很好的发展前景，还可以保留现有的培训资源，很多教培机构设备设施资源都不错，可以开发更多的教育培训课程，如从劳动力输出、家庭教育能力提升、物业、保洁、保安等各种提高个人素质能力方面进行的成人类培训。相关教育部门要注意对线下学科教育机构进行良性引导，很多教培机构急转掉头，势必出现对音乐、美术、体育相关素质教育培训的蜂拥态势，这对整个教培机构长远发展是不利的，教培机构本身也要研究政策、法规，客观分析自身优势，在自身长项上做文章，跟风只能造成资源的浪费和恶性竞争。

三是“双减”背景下多主体要各司其职。各层面要积极行动起来，适应教育改革发展，教育主管部门要做好“意见”的落地见效、尽到保障责任。要多调研，到基层，少指挥，发施令，抓规划，做设计。推动“名校办分校、强校带弱校、区域学校联盟”等办学体制改革，不断扩大优质教育资源供给。统筹推进校际师资和教学管理层良性流动，从教师资源结构质量优化，教学方法创新探索实践，教育主体开发开放能力接受程度等环节多负起责任，多想办法。要引导学校多开展爱国主义教育，把好教材质量关，欣喜的是《谁是最可爱的人》《狼牙山五壮士》《刘胡兰》《我的战友邱少云》《一个粗瓷大碗》《金色的鱼钩》《黄继光》等文章又重新回到小学课本。民族精神、革命精神教育永远不会过时。义务教育层次的家长，也应该调整自己对孩子的教育模式和期待，对素质教育要有客观清晰理性认识，对自身教育教养水平和能力要尊重客观事实，在力所能及的情况下多提升，对线下线上教育培训形式都要理性消费，不要把所有的教育责任推给学校和机构，这都是不全面不客观的，需要调整。若想真正的减负，还是要从国家顶层选拔人才体制机制上推动改革，方是长久之策。

乡村振兴、农村人居环境整治和厕所革命应同步推进

坚持农村人居环境整治和厕所革命同步推进，是创建美丽乡村、实施乡村振兴战略的重要篇章，也是回应群众关切、解决群众切实需求的重要举措。当前，农村人居环境治理和厕所革命整体效果显著，但还是存在一些盲区、堵点，需要在协调推进中，不断加强顶层设计、建立健全各项保障措施，引导广大群众积极配合和参与。本文从粗浅的层面谈些建议和调研体会，不对的地方还恳望读者和关注者给予指正。

一、农村人居环境改善问题

农村人居环境整治是实施乡村振兴战略的“当头炮”。调研发现，乡村振兴中农村人居环境整治问题，主要集中在以下几个方面：一是加快推进农村厕所革命，实施农村户用厕所无害化改造工程。二是积极推进农村生活垃圾分类，因地制宜建设资源化处理设施。三是梯次推进农村生活污水治理，开展农村黑臭水体治理工程。四是开展村庄清洁和绿化行动，推进“美丽乡村”建设。

而推进农村人居环境整治工作，主要存在以下问题：一是资金投入压力较大。农村地区的环保基础设施建设投入不足，有的地区垃圾转运设备老化，影响垃圾转运效率，大吨位级垃圾压缩车缺口较大。有的地

区（东北黑龙江地区广大农村）还未实现垃圾集中处理。二是群众参与度亟需提高。引导群众参与环境整治机制还不健全，农民群众自主投工投劳的热情和积极性还有待提高。比如，有的群众环境卫生意识淡薄，认为垃圾清理是环卫工人的事，存在垃圾随意扔的现象；个别农户对村屯污水处理的意识还不强。因此，对推进农村人居环境整治工作提出如下建议：

第一，提高对人居环境改善工作意义的认识，认真调研实干真干。把农村人居环境整治工程作为“民心工程”的重要内容抓好抓实，把好事办实，实事办好，使百姓受益。我国东西南北中、平原高原、农牧区农业区地域差异较大，推进农村人居环境改善推进工程，要坚持分类指导、尊重差异、因地制宜，绝对不能搞“一刀切”，政府部门要在选择运用什么技术推进人居环境整治工程问题上，要坚持技术适合当地实际且成熟的原则和标准，不能搞形式主义，不能搞暗箱操作等损害百姓利益的事。

第二，加强行政推动和社会监督。对人居环境整治要及时制定适宜方案、加强监督和指导并举，注重宣传教育，落实相关责任。要统筹考虑同步推进农村人居环境整治工作，发挥好政府投资撬动作用，引入人大监督、政协协商监督、民主党派监督、社会监督、群众监督等多种方式，创新政府支持方式，加大资金的多渠道筹措力度，提高资金使用效率。

第三，农村人居环境整治不可能一蹴而就，要立足长远，科学谋划。一要坚持问题导向。针对当前农村污水、垃圾、生活废水等主要污染问题，优先加大整治力度。二要坚持因地制宜。根据各地各村经济发展水平和规划建设等不同实际，合理确定整治任务目标，分步分类实施，做到逐步提升、逐年完善、最终实现不落一村一屯一户。三推进人居环境改善过程中要注重文化遗产保护。根据不同村庄的自然环境、民俗习惯和历史遗址等，在环境整治中要重点加强文化遗产保护和修复。

第四，农村人居环境整治要注重提升“软环境”。农村人居环境整治不仅要提升“硬件”，“软件”同样非常重要。良好的社会氛围是提升农村环境水平的重要保障。一要通过环境整治工作的开展，进一步挖掘乡村特色、改善村庄环境，激发村民的满足感和幸福感，从而引导群众参与保护环境整治成果。二是要开展农村最美庭院评选、环境卫生村光荣榜等活动，充分利用新闻媒体和网络媒体宣传推广各地的好典型、好经验、好做法，努力营造全社会关心支持农村人居环境整治的良好氛围。三是对于贡献自有土地面积帮助推动人居环境整治的，要给予表彰和鼓励。调研发现，有的地区在推进排水系统工程中，由于村民舍弃自己家的原有庭院面积，有时候就是几米、几十米的距离，就可以大大节省工程材料，提高工程工期，对这类村民要给予表彰，相关部门要建立相应的表彰和鼓励制度。

二、农村厕所革命应深入推进

中共十八大以来，习近平总书记多次对农村厕所革命作出重要指示批示，在他的倡导下，厕所革命作为农村人居环境整治的重要任务在全国各地逐步推开。截至2020年底，全国农村卫生厕所普及率超过68%，在改善农村人居环境和提升农民文明卫生观念中发挥了重大作用，为如期全面建成小康社会打下了坚实基础。

农村“厕所革命”整村推进受气候、人文、历史、环境、经济等综合因素影响，不能一蹴而就。我国东西南北中农村居住特点差异化较大，推进农村厕所革命要坚持因地制宜，尊重地域差异。对农村厕所排水处理要避免对村民生活、健康、周围水域造成不良影响，同时要兼顾对化粪池厌氧发酵形成有机肥，以变废为宝，实现循环农业，改善生态环境，提高农村生活环境质量。

调研发现，推进农村厕所革命面临困难：一是村庄居住条件制约改厕推进。由于我国农村地区较为分散的居住特点，改厕成本及污水处理运行成本增高。部分农户宅基地处于洼地，生活污水有效坡度无法形成集中处理，加大了厕所革命整村推进难度。二是用地条件制约农村生活污水处理池建设。农村生活污水处理池建设涉及用地问题，有些村屯在选定合理的污水处理池建设位置时，村民反对在该处建设，阻碍了农村生活污水处理设施的建设。因此，对继续深入推进农村厕所革命提出如下建议：

第一，推进农村厕改要坚持走群众路线，统一各方面思想认识。为将厕所革命整村推进这项惠及百姓的实事办好、办实，使农民群众能更新观念、形成共识、积极参与，要始终将走群众路线贯穿于厕所革命工作的全过程。坚持多形式多途径强化宣传工作，在全社会营造浓厚氛围，组织群众细算厕所革命的健康效益、经济效益、社会效益和环保效益四本账，使他们深刻认识到厕所革命整村推进是提高家庭生活质量的重要途径，也是乡村文明进步的重要标志，激发广大干群参与厕所革命的热情，为厕所革命整村推进工作奠定坚实的群众基础。

第二，借力美丽乡村建设，统筹规划农村管网综合建设，协同推进厕改和污水处理问题。厕所革命整村推进工作要从项目申报立项工作开始抓起，坚持层层把关，充分发挥职能部门作用，组织专业工作人员进行实地调研，逐村进行全方位的调查摸底，逐户了解实际情况，区别不同类型，确立不同的方案，必须新建的就新建，能在原有基础上改建的就改建，以减少开支，节约成本。同时，要根据调查摸底情况和群众意愿，科学合理规划，制订切实可行的实施方案，严格按要求施工，让群众满意。

第三，发挥政府主导作用，引入竞争机制，确保农村改厕和污水处理工作做实。农村厕改和污水处理问题解决好与不好，决定了乡村振兴和美丽乡村的成色，相关部门要压实主体责任，积极发动广大群众参与，综合统筹各方面资源，集中优势，聚焦发力，尊重地域差异，在厕改和污水处理一体化项目整体设计、招标、设备材料购置、验收等各环节、全流程充分发挥政府指导原则，把真正适应本地区的厕改和污水处理项目引入，杜绝形式主义、官僚主义作风。发挥好各级人大、政协、民主党党派、无党派人士等监督职能，保证这项民生工程、民心工程完成好。

新联会“智囊”作用应成为统战工作新的发力点

为了提升对新的社会阶层人士的统战工作水平，必须把发挥他们的智力作用作为一个突破口，并提升到国家智库作用的高度上。高度重视新的社会阶层人士作用发挥，不能局限于发挥他们的一般性智力作用，而是要确立其“智囊”作用的重要性，多措并举，多管齐下，充分发掘这一部分人的智力资源，以合适的方式加以聚集和放大，为社会发展和国家改革贡献其应有的力量。

1. 摸清情况，储备人才。建议统战部门会同有关机构，就新的社会阶层人士进行一次系统的摸底调查，以便掌握切实的信息，在此基础上建立人才库，这点完全可以借鉴中央国家机关工委统战部的做法。另外，还可以依托其他多种调查方式，对新的社会阶层人士的基本情况进行分门别类的细化统计，形成大数据，以备随时使用。例如，统计新的社会阶层人士城市分布、行业分布、党派隶属、专业特点、家庭情况等，可以纳入地区人口普查或其他专项普查的项目之中。这项基础工作必须有专门机构和人员（或委托专业机构）来负责，并进行动态追踪。

2. 重点培养，激励优秀。对新的社会阶层人士的使用，要更为大胆，依照统战工作的经验和做法，精挑细选，优中选优，遴选出优秀代表人士进行重点培养，充分利用各级社会主义学院等机构，对遴选的新的社会阶层人士优秀代表分阶段、分步骤进行培训，帮助他们了解相关知识体系；提供给他们参与公共事务的机会。例如，安排其到政府、企业或其他部门进行调研，对其中一些有志于直接参与公共管理事务的人，可以提供挂职锻炼的机会，让他们在实践中发挥自身的专业才能，提高他们对国情民意的认识水平。组织、培育优秀人才，拓展其专业视野。例如，鼓励其参加与国内外专业人士的直接交流，甚至送其到境外科研机构短期参访。对表现突出的优秀新的社会阶层人士给予奖励。例如，赋予其一定的荣誉称号，现有的先进工作者、杰出青年、青年五四奖章、三八红旗手、五一劳动奖章、感动中国、中国榜样等奖励机制中，要给新的社会阶层人士预留一定的名额。在推选人大代表、政协委员候选人时，给予其充分的考虑。还可以根据其贡献大小，给予其一定的物质奖励，可以设立国家新的社会阶层人士智库专项奖励基金。对一些从事政府亟需的课题研究的新的社会阶层人士，要给予充分的物质和非物质支持，以便更好发挥其专业知识和技能的智库作用。

3. 创新纳言，广开渠道。应该大力创新纳言渠道，利用现代通信技术所提供的便利，开拓灵活多样的途径。定期召开重点调研选题座谈会，调研选题交流会等，邀请政府相关部门负责人介绍情况，邀请专家学者深入分析相关问题，选好选准调研课题；鼓励根据实际需要，独立确定研究方向和项目，重点研究国家和社会发展中的重大问题、前沿问题、战略问题；建立网络纳言渠道，如在政府网站上专辟纳言通道，建立新的社会阶层人士论坛、微信公众号等，为其提供网络平台；鼓励新的社会阶层人士就重大政策问题进行专业化讨论和辩论；鼓励“头脑风暴”，可通过早餐会、茶话会、品酒会等多种形式，利用轻松环境，让大家畅所欲言，提出各种意见和建议；政府部门就一些重大决策，依循一定的程序听取意见和建议时，要专门注意倾听、收集、整理新的社会阶层人士的专业性意见和建议。与此同时，政府也应简易纳言程序。取消一些不必要的、繁琐的程序，比如，简化内部通报程序、内参上送程序等，从而使新的社会阶层人士的观点能顺利快捷地到达各级政府决策部门，发挥作用。

4. 真诚交友，深度合作。有些新的社会阶层人士一般都会依托单位进行科研活动。在考虑发挥他们的智库作用时，必须处理好与其所在单位的关系，不能使他们脱离原有的单位，或从事与原有单位交付项目相冲突的活动，所以，要建立起与新的社会阶层人士所在单位广泛而有深度的合作，真正做到双方智力资源和其他资源共享，使新的社会阶层人士的“智库”作用，在本单位得到充分利用的同时，也惠及更广泛的社会需求。在这一方面，要确立起与其所在单位长期合作的模式，无论是国家机关事业单位，还是科研院所或企业，这种合作应该是规范的，成为双赢或多赢的新常态。与此同时，统战部门要发挥综合优势，利用工作关系网络，拓展与各类单位之间的工作协同关系，要求有专人负责，有领导分管，有部署、有督促、有检查。

5. 多管齐下，灵活使用。新的社会阶层人士的专业活动与社会活动方式是多样化的，比如，他们的社交网络就比较开放。能否充分地利用他们的智力资源，关键在于统战部门对他们的使用方式是否恰当，对此，要具体情况具体分析，要破除一定之规，有多元思考路径和工作方法。例如：针对某些专业性特别强的政策问题，可以进行个别咨询；也可以组织定期的论坛或圆桌会议；也可以组织不同意见的人士之间进行讨论，相关领导与决策者旁听；还可以鼓励、资助新的社会阶层人士组成课题研究小组，吸纳他们的研究成果。这些对于新的社会阶层人士使用方式的设想，通过实践完善以后，形成相关的制度规章，采用一定的组织方式来不断推进与改善。

6. 有序引导，成果转化。促进新的社会阶层人士研究成果的转换，使他们的意见和建议成为相关决策的参考依据。鼓励新的社会阶层人士根据实际情况的需要，来确定研究方向和项目，对于一些基础理论性的研究成果，不能束之高阁，而是要鼓励研究者就转化问题进行进一步的探讨。尤其要鼓励新的社会阶层人士参与政府项目的招标，对他们的研究成果给予及时的评价与引导，帮助他们建立与政府部门、企业及其他社会团体的业务联系，让他们的专业知识和技能有更广泛的用武之地。进行新的社会阶层人士研究成果的专场展示活动，吸引相关部门和人士参与，扩大成果的社会影响力。同时，对于优秀的研究成果，可给予相应的资金、政策上的支持，促进其成果的转化，发挥其实际作用。

7. 积极推荐，提升影响。鼓励新的社会阶层人士组成或参加有形智库。大胆启用中青年新的社会阶层人士人才，要将才能放置首要考虑，不要拘泥于传统，要给“位”才能有“为”。把一些有精力、有想法的新的社会阶层人士组织起来，引导或推荐他们加入各种智库，支持他们根据有关规定组成专业智库，在政策上给予优惠。比如，对推广他们的研究成果给予便利，甚至可以用“政府订单”方式提升其知名度。同时，建立权威的评估体系，对他们的研究成果给予科学的评估，提升其社会影响力，从而扩大其业务活动范围。

总之，新的社会阶层具有活跃度高、影响力大、辐射面广等基本特点，同时这一阶层具有思想活跃、行动自由、个性张扬、成果显著的鲜明时代特质，要发挥其积极作用，引导其传播正能量。统战工作是做凝聚人心汇聚力量的工作，如何画出新的社会阶层的最大同心圆是时代赋予的任务和使命，时代既然出了题，我们必须应答，而且要交出时代和历史都能满意的答卷。

国民经济和社会发展必须坚持党的全面领导

2021年第18期《求是》杂志发表了习近平总书记重要文章《毫不动摇坚持和加强党的全面领导》。文章指出，中国共产党是执政党，是中国特色社会主义事业的领导核心，处在总揽全局、协调各方的地位。坚持中国共产党这一坚强领导核心，是中华民族的命运所系。

中国共产党对国民经济和社会发展事业的领导在思想上、实践上都是与时俱进的。这个结论将引领我们完整准确地理解加强党的领导原则的理论。

一、要在重大决策环节，切实体现党的领导

坚持中国共产党对国民经济和社会发展的领导，以利于避免决策扯皮、拖沓等弊端，中国共产党的初心和使命就是实现民族复兴、人民幸福，立党为公、执政为民，从最广大人民群众的根本利益和长远利益角度来平衡社会各方面的合理利益和需求，制定出切实可行的政策措施。中国共产党总能够在最短时间内对一些重要问题作出客观分析、准确判断和决定。最典型的是1997年亚洲金融危机和2008年世界金融危机期间，在世界经济包括中国经济都遭受了严重的影响，在许多西方国家内部为如何应对危机争吵得纷纷攘攘之时，中共中央已经对形势以及各种

条件作出了正确的判断，果断采取了有效的应对措施，遏制了危机对中国经济的影响，为中国经济的稳定发展奠定了基础。如“国民经济和社会发展五年规划”这样的重大决策，由中国共产党集合全社会各方面的力量调研，确定目标、原则和框架，这是中国共产党70余年重大的成功实践经验，我们必须始终坚持中国共产党的统一领导，必须始终坚持以习近平同志为核心的中共中央集中统一领导。

实践证明，一个国家的国民经济和社会发展事项的决策权应集中在一个有执政经验、有长远政治眼光、维护最广大人民利益福祉的政党手中。在每个五年发展规划形成过程中，中共中央主持了大量的调研活动，也专门召集参政议政的各民主党派负责人、无党派人士和其他社会各界人士共同研讨，广泛征集意见和建议，这就保证了决策的民主性与科学性，使决策始终代表最广大人民的利益。

二、要在执行落实环节，切实体现党的领导

每个五年发展规划是写在纸面上的，是经过最高国家权力机关批准的，具有法律效力，关键是在落实过程中，党的领导是否能够充分地体现出来。中国共产党十分重视对“规划”落实环节的领导，这主要体现在，对“规划”落实的各级各地区组织及其负责人强化责任意识，在政治上引领他们对“规划”的意义和实施目标形成全面而深刻的认识，在中共十八届五中全会以后以中共中央的名义向全国各地派出中央全会精神宣讲团，这为全面落实规划提供了强大的思想保障和理论保障；同时，中共中央运用组织优势，加强引导相关部门负责人的治理能力和治理水平，安排那些有开拓精神、有实干能力的干部担当关键岗位，以确保规划的执行步步到位；同时，还从强化落实、执行建设入手，积极推动制度、

体制和机制改革，建构起全新的执行体系，充分保障实现规划设定的各项目标。

中国共产党成立100年，中华人民共和国成立70多年，改革开放40多年的伟大实践与创造中，中共中央一直强调执行力建设，要求全党在落实中央的决策方面要有决心有能力有干劲有实效。围绕这个目标，推进了许多方面的改革，这个过程也被纳入完善党的领导的范围，经过数十年的努力，取得了显著的成效。

三、要在规划实施监督环节，切实体现党的领导

今年是中国共产党百年华诞，一百年筚路蓝缕，一百年逐梦前行，为了民族复兴、人民幸福，中国共产党孜孜以求，是中国共产党的坚强领导铸就了中国的伟大和辉煌。今天的中国逐步走向世界舞台中央，今天的中国国力强大、社会团结和谐、全国各族人民正走在建设社会主义现代化国家的康庄大道上。在实现中华民族伟大复兴的中国梦的过程中要推动各项改革举措落地见效，依照既有的社会政治经济组织构架，在规划实施监督效能发挥上必须始终坚持党的领导。在规划的制定与实施过程中，要将效率和效能作为一个重要的标准，要对规划执行过程中的种种行为的合规性和效率进行全面监督，杜绝工作失误造成的不必要损失，也杜绝一切出于私利考虑而对国家资源的浪费和侵吞、侵占。如果没有强有力的监督机制，规划的执行很可能因为各种原因而出现偏差，受到损失的还是国家与人民群众，这个局面是与全体人民意志相违背、与中国共产党的初心和使命相违背的。

规划的执行监督必须始终坚持中国共产党的领导。中共中央在治国理政上提出和践行“全面从严治党”的原则，以各种方法来强化对党务

活动的全面管理，由此来推进对国民经济和社会发展等建设事业的科学监督。比如，加紧反腐败工作，不仅仅是为了挽回经济损失，更是为了确立规范的政治领导和组织领导的程序、规矩、意识，最大限度地减少因为不守规则不讲规矩而造成的政治损失、经济损失，确保各项事业的发展更加顺畅，更有成效。

四、要在重大意外或突发事件应对环节，切实体现党的领导

规划是一种预定的计划，在五年的实施过程中，总会遇到各种各样的意外或突发事件，这些事件处置得及时不及时、到位不到位、有没有成效，往往影响巨大，万万不能轻视。70余年来，每一个五年计划（规划）实施过程中都遇到过意外或突发事件，形成对既定目标的冲击和影响，但是，中共中央总是能够及时判断形势、作出应对，最终都确保了既定目标的实现。可以说，没有中国共产党的坚强领导，这些意外或突发事件很有可能影响规划的实施和推进。加强党的领导的题中之义就包括了在重大意外或突发事件应对方面，要充分借助党的领导所形成的各种显著优势。意外或突发事件的正确应对，需要有总揽全局的判断能力、紧急组织资源的应急能力和强大动员实施的执行能力。在中国，只有中国共产党才全面具备这样的能力，无论地震、洪灾还是其他严重的生产安全事故和重大的公共卫生安全事件，每一次都是在各级党组织的坚强领导和有序组织下安然度过的，把损失降到了最低点，确保了国民经济和社会发展事业有序地推进。中国共产党的这种应对能力是历经百年风风雨雨考验而逐渐形成的，是每一个五年规划得以全面落实的不可或缺的政治保障。

五、要在民心凝聚和社会团结环节，切实体现党的领导

国民经济和社会发展五年计划（规划）关系人民群众利益的实现与保障。中国共产党历来注重发挥人民群众在国家建设事业中的积极性、主动性、创造性，把“为了人民、依靠人民”作为任何事业发展的基本原则，而且这一原则得到落实。具体表现在，在中国没有任何其他政治力量能够像中国共产党这样很高效地集聚起民心民意，调动起最广大的人民群众的参与热情。五年计划（规划）的制订过程，充分保障了人民群众的广泛参与，之后对目标与政策在全社会进行广泛宣传。实践证明，这些宣传对增进社会团结、鼓舞人民干劲、凝聚大众共识，起到了不可替代的作用。

在20世纪60年代初期，国民经济和社会发展事业遇到了挫折和困难，也就是在这一严峻的时刻，中国共产党在全国范围内开展了“渡过难关”的思想教育活动，根据各界群众的不同特点开展了不同方式的教育，这种教育甚至延伸到中小学，实现了全覆盖。正是在这种宣传教育的作用之下，全国人民克服了思想上的困顿，振奋起精神，对党中央的一系列调整政策给予了积极的理解和支持，从而使国家顺利地渡过了难关。所以说，民心的凝聚和社会的团结，需要以中国共产党的政治领导为核心，在每个五年规划的制订、实施过程中，这一历史传统应该得到充分的发扬光大。

历史照耀未来，“十四五”发展规划描摹了未来国民经济和社会发展的光明前景，集中反映了以习近平同志为核心的中共中央决策部署，顺应了我国经济发展新常态的内在要求，具有很强的思想性、战略性、前瞻性、指导性。实现中华民族伟大民族复兴路上需要坚持创新、协调、

绿色、开放、共享的新发展理念，着力破解发展难题，增强发展动力，厚植发展优势。要坚持问题导向，聚焦突出问题和明显短板，回应人民群众诉求和期盼。坚持中国共产党的全面领导原则，无疑将提升全国各族人民实现中华民族伟大复兴的信心；而探寻将这一原则落到实处的方式方法，无疑将强化这种信心的坚定。

对民主党派内部监督机制建设的几点建议

中共十八大以来，以习近平同志为核心的中共中央高度重视多党合作事业，习近平总书记首次提出民主党派是中国特色社会主义参政党，强调中国特色社会主义进入新时代，多党合作要有新气象、思想共识要有新提高、履职尽责要有新作为、参政党要有新面貌，民主党派要做中国共产党的好参谋、好帮手、好同事等。这些重要论述，为新时代加强中国特色社会主义参政党建设指明了前进方向、提供了根本遵循。一个政党内部的自我监督机制建设，应该成为自身建设的核心议题，这其实是政党理论的共识，也有大量的政治实践作为基础。民主党派面临着强化这种建设的历史契机，中国共产党的全面从严治党建设形成了一种强大的政治示范效应，中国共产党对各参政党历经七十多年的政治引导实践证明，民主党派推进自身监督机制建设和完善正逢其时，具有相当强大的政治力量作为依托。

为此，首先要牢牢地树立起向中国共产党学习的意识，在此基础上，具体设计、部署和落实各项措施，尽力发挥民主党派自身的政治优势，将民主党派建设提升到新的历史阶段上。具体而言，应该从以下若干方面入手：

第一，将自身监督机制建设放到参政党建设的突出位置。民主党派领导人要从更积极地发挥参政党的作用、完善中国新型政党制度和社会主义民主政治制度的高度来认识这个问题的重要性，要认真总结党派的历史经验，从党派建设的长远的历史角度出发，对自身监督机制工作作出明确的政治定位。要将此作为部署督促和落实的工作重心之一，要对忽视这一建设的各种观念进行引导，要通过党派内部教育活动，将正确的理念传导到全体成员和各级干部意识中，形成自觉接受监督的积极意识，并为自身监督机制的建设和完善作出具体的贡献。

第二，依照民主党派政治职责发挥的基本要求优化监督结构。目前，民主党派内部的监督结构安排比以前大有优化，但是，党派内部决策权、执行权和监督权的分工不够清晰，尤其是监督权应在权力监督结构加以突出，以强化实际监督实效。要在监督结构设置上要实现基本的平衡，这是自我监督机制的基础。在决策、执行部分，也要进行科学合理的监督安排，比如，决策的行使过程中提高透明度，提高对各种外在意见和建议的吸纳能力，这实际上是将自我监督的关口提前，是一种切实有效的自我监督创新尝试。

第三，逐步推进民主党派内部监督规则体系化。民主党派内的所有政治活动都要有章可依、有规可循，不能凭借一人或一时的考虑来行事。这样就等于强化了自我监督，令实质性的监督活动有切实的依据，凭借不断完善的党派监督规则来判定哪些行为是合规的，哪些行为是违规的。民主党派也应该对历年来监督规则规定进行必要的清理，围绕着完善自我监督机制的目标，进行规则的再建设，推进民主党派内部监督规则体系化。

第四，主动提高与纪检制度相适应能力。民主党派应该主动加强与纪检制度相适应能力建设，尤其要强化对三个方面干部的监督：一是各级机关领导干部，二是参与行政管理工作的干部，三是基层领导干部。对各种监督措施要有基本的敬畏与遵从，要树立基本的政治规矩，端正思想意识和行为，要树立起纪检机关和党派干部需要的执纪权威，增强民主党派各级干部提升反腐倡廉意识，践行廉洁公正作风，以高标准贯彻落实中共中央各项违纪违法规定，敬畏纪检工作，尊重纪检制度，执行纪检纪律，切实将自我监督工作做实做到位。

第五，自身监督要从民主党派中央做起。近年来，各民主党派中央领导机关的作风建设取得了显著进展，领导人主动接受内部监督的风气正在形成，很大程度上优化了政治生态、凝聚了成员心气、提升了行使权力的透明度，尤其是开展批评和自我批评活动产生了很好的影响。在这一方面，民主生活会制度起到了很好的作用，民主党派中央也有这样的制度，但是，在实际操作过程中，要注意防范形式主义，要把民主生活会的实际效果显现出来，不断完善民主党派民主生活会制度。比如，在流程上，要加入关于工作、作风等问题的成员意见征集程序，客观全面真实地反映问题，并认真研究将问题逐一解决。

第六，调动普通成员参与监督的积极性。普通成员自我监督意识和实践能力的培养是一项长期艰巨的工程，需要完善的体制机制作为保障。章程所规定的基本权利，首先是通过程序向上级机关如实反映问题的权利，要将成员的监督日常化，强化自觉监督的氛围。动员成员尤其是普通成员参与内部监督活动，正是强化民主党派活力和凝聚力的重要途径，要彻底抛弃那种认为全党派参与监督会涣散组织的陈旧意识，要学习中国共产党的政治自信。

第七，构建健康的民主党派政治生态。从根本上优化党派内政治生活规则，在成员尤其是干部意识中牢牢确立守纪意识，树立正确的世界观、大局观和权力观，要从意识深处明确党派的政治宗旨所在，并在实践中切实落实，将加入民主党派的政治追求和履职尽责作为个人政治生命之根本，将自我监督机制的完善与对成员的思想教育引导内在联系在一起。民主党派要更好地发挥参政党作用，要为代表联系界别群众发声建言，就要提升自身的政治吸引力和号召力。首先要把本党派打造成为一个政治上规规矩矩的政党，向民众表明政治目标和实现政治目标的规矩作为，提升民众对民主党派的政治信任感。否则，参政活动的实效就无从谈起。

新发展阶段对民主党派履职能力凝聚共识能力提出更高的要求，各民主党派要紧扣思想政治建设、组织建设、履职能力建设、作风建设和制度建设总体布局，始终坚持正确政治方向，准确把握中国共产党领导和民主党派自觉自主自为的关系、执政党建设和参政党建设的关系、自身建设和履职尽责的关系、进步性和广泛性的关系，创新思路方法，完善制度保障，强化整体合力，不断提升中国特色社会主义参政党建设成效和水平，为推进新时代多党合作事业持续健康发展作出新贡献。

从北交所设立看中小企业发展机会

北京证券交易所有限责任公司2021年9月3日正式注册成立，北京证券交易所（以下简称北交所）上市、交易、会员管理基础业务9月5日开始征求意见，自从国家宣布成立北京证券交易所以来，各项规则规定的制定出台都在有序进行。北交所作为支持中小企业创新发展、深化新三板改革、打造服务创新型中小企业主阵地，广大中小企业该如何认识其设立的重大意义和价值？又该如何在这次重大机会中发展自己、武装自己？

首先，准确把握北交所性质定位。服务创新型中小企业主阵地为定位，那么其他地方也就不可能再设，这是很客观的事实。中国要设立一个证券交易所是一个非常慎重的事情，20世纪90年代初，设立了上交所和深交所，到今天30年时间中才设立第三个证券交易所，证交所一旦设立就是资本市场的一个中枢，每天都会有大量的资金和企业股权之间的密集交易，尤其是这个交易面向普通大众开放，它的影响面和辐射面是相当的广大，一个证交所的设立必须师出有名。

一是认识北交所与新三板的关系。北交所服务的主体是中小企业，旨在打造服务创新型中小企业主阵地。如今成立的北交所，是从2013年成立运营的新三板的精选层即全国中小企业股份转让系统延续而来的，新三板是资本市场服务中小企业的重要尝试，是中国特色多层次资本市场体系的重要组成部分。新三板逐步形成的“基础层、创新层、精选层”层层递进的市场结构模式，为不同发展阶段、不同发展规模、不同发展需求的中小企业提供了全方位的开放性服务，如今的北交所在某种程度上是其延展和丰富，为更多的中小企业上市提供了更多的利好政策和机会。据中国证监会介绍，2020 年 7 月 22 日新三板精选层开市平均市盈率超过 33 倍，平均市值超过 25 亿元，市场表现良好。2013 年成立 2020 年开市，经过 7 年的探索尝试发展，精选层为北交所设立提供了扎实的制度基础、市场基础、企业基础。首批新三板中的精选层的 32 家企业将全部转为北交所且为上市公司，新增上市公司由符合要求条件的创新层中产生，而基础层和创新层仍然为非上市公司。

二是准确把握北交所制度体系。据权威部门发布，北交所制度基础将会整体平移精选层相关制度，并逐步探索建立适应创新型中小企业特点的上市制度、交易安排、监督监管等制度机制。

三是北交所设立不是中概股回归。北交所不是为一些中概股，尤其是互联网巨头公司从海外回归提供的阵地，而是中小企业的主阵地，就是提升中小型企业的地位，支持其融资便利度和流动性。按照现在沪深交易所的规则，有些中概股公司没法在国内上市。

其次，创新型中小企要珍惜机会，提高自我管理能力。北交所让广大中小企业看到希望，拓宽了流动性和上升通道，中小企业长期面临融资难融资贵的现状，让资本和储蓄成为股权，能发挥股权投融资在发现价值、推动成长、融资整合等方面的效果。中小企业要不断加强自身实力与这次重大利好机会的匹配，在更大市场空间展现作为，为构建中国特色多层次资本市场体系推动经济更大发展贡献力量。

一是中小型企业对当前形势要不断深化认识。近期国家有关部门对平台经济、教育培训、信息安全等多个领域硬核整治，其目的就是要规范市场、反对垄断、反不当竞争、构建新发展格局、服务高质量发展战略。中国共产党在坚持基本经济制度上的观点是明确的、一贯的，从来没有动摇。中共十八大以来，中共中央坚持“两个毫不动摇”“两个健康”“都是自己人”“构建亲清政商关系”“简政放权”等扶持民营经济发展的方针政策，为民营企业发展营造良好的法治环境和营商环境，进一步增强了民营企业发展活力、信心和底气。事实充分证明，非公有制经济在我国经济社会发展中的地位和作用没有变！毫不动摇鼓励、支持、引导非公有制经济发展的方针政策没有变！致力于为非公有制经济发展营造良好环境和提供更多机会的方针政策没有变！这一点广大中小企业务必准确把握、认真理解，并把其作为推动自身发展的精神营养和行动指南。很多企业负责人一直重视生产、经营，忽视政策理解、理论学习，这一点是万万要不得的，要做一个懂晰政策、善用政策的“明白人”，不做盲目跟从的“糊涂人”。

二是对中国经济发展要准确认识。疫情对世界和中国经济的冲击和影响远没有结束，集中力量办大事办急事办难事的中国特色社会主义制度显著优势是中国经济稳定发展的压舱石、稳定器。事实充分证明，中国经济长期向好的基本面没有改变，中国已经是世界第二大经济体，我们实现了全面建成小康社会目标，正朝着建设社会主义现代化国家、实现第二个百年奋斗目标、实现中华民族伟大复兴接续奋斗。通过各种财报完全可以看到中国经济一直稳中向好的基本面没有改变。我们有 14 亿人口规模的大市场，用坚定改革发展信心瞄准未来，用巩固已取得各项改革成果邀约未来，用发展中不断实现自主创新连接未来，中国正处在前所未有的伟大时代，亿万中华儿女在民族伟大复兴的征程中将开创更多的可能，创造更多的奇迹。

三是提升自我管理能力。社会主义市场经济本质上是法治经济，法治经济的本质要求就是把握规律、尊重规律。中小型企业要在创新中运用规律、发展规律，在监管规范和促进发展的并举环境中找准自己企业位置，发挥优势，做强优势，补齐短板。中小企业是未来中国经济发展的重要力量，要抓住北交所设立的重大利好机遇。当前，很多中小企业在财务管理风险管控方面存在诸多不规范，企业治理规范化、制度化、程序化水平有待提高。提升企业懂规矩、讲规矩、守规矩的能力，做老实、守法经营者，做营造良好市场经济秩序的倡导者、建设者、维护者，是时代发展所需，也是企业家的责任和担当。

最后，健全制度，各司其职，推动发展。2013 年到 2016 年曾经有大量中小企业涌向新三板，一度突破 1 万家，都想着可能会上市，结果却暴露了很多企业的问题，比如弄虚作假、欺骗投资者等，避免这一现象的再度发生，相关部门就要制定完备入市投资准入制度和投资风险管控体系。政府相关部门要做好北交所以及中国经济形势政策制度宣讲解读，可以通过电视、广播、报纸、杂志进行宣传，尤其要发挥自媒体新媒体作用，做好部署规划。政府要帮助中小企业应对用工、财务、管理、融投资、技术革新等发展难题，提供更多的切实服务，提升监督监管力度。企业要健全财务管理制度体系，杜绝弄虚作假，构建完备有序的公司管理体系，提升自律、自我教育、自我管理能力，弘扬企业家创新创业精神，聚焦重点、找准定位、把握关键，实现资源本土化，乘势北交所设立大好机会为经济发展贡献力量。

创设第三方验证机构提升网络治理效能的建议

扭曲价值观的网络视频一度在网络上蔓延，也在某些群体中被膜拜。网红赚钱多少取决于粉丝多少，而粉丝多少主要看视频数据、关注度，但数据好不等于内容好。最近，被永久封禁的“郭老师”等网红们正是掌握了短视频平台的推荐机制，和一部分网友的猎奇心理，他们疯狂输出低俗、审丑内容，严重污染了网络环境。如果不劳而获、坐享其成、不学无术、滥竽充数等扭曲价值观占据年轻人头脑的话，将是一件非常可怕的事情，这不是危言耸听。在移动互联网时代，每个人都是一个信息源，既是信息接受方，同时也是信息传播者。公众对网络信息的真实性、可靠性、正义性具有强烈的一致需求，但因为各种局限，个人无力对网络信息的真实性、可靠性进行辨识。对民众日常生活与社会秩序构成潜在困扰和危机的网络信息具有面广、量大、即时性强、流传快等特点。

构建清朗、干净、积极、传播真善美正能量的网络环境，除了健全监管体系和提升平台自我治理能力，还应建立权威的、独立的网络信息第三方验证机构，从源头提供这种辨识服务。为此建议如下：

一、信息验证机构的定位

政府相关部门要肩负管理和监管责任，以政府相关部门为依托，聚集具有验证能力的各行业资源的非营利性中介服务机构或其他社会组织，成立信息验证机构。服务对象可以是公民个人，也可以是商业机构，还可以是政府部门。一是权威性：信息验证具有法定的权威依据，符合行业规则，工作人员受过严格的专业训练，作业程序严格。二是独立性：进行信息验证与发布时，不受任何机构或个人的干扰，以真实性可靠性为唯一准则，以对公众负责为业务活动基本伦理。

二、机构扛起职能

网络监管机构和提供网络服务的运营平台方都是要切实扛起责任，不能为制造、传播低俗媚俗信息提供生长的土壤。要在建立健全制度上，提升监管能力水平上，提高行业准入门槛和加强行业自律上多思多为。一是理性辨析各种即时信息。对网络上引起特定范围关注的信息进行即时辨析、汇总，确定验证要点和标准。二是与当事方进行核实。这就需要工作人员具有如媒体记者那样的职业权威和工作手段，确保接受核实的机构或个人提供真实无误的信息。三是公布真相信息。以适当方式在网络上及时公布信息验证结果，比如，即时网络发布、举行定期或不定期的通报会等。四是解答疑问。网络信息验证工作不是即时能够完成的，需要对信息所涉及的事态发展进行追踪，不断解答公众的疑问，消除各种不实信息或猜测的流传。五是特别关注善款使用信息的验证与公布。为涉及慈善捐赠等资金支付的机构或个人，提供信息验证。六是以信息验证服务为基础。探索建立更广泛的协作机构，提供公众所需要的服务，与各种专业机构联手，将信息验证工作触角遍及社会各行各业和各个领域。比如，与食药监局合作，就相关产品的质量、价格、需求情况以及服务情况的信息，进行严格验证，及时公布；与互联网企业合作，对网络信息传播源进行及时观测，以便迅速地掌握信息验证所需要的各种资源；与公安部门合作，对利用不实信息进行网络诈骗的行为进行监控和打击；等等。

三、机构如何组成

信息验证机构的权威性有赖于现有各个权威部门的通力合作，这种合作必须有新的机制和准则，保证信息验证的独立性。具体建议如下：一是在网信办协调下，组合各种相关机构，共同建立信息验证机构。二是从技术角度讲，大家多是通过互联网入口平台比如网易、微信等查看相关新闻。因此，对新闻信息的真伪验证功能，应由该类公司内设部门提供，然后由网信办等政府机构进行监管。比如，消费品信息验证、突发事件信息验证、意外事故信息验证、慈善活动信息验证等等。鼓励信息验证机构与其他相关机构，如质量检验部门、环境保护部门、安全生产部门之间的合作。三是参与信息验证机构组建的有关部门应该包括：公安部门（比如网安部门）、媒体管理部门（比如中华全国新闻工作者协会）、统计部门（调查大队）、各类监管部门（比如食药监、市场监管、审计等），这些部门应该是信息验证机构的主要成员，网信办是主要协调者。四是信息验证机构本身需要建立监督机制，比如监事组织，应该由各民主党派成员、社会团体代表、社会知名专业人士等组成，提升该机构的公信力，规范机构的运作。五是在信息验证机构初创时期，有关部门应该给予全面的支持与帮助，主要包括：（1）启动资金补助；（2）给予灵活筹措资金的政策；（3）人力支持，鼓励建立灵活用人方式，比如，允许兼职活动，在薪酬方面有创新空间，建立信息验证人才库；（4）对验证机构的日常工作，给予制度保障和便利，比如各部门应该根据验证需要及时如实地提供相关信息。

红色资源对乡村振兴的杠杆作用

习近平总书记指出，要用心用情用力保护好、管理好、运用好红色资源。红色资源与乡村文化振兴有效衔接是新发展阶段讲好党的故事、革命的故事、英雄的故事、美丽乡村故事的重要篇章。用好红色资源赓续红色血脉，助力乡村文化繁荣，实现文化兴业、文化富民、文化润民、文化稳民。

当前，红色资源（遗址遗存）面临的现状：一是分布广、散，所在村（屯）配套硬件设施不齐全。中国革命战争的特点，决定了现存的很多革命遗址多分布在偏远山区，比如，荔蒙特支遗址就在广西桂林荔浦杜莫镇张村，这个据点在抗日战争和解放战争时期都发挥了积极作用，为全荔浦全广西解放作出了贡献。二是对村（屯）红色资源的保护、珍惜、开发、利用重视程度不够。投入的专项修缮、保护资金不足，从业人员专业程度不高，对历史知识的了解掌握不够熟练，讲解人员专业度有待提升。三是陈列设施设备较为简陋，内容的保护力度有待加强。很多历史资料的保存对温度湿度环境要求极高，调研发现很多村（屯）对这些资料物品的展示展览过于“粗暴”简单。四是村（屯）红色资源展览展示内容的连贯性和延展性不强。比如文中所提的荔蒙特支，展览内容可以加上更多的内容，比如那一时期的国内国际形势介绍、中华人民共和国成立后尤其是改革开放各阶段中国的成就，必须增加的是中共十八大以来，以习近平同志为核心的中共中央带领全国各族人民取得的伟大成就。革命遗址在尊重历史的延续性同时，提升时代教育影响是红色资源保护传承的关键。五是村（屯）红色资源与周边整体环境、周边服务性产业的协同发展性亟待提升。有些红色资源在兴建时候、开馆时候场面热烈，逢与党史教育、革命传统教育、爱国主义教育等相关的节庆，会有人参观，平日基本上是无人问津，应研究让村（屯）红色资源所在地成为红色旅游“打卡地”，让这些红色经典成为乡村文化兴业富民、润民稳民的有力助推。为此，提出以下建议：

第一，整理保护要先行，组织开展红色资源专项调查，做到心中有数。 对红色资源的珍惜保护是革命精神的传承。红色是中国的颜色，象征光明，象征着革命与胜利，具有凝聚力量和引领未来的作用。瑞金、井冈山、遵义、延安、西柏坡，无一例外因为书写了中国革命历史而分外鲜红。开展红色资源村（屯）专项调查行动，分步骤、分阶段，着力解决村（屯）对于红色资源的保护、修缮、开发，必定为书写中国乡村振兴新的历史提供坚实的素材。中国的乡村振兴发展，必须依赖产业。红色资源是祖辈们留给我们的宝贵财富，带有红色记忆的遗址遗存要在整理中保护，在开发中坚持有序、稳妥、敬畏、珍惜的原则。要用实际行动保护好、利用好，发挥好其内在价值。

第二，各级政府要加强红色资源促进乡村振兴的重要性认识，加大资金、技术、人才等专项投入力度。 调研发现，当前受多种因素制约，很多地方，尤其在村（屯）里面的一些红色旅游资源受重视的程度不高，保护、开发和利用的程度不深，精品展陈政治性、思想性、艺术性不够突出，相关史料的表现力、传播力、影响力不足。一要强化红色资源的教育功能。

围绕革命、建设、改革各个历史时期的重大事件、重大节点，研究确定重要标识地。二要引导、鼓励红色消费。村（屯）红色旅游景点仅在国庆、“七一”、“八一”、清明节等时间点有人光顾，要破解红色资源非节庆假期的利用问题。鼓励社会资本和村民共同参与运营，组织相关文旅方面的专家论证开发的可行性必要性，以乡村文旅为主体进行其他综合资源整合，设计更多符合青少年认知特点的教育活动，建设富有特色的革命传统教育、爱国主义教育、青少年思想道德教育基地，做好乡村文化振兴这篇大文章。

第三，政府部门要在引导性消费方面算经济大账。一是政府主导、社会力量参与。可以通过发放消费券、捆绑消费、异地联票、通票等多种形式引导消费，积极发展周边游、乡村游、鼓励农户多种经营，开办特色农家乐、民宿、乡村健康养老等产业，在引导差异性消费上多做调研，多出良策，多想办法，积极开设个性化乡村红色旅游定制服务。二是政府主动积极开办有针对性的培训教育活动，提升村民参与红色经济的市场竞争力。

第四，对村（屯）红色旅游资源的开发要有长线思维，与周边其他资源有效衔接。提升乡村硬件的改善，调研发现，广大农村地区的村路存在路窄、路基不坚固、单车道现象，餐饮住宿等硬件条件相对档次不高，村容村貌等综合环境治理有待提高，这些都是制约乡村旅游发展的实际问题。乡村道路的加宽加固延长问题可以说是制约乡村发展的主要问题，政府相关部门要发挥主体责任，多方想办法，增加财政投入，利用引进社会资本等形式，拓宽加固延长村路，把村与村连起来，让村镇红色资源把村镇相关消费产业串联在一起，形成一个整体。

第五，红色资源在助推乡村振兴方面的开发利用不搞清一色，要有

各自特色。习近平总书记强调："让信仰之火熊熊不息，让红色基因融入血脉，让红色精神激发力量。""红色基因"是中国共产党人的精神内核，是中华民族的精神纽带。尊重是基本的原则，尊重原址原貌，还原历史，启迪后人。各级部门要提高对于"红色基因"的理解和认识，要更加全面，要更具有时代性、进步性、全局性，做足红色资源助推乡村旅游的加强版、升级版。各级领导干部要加强对"红色基因"的学习和了解，"红色基因"孕育了永放光芒的抗洪抢险精神、抗震救灾精神、北京奥运精神、载人航天精神，鼓舞着一代又一代中华儿女为了中华民族的伟大复兴而坚强自立、坚持梦想、勇往直前。面对敌对势力的阻挠诋毁，面对自然灾害和重大突发公共卫生事件的汹涌来袭，中国人不动摇、不懈怠、不折腾，用勤劳和智慧、用坚定与执着，写下了令世人惊叹的"中国故事"。这些元素都可以在整合乡村振兴红色资源开发利用里，也都应该被纳入进去。

第六，处理好红色资源与周边村（屯）综合治理的关系。协同效应是乡村旅游产业发展的基础。不能只顾一面，要坚持整体推进，一体化改造，红色旅游是一个调动性极强的产业，一个红色资源发展好的村（屯），它的综合治理水平和能力也是相对完善的、有保障的。比如，村（屯）民的文明程度、讲述红色故事的能力、邻里关系、家庭关系等都会影响红色文旅产业在乡村的发展繁荣。为此，相关政府要做好这一方面的教育宣传培训工作，积极引导村民树立整体意识、大局意识、服务意识、主人翁意识。向老百姓讲清楚乡村振兴应当依靠本乡本土力量，说明白守好红色资源很重要，用好红色资源更重要的朴素道理。

"人心跟着共产党，幸福中国一起走。"实施乡村振兴战略，是以习近平同志为核心的中共中央着眼党和国家事业全局、顺应亿万农民对美好生活的向往，对“三农”工作作出的重大决策部署，是新时代做好“三农”工作的总抓手。牢牢把握住人民对美好幸福生活的追求目标，要在重点帮扶 160 个国家乡村振兴重点县上贡献智慧和能力，更要在促进乡村全面振兴道路上展现更多奉献和担当。

文化赋能国际消费中心城市建设

近日，北京、上海、广州、天津、重庆等5座城市获批建设国际消费中心城市。国际消费中心城市建设是在供给侧和需求侧改革不断深入背景下，通过消费升级提高，实现人民对美好生活追求，使消费成为构建新发展格局促进经济发展的新引擎。国际消费中心城市建设凸显畅通“双循环”，尤其是扩大内需在我国经济社会发展中的战略地位，为我国应对错综复杂的国际形势、艰巨繁重的国内改革发展稳定任务提供了创新尝试，也为消费升级提高人民生活品质瞄定了新的方向和新的着力点。借势国际消费中心城市建设在全世界锻造中国产品的优质形象，锻造中国商业的信誉形象，锻造中国消费者的理性形象，锻造中国商业模式的创新形象。

为此，不能仅满足于销售额新突破，推动国际消费中心城市建设要着眼“国际”“消费”“中心”三者相互关系，要兼顾“勤俭节约”“合理消费”的中华优秀传统文化的继承和发扬，也要突出城市文化特点。国际消费中心城市建设，是一个艰巨的时代性任务，需要从一件件、一桩桩具体的建设活动入手。获批国际消费中心城市建设的五个城市，各具深厚文化意蕴和遗存，这些优秀文化都将成为国际消费中心城市建设的不竭动力源泉。国际消费中心城市建设要立足长远，将传统文化传承与现代城市发展潮流融洽地结合在一起，这也应该是获批城市功能升级的重点和基点。因为，文化无所不在，在人们的日常生活的方方面面，角角落落，都有文化的影子。中国文化的特性亦是在千百年的淬炼中逐渐成型的，是一种珍贵的、有远大前景的积极因子占主导地位的优秀文化。国际消费中心城市的定位，不仅仅限于消费，要结合每个城市独特的文化禀赋，深耕文化在促进国际消费中心城市建设的杠杆作用。国际消费中心城市建设应该基于长远的、系统的、专业的视角，打造成一个兼具经济、社会、文化等综合含义的中国特色的消费升级新模式、新业态，中国消费者留给世界的不能仅限于“财大气粗”的暴发户形象，应该是引领消费潮流的探索者，更应该是消费文化趋势和社会理念变革的实际倡导者、践行者、建设者。

第一，将国际消费中心城市打造成中国产品优质形象的代表。政府应该积极鼓励民间机构和个人并辅以技术力量和制度架构，确保中国产品的质量达到优良。以国际消费中心城市建设为基点，全方位地实施打击假冒伪劣产品和服务的行动，线上线下协同发力，共同创建百姓放心、百姓满意的消费环境。为此，鼓励合法合规地整合社会各方面的力量（如质检、市场监管、治安、传媒等）进行声势浩大的打击假冒伪劣的部署，形成对假冒伪劣现象的高压态势，切实地揭露、处罚制假、售假行为。围绕国际消费中心城市建设，要在推动国内产品高品质研发和技术攻关上多提升。建设国际消费中心城市必定能促进中国产品高质量发展，在创新链、人才链、供应链接等各环节实现优化和升级。

第二，将国际消费中心城市打造成中国商业信誉形象的代表。传播中国商业诚实信用的促进和保障机制，不但要注重国内，还要注重国际；不但要讲究宣传，更要讲究制度建设与实践。可以将国际消费中心城市作为中国商业信誉展示的节点，组织各种形式的报道介绍活动，强化监督、奖罚机制，可以考虑在国际消费中心城市建设中把商业信誉评比结果进行集中展示。如今，法院、银行、公安、市场监管、海关以及其他涉及征信事务机构的力量可以整合起来，依托国际消费中心城市建设，大幅度地扩展中国商业信誉建设的知名度、美誉度。

第三，将国际消费中心城市打造成理性消费的场所。要引导消费者树立健康、文明、科学、理性的消费观念，打造理性消费之城，引导消费者健康理性地消费。所以，国际消费中心城市也应该成为展示中国企业社会责任的场所。以各种方式鼓励、引导商家树立起正确引导消费潮流的理念，应该创设消费者理性水平的描述和评价体系，每年国际消费中心城市进行正式公布，扩大其社会影响力，真正营造消费者理性消费的环境。

第四，将国际消费中心城市打造成中国商业模式创新形象的代表。国际消费中心城市建设应该成为中国商业模式创新高质量发展的展现。国家有关部门应该有更为积极的引导措施，激励公司、个人或其他机构更大胆地尝试商业模式的创新，比如，及时修订现有的一些的管理规定，以适应新变化新需求新市场的商业形势。国际消费中心城市也应该成为各种商业模式创新评比排名的“大汇演”“大合唱”，当然，应该有权威的评选机构。国际消费中心城市不应只销售商品，也应该推广、传播中国成功商业模式，以成为对现代商业进行创新改革的真正契机。

总之，国际消费中心城市建设不能停留在购买这样的单纯经济活动层面，否则，它就会不断流于平面化、僵化和单板化，也会助长一些未必健康、文明、科学的生活方式、消费方式和商业交易方式。对此，一定要有清醒的认识，国际消费中心城市建设应该赋予更深厚的社会文化的含义，这也是展示中国软实力的重要题材。

对 2022 年央视春晚的建议

随着经济社会的不断发展，中国人对春晚的期待越来高，央视春晚存在的价值和意义已经远远超过节目本身，对于春晚的期待反映了人们对文化精神生活追求层次的不断提高。央视春晚在某种程度上应该对全国各地方台春晚起到引领和示范作用。2022 年的央视春晚已经进入了筹备阶段。“开门办春晚”的做法值得继续和推广。纵观 40 年的央视春晚，如何在节目上出新，更多的反映时代呼声，更能真实的贴近时代需求，又能让数十亿的中国老百姓，甚至是全球华人在最重要的传统佳节大年三十晚上享受到这道精神大餐，确实是需要社会各界的关注和支持。为此，提出以下几点建议：

第一，全国征集 2022 年春晚主题。2022 年的春晚主题要体现 2021 年的大事件，2021 年是中国共产党建党 100 周年，2021 年对于中国人来说承载了太多的记忆，“十四五”平稳起步，战胜洪灾、疫情，无不体现党领导人民团结奋斗的精神。春晚导演组应邀请相关文化学者、创作人员、人大代表、政协委员、劳模、时代楷模等具有代表性群体，开展有关主题、节目等内容的协商、探讨，通过央视网、快手、抖音等新媒体平台面向全球华人征集春晚主题活动。

第二，2022 年春晚要增加少数民族节目的数量。首先，2021 年是西藏和平解放70周年。习近平总书记作为中共中央总书记、国家主席、中央军委主席到西藏庆祝西藏和平解放70周年并进行考察调研，这在党和国家历史上是第一次，必将载入史册。以央视春晚讴歌在以习近平同志为核心的中共中央坚强领导下，各族人民大团结、大团聚、大欢庆的喜庆祥和。其次，要多增加少数民族原生态歌舞。要反映少数民族在党的政策的引导下兴业、富民的故事，将节目定位在爱党、爱国家、爱生活、保护生态、促进人与自然和谐共生等主题上，央视春晚剧组要在前不久召开中央民族工作会议中汲取更多的创作灵感。最后，要尊重少数民族文化礼仪。除群舞外尽量避免非少数民族演员出现在民族节目中，尤其要谨慎对待少数民族服装服饰的穿戴礼仪和规矩，尊重少数民族文化。

第三，突出节目内涵，适当增加南方节目。语言类节目是春晚的重头戏，春晚要增加南方语言类节目。一是切实在节目思想内涵、引领价值、增加文化底蕴上下功夫。南方语言有其地域性特点，其他地区的观众较难听懂，这恰恰是南方语言类节目的最大优势，不要让南方语言类节目硬讲普通话，带有方言的“普通话”也将别有一番滋味。春晚的节目不要力求个个都是高潮，适当缓解高涨的情绪确有必要。近些年，有关春晚的一些语言类节目被吐槽的也不少，所以还是要在节目质量上下功夫。春晚作为全国人民的大联欢舞台，要尽可能地给各地域优秀节目提供展示机会，真正体现“开门办春晚”宗旨。适当增加南方语言节目数量，可以作为一种尝试，从节目的设计上下功夫，尽量保留节目的原汁原味，也要考虑大多数观众能接受，节目时间不需要太长，保证节目的完整性和教育性即可。

第四，央视春晚适当增加老年人的节目。我国人口已经进入老龄化阶段，广大的老年观众不论是在精神上还是在生活上都需要全社会的关注和关心。关注老年人不仅仅是国家所倡导的,更是关心我们每个人自己。春晚导演组在征集春晚主题时，可以一并征集有关老年节目，亦可以组织人力进行专题调研。节目应该引导社会关注老年人晚年生活，可以和国家老龄委、相关老年服务性公益机构、老年问题研究专家学者、老年研究组织等进行调研了解客观真实的老年需求，然后再研究节目主题、节目呈现形式。

第五，增加老艺术家参与的节目。老艺术家是党和国家培养起来的文艺尖兵，他们为这个国家的文化文艺建设和发展作出了巨大贡献。他们也是深受观众喜爱的人民艺术家！他们的艺术作品是一代人甚至几代人的智慧结晶，他们是歌颂党、歌颂祖国、歌颂人民、歌颂民族大团结的坚强力量，虽然他们已是银发苍苍，但是他们精神不老，意志永坚、情怀无限。

第六，追求真实朴素欢庆气氛，在反对奢华浪费方面做表率。央视春晚节目在宣传社会主义核心价值观的同时，应满足人民群众对优秀文化的追求，不要过度追求奢华，要充分运用现代科技手段，为全球华人提供一道丰盛的“年夜饭”。央视春晚承载了一代又一代中国人的梦想和期待，从观众角度而言肯定是众口难调；从节目制作方春晚剧组来说，肯定是煞费苦心绞尽脑汁，力求最好的呈现；从社会效应来说，人们会以包容理解的心态观看每一个精心制作的节目；从演员角度来说，都希望得到观众的认可。总而言之，好的艺术作品，真正好的春晚节目是一定可以存储记忆的。希望2022年的春晚别有味道，令人回味，且值得回味。

应对旅游旺季餐饮纠纷的建议

2021年是“十四五”开局之年，立足新发展阶段，全面贯彻新发展理念，构建新发展格局，推动高质量发展，中国经济稳中加固、稳中向好，展现出强大韧性与蓬勃活力。据有关调查，上半年，餐饮行业有序恢复，消费收入同比增长近50%，基本达到2019年同期水平，最终消费支出对经济增长贡献率超过六成。随着疫情防控取得的阶段性成果，旅游消费服务业再次开门迎客，逐步恢复。对于即将到来的中秋、国庆假期，国家文旅、市场监管、卫生、公安等部门应联合及早出台相应指导意见。各地要结合实际、规范旅游市场，尤其在事关消费者切身利益保障方面要及早规划、及早布局、及早预案。

旅游拉动城市经济增长。可以预判今年的中秋国庆假期各旅游景区仍旧会持续火爆，对疫情防控、餐饮、住宿、交通、安全等相关服务也就提出更高的要求，类似前些年青岛的“天价虾”等“宰客”事件给城市管理者及从业者敲响了警钟。旅游景区餐饮消费近年来频频爆出丑闻，已经成为“顽疾”，严重影响城市形象，影响旅游业发展。作为旅游城市的管理者，不仅要在发展经济上下功夫，更要在维护城市形象，树立城市品牌方面下功夫，要在享受旅游带来的经济福利的同时，不断加强旅游管理，促进旅游经济的可持续健康发展。为此，提出以下建议：

一、加强监管，明确责任

一是建立长效约束管理机制，明确相应执法管理部门来解决餐饮住宿企业出现的有关价格等消费者权益纠纷的问题。可联合消费者协会、中国饭店协会、中国旅游协会等行业协会成立专门机构，明确可以采取的措施，负责解决餐饮纠纷，尤其是旅游旺季餐饮纠纷，避免多头管理，互相推诿；成立餐饮企业管理专门督查组，成员可由政府人员、餐饮行业从业人员、人大代表、政协委员、市民代表等组成，定期对餐饮企业进行检查督导，及时将检查情况反馈到相关部门并进行社会公开；成立相应的民情调查机制，运用调查问卷、暗访等多种形式，了解餐饮企业情况，对其食品定价及遵守情况进行重点督查，形成相应报告，为相关部门采取措施提供数据与参考；可以以适当方式组织本地的退休人员组成志愿服务小组，巡回检查食品定价及遵守情况，形成随时督查机制。二是对餐饮行业从业者加强培训，提高餐饮从业者的素质。政府部门和餐饮行业协会可定期对餐饮从业者在法律、政策、行业规范等多方面进行培训，提高其服务意识和大局观念，使其明晓自己的行为关乎城市形象，重点要培训价格法、服务业规范等方面的内容，可以结合案例来强化培训效果。培训结束要进行考核，考核合格后，方可进行营业；对卷入餐饮纠纷的从业人员，要进行重新培训，考核合格后，方可再次从业；相关法律法规考核要定期适时进行，不合格者不允许营业或从业。三是建立餐饮纠纷绿色解决通道。引导地方政府相关部门与行业协会借鉴相关经验，如交通事故快速处理机制、保险公司快速理赔机制等，针对出现的各种餐饮纠纷情况，尤其针对食品定价、食品安全、食品卫生等方面的纠纷，制定各种快速解决规程及措施，以便迅速解决问题、处理纠纷，

避免影响游客的旅游体验。制定的规章制度要广为公告，在消费场所张贴，作为相关方共同遵守的准则

二、推动建立健全相应制度

一是建立餐饮行业分级积分制度。文旅、食卫监等相关部门应定期组织人力对餐饮行业进行摸底调查，依据卫生、服务、质量等标准对餐饮企业进行分级，并在企业门店明显位置处进行公示；同时，建立积分制度，对表现好、规范营业的餐饮企业进行加分奖励，对出现问题的企业进行减分处理，每半年或季度进行一次汇总分析，对连续多次获得等级较低评价、积分较低的餐饮企业要采取警告、约谈、限期整改甚至停业整顿、取消其营业资格等措施。以上所有措施实施情况，都上传官方平台，公布于众。二是建立餐饮消费费用提早告知制度。在点餐时，餐饮服务人员应利用口头或书面形式提前告知消费者消费金额，将消费者的知情权落实到位，例如，可以提前打出消费小票，若某些餐饮企业条件不允许，可手写菜单及价格，一式二份，点完单后留消费者处一份，餐饮企业留有一份，从而从源头上避免“鸳鸯菜单”或“高价虾”事件的再次发生。三是建立餐饮行业网上评价及申诉平台。餐饮行业协会可探索建立类似于美食网站如大众点评、美团的本城市官方（或行业协会）餐饮企业网络评价平台，将管理区内所有餐饮企业录入其内；游客根据自己的亲身体验，对用餐企业进行点评，对出现的问题进行网上申诉。餐饮行业协会应及时汇总游客意见，采取相应措施，并向政府部门提交相关报告及建议。例如，对评价高的企业进行奖励（如可在网站内进行推荐），对游客反映问题较大的企业，要采取相应措施，并在网站内进行公示。四是引导企业推行统一菜单模板。行业协会应根据各餐饮企业

实际情况，制定适用于不同餐饮企业的多种形式的菜单模板，着重在菜单用语上进行规范，避免模糊或有歧义的用语。旅游引发的各类纠纷，买家与卖家在博弈智慧，各尽所能，某种程度上买卖双方略显无助无奈，究其根本就是卖家想多赚钱，买家想少花钱，利益不受侵害。看似买卖双方是站在对立面的，其实不然。想多赚钱就要提供货真价实的服务，买家也要理智消费，依法保护自身权益，双方都要在遵守市场规则和法律规定的前提下，为营造良好的消费环境共同努力。本文所提出的建议是以消费纠纷为切口，希望能引起相关部门、行业的重视和思考，和谐社会人人有责不应该仅停留在宣传上，应该成为每一个具体行动。

各相关部门做好假期餐饮住宿等各种消费纠纷应对之策并形成长效机制是提升城市综合治理水平，考体现为民服务宗旨的有效举措。各相关部门要树立整体意识、服务意识，强化大局观念，切实负起主体和监督责任，不断提高工作能力和办事水平，满足人们对高质量文旅服务的新期待。总之，在做好疫情防控的同时，迎接即将来临的中秋国庆假期，让消费者享受好山好水好风光同时，也能够增强对城市治理综合能力的体验感、获得感、幸福感。

引领社会健康积极向上风尚
提高冬残奥会关注度的三点建议

北京冬奥会和冬残奥会在疫情下举办，这对赛会运行指挥体系、医疗保障体系都将是一次历练和考验，截至 2022 年 2 月 11 日，北京冬奥会在中国的收视总时长已经达到 20.5 亿小时，这比平昌冬奥会和索契冬奥会的总和还要多 15%。美国全国广播公司 NBC 报道说北京冬奥会是历届冬奥会关注度最高的，截至目前，在美国的总转播时长已经达到 22.3 亿分钟。事实上，北京冬奥会在赛事转播、组织保障、志愿服务、场馆设备设施、运动员体验等诸多方面得到世界的高度关注和好评。北京冬奥会结束后，即将迎来冬残奥会。冬残奥会应在以下几个方面进行报道宣传，以提升社会和国际广泛关注：

1. 运动员报道宣传关注方面。一是尽可能地多关注多报道未获奖牌的运动员。一场比赛除了关注获得金银铜牌的运动员外，还要尽可能地关注到没有获奖的运动员。残疾运动员参加冰雪项目要克服身体、精神等诸多健康人难以想象的困难，要尽可能地多挖掘其备战比赛的故事，这些故事对舆论导向和启发人积极向上等方面有积极作用。二是增加正能量报道。比如，在日本运动员羽生结弦报道上找的点就特别好，称其在某项比赛结束后，拥抱制冰师，这一很小的举动，经媒体报道宣传，引发社会舆论强烈反映；再比如报道中国冰滑组合王诗玥、柳鑫宇，打开网站和自媒体短视频，多是讲两人的“青梅竹马，最萌身高差”，很多视频暴露在网友面前，让观者感受到的是两人的“战友之间的亲密”。对运动员的报道宣传要积极向上弘扬正能量，残奥会报道相关运行部门，应引导和规范报道宣传切入点遵守引领社会健康积极向上风尚，严把舆论宣传导向。三是加大对中国运动员之外的运动员、裁判员、随行官员对北京残奥会比赛场地、设备、赛事组织、医疗、气象、志愿者服务等服务保障感受的报道，充分彰显北京冬（残）奥会的自信。

2. 持续激发报道宣传新活力。一是残奥会期间要增加对具有中国特色文化的报道宣传。增加对外国运动员、随行官员对中国美食、中国传统文化、中国现代科技生活等方面的报道内容，比如对中国饺子、北京烤鸭等极具中国特色的美食的报道和宣传，美食也是外交手段，让世界了解中国的又一渠道。二是增加对残奥会志愿者的报道宣传。比如，前段时间来自清华大学的志愿者孙泽宇与美国运动员之间的故事，就上了央视《新闻联播》，具有良好社会效果，可以多挖掘运动员与志愿者之间的故事，这样不仅可以最大限度展示中国赛会志愿服务的高水平高质量，同时也能反映奥运会友谊、团结的宗旨。奥运会是构建人类命运共体的实践，志愿者服务有时候可能就是默默地陪伴，不是什么惊天动地的贡献，但其国际性、群众性、广泛性足以让世界变得更加温暖，其中的力量是巨大的。三是引导观众理性观赛。相关部门应要求本届冬奥会和冬残奥会的观众在观赛的时候严格执行科学精准防疫政策，此外，应引导其客观、友好观赛。还有就是要对网络观众通过相关端头散布不良不实消息的视频、评论加以引导和管控，对有些丑化赛事和运动员等，博取关注吸引流量的账号，赛事运行部门要及时迅速与平台方进行协商，进行处理。

3. 畅通线下线上报道宣传双循环体系健康运行。线上与线下媒体互动的频次要增加，通过个人账号、官方报道结合等方式，增加运动员与网友互动活动；授权报道媒体要避免“一事通稿”现象，要从不同方面采集报道的点，丰富报道内容；针对观众和网友关注高的话题和赛事，更要做好相关比赛规则的介绍和讲解，为冰雪运动开展和普及做好基础宣传教育工作。北京冬残奥会的关注度可能不如冬奥会，但在总结这段时间的报道宣传成功经验基础上，应尽快开通线上观众期待调查，积极主动吸纳各界对冬残奥会报道关切点的意见建议，相信也会创造更多的收视高峰。

让绿色发展成为中国农业最亮底色

要实现乡村振兴，就要不断提升都市农业农村现代化水平，释放农业产业创新能力、激活创新创造因子，促进农村生态整合功能不断发挥潜力。也更需要我们在农村农业各项改革举措协同推进中，守好“米袋子”、做精“菜篮子”、保障“肉案子”、管好“果盘子”，让绿色发展成为中国农业产业最亮底色，全面推进农产品品牌升级，实现农村居民增收，促进乡村产业振兴。

扛起“三农”工作责任，全面推进城乡融合

做好新发展阶段“三农”工作，须立足国情农情，坚持把解决好“三农”问题作为工作重中之重，下大力气补齐农业农村现代化短板，把乡村振兴作为融入新发展格局的重要举措来抓，坚持走“城市带动乡村、乡村服务城市”的城乡融合发展之路。

把握党总领“三农”工作的总基调。贯彻落实《中国共产党农村工作条例》，把“五级书记抓乡村振兴”要求落到实处。各部门要切实扛起“三农”工作责任，全面提升工作能力，凝心聚力促进农产品升级改造，真抓实干实现农民增收、强化使命保障生活社会稳定，让农村居民充分共享改革发展成果。积极发挥基层党组织联系协调作用，把政策制

定好监督贯彻执行好，把要做的事规划设计好，把能人使用好，把在脱贫攻坚工作中有想法、有经验、有办法的优秀干部和人才充分利用起来，党组织要成为扎根在农村干事创业者的“后台”，要积极发挥基层党员模范带头作用，少做指挥者，多做执行人、带头人。

系统推进碳达峰碳中和工作。实现碳达峰、碳中和是一项系统工程，需要多管齐下、综合施策。实现碳达峰、碳中和，是贯彻习近平生态文明思想的重要实践，是我国实现可持续发展、高质量发展的内在要求，也是构建新发展格局的重要标志。当前，部分农业产业对降碳认识有待提高，化肥农药使用超标现象仍存在，农村产业结构调整依然处于突出地位。要大力降低农业企业能耗，积极推广绿色农业理念，减少农药和化肥使用；推动传统农业行业资源循环利用及技术改造升级；聚焦绿色农业产业发展技术攻关，为相关科研主体营造更加宽松和谐研发环境，各级党委政府要为科研团队和人员施展才华提供“平台”，支持相关科研和知识产权保护工作开展，为彻底解决“卡脖子”问题保驾护航。

正确处理好发展适度规模经营和扶持小农户的关系。产业规模化生产问题要坚持因地制宜，不能一味贪大求全，既要把准发展适度规模经营是农业现代化必由之路的前进方向，发挥其在现代农业建设中的引领作用，也要认清小农户家庭经营很长一段时间内是我国农业基本经营形态的国情农情，在鼓励发展多种形式适度规模经营的同时，完善针对小农户的扶持政策，加强面向小农户的社会化服务，把小农户引入现代农业发展轨道。

尊重市场规律，提升产品质量

在推动农产品升级中要始终立足服务城市战略定位，坚持新发展理念，推动城乡一体化和农业现代化高质量发展，坚持兴农靠质量、强农依品牌，扭住“绿色”和“溯源”两个关键要素，加快推进双认证步伐，完善农产品质量安全追溯体系。

推动建立农产品质量溯源体系。各地农村农业部门要逐步建立起依托当地优质农产品产销服务站，主要承担农产品质量安全追溯体系建设、无公害种植业农产品产地认定和产品认证以及种植业田间督导方面的技术性、辅助性工作等。以地理标志产品为引领，逐步建立更多农产品质量溯源体系，为提升农产品知名度、美誉度、影响力保驾护航。

大力推行农产品绿色标准化。完善农产品质量追溯体系，重点推广绿色、环保生产技术。以质量安全备案溯源编码标识、信息采集和数据传输为核心技术，在农产品选种、施肥、种植、培育、收获、仓储、运输等全过程，强化资质备案制度、建立电子化追溯体系，加强农产品生产加工制造运输储藏的监督和管理，建立农产品的电子档案，实现产品从种植到餐桌追溯和全流程监管。

提供正品认证交流交易平台。围绕无公害种植业农产品产地认定和产品认证全产业链建设绿色分享交流平台，建立对农产品原料来源、生产制造、产品标准、质量认证、知识产权、产品流通等环节有效的监控监管，推进物联网、区块链、编码标识、数据共享、质量追溯等技术在农产品升级中的应用。

科技赋能，把农产品做成强产业

做优特色农业，培育一批富有当地特色的农产品加工品牌。政府要引导科技赋能农产品升级，鼓励更多的“名优特”产品自信地走出去，鼓励具备条件的地区可以根据本地实际，举办科技赋能展销会展览会。

政府引导要先行。适时出台进一步加快农业发展、特色农业项目扶持意见等政策，建立起基地优势主导、产业扶持、保障产业发展的长效机制。以创建“全国电子商务进农村综合示范县”为契机，建立健全农村电商服务站点，大力发展电商，放大品牌效应，实现农村物流服务全覆盖，有效促进农产品网上销售。此外，要加大对短板行业企业的扶持力度，重点开发特色农产品精深加工。

坚持农产品现代化发展思路。推进弱项产业发展生产标准化、种植适度规模化、经营产业化、产品品牌化、技术现代化，把“弱项目”做成“大产业”，通过扶持建立产业示范基地逐步向核心基地成长过渡发展新格局，以其为辐射，形成以“名优特”农产品为主导产业的“村有品、人有业、区有名”产业新格局，摸索出一条把农产品做成强势产业，确保农民增产增收的新路子。

科技支撑要落到实处。积极开展各种新品种培育和技术创新研究工作，编制绿色农产品生产标准化技术规程，组织力量进行蔬菜种苗技术攻关，同时要主动与国内超大城市、国际农业科研院所开展合作。根据种植户的需要，采取“配餐式”的形式，邀请专家举办各类科技讲习班。打通各类农产品协会技术、信息等资源共享，为农户在产前、产中、产后做好全程的技术和信息服务。

新发展阶段社会结构的新变化对统战工作的新挑战及应对策略

中共十八大以来，中国共产党对社会各阶层的统战工作高度重视，党外知识分子、新的社会阶层、侨联所属的社会组织成为新时代统战工作的重要抓手。统战工作服务国家战略，是全党的工作，要有全局眼光，统战理论需要在实践中总结提炼正确有效的方式方法，并指导实践，推动统战工作相关机制不断优化。

一、把握好三个关系，提高党外知识分子政治参与意愿

“党外知识分子”是以党籍身份或者政治信仰有无进行的划定，具有人群本身组成的复杂性、思想构成的复杂性和社会影响构成的复杂性。分析党外知识分子的政治参与意愿问题，应该深入详尽地观察和研究他们的政治态度、政治立场和思想活动，尤其要深入地把握他们对政治的看法，这种看法往往可以细分为关于意识形态的看法、关于政治理论的看法、关于政治制度的看法和关于政策的看法四大类。分析党外知识分子政治参与问题，需要加强对以下三个关系的动态性把握。

一是专业身份与政治身份的关系。专业身份是一种专业标志，表明他们的专业活动范围和取得的成就，而政治身份则是一个从事政治活动

所具有或获得的身份，比如党籍身份、民意代表身份等等，不能与专业身份混为一谈。对知识分子而言，他们的专业活动是其本职工作，而从事政治活动通常是业余之举。党外知识分子的政治身份于他们来说，其重要性远不如专业身份。甚至还出现了一些知识分子为了保持专业地位，刻意与政治保持距离的情况。将专业身份强调到很高的地位，以至于将两者身份对立起来，这自然就抑制了他们政治参与意愿的生成和发展。统战工作中要注意到这两种身份差别，不要一味以大而化之的“党外知识分子”概念来替代对这个庞大群体中的复杂构成的具体分析，要突出针对性，有效地提升他们的政治参与意愿。

二是专业活动与政治活动的关系。知识分子的政治活动在多大程度上能够满足他们的事业心或其他需要，实现他们的成就感，就对他们有多大的吸引力，他们的参与意愿就有多高多强。但是政治活动与专业活动在性质上、方法上和后果上，都存在着很大差异，能够同时在两种活动中找到平衡的知识分子并不在多数，更多的人愿意专注于专业活动，因为相比之下，专业活动可以通过自己的努力来达成成就，而政治活动总是存在着不确定性，从事政治活动还带有一定的风险，非自己的努力可以把控。在时间、精力以及资源配置方面，从事专业活动对绝大部分知识分子来说更宽裕更得心应手，而政治活动可能带来的收益不是立竿见影的，而是模糊不清的，甚至是与主观意图相悖的，这也成为众多党外知识分子对政治活动采取不积极态度的重要原因之一。

三是专业理想与政治理想的关系。从人生理想确立上看，专业理想总是与一个人的成长直接相关的，是不可或缺的，而政治理想则是一种外在的附加，对很多党外知识分子来说，它的有无并不是一个必须面对的问题。政治理想的确立与实现，与社会政治环境有直接的关系，需要更宏大的社会支撑。因此他们难有强烈的政治参与意愿，至少在理想层面上缺少基本的、可持续的动力。

党外知识分子的政治参与意愿是现实的基础性问题，要注意其与社会其他人群的参与方式的差别。增强党外知识分子的政治参与，建议从以下几个方面入手：

第一，要对党外知识分子的政治参与意愿现状有一个系统的认识。党外知识分子政治参与的养成与强化，在相当大程度上取决于国家政治生活的开放度、兼容度。党外知识分子对执政党的思想理论、制度主张和政策方针，持有不同的看法实属常态，但其反映渠道却不是很便利。要引导他们积极参与政治生活，就要营造民主宽松的政治氛围，推动建立相应的机制，在解疑释惑上多做细活实活。

第二，创设各种制度和机制吸引党外知识分子参与政治生活。建议依托知联会等统战渠道，促进党外知识分子参与政治生活评价与所在单位奖励有效衔接，让其感受政治参与的成效与其自身实际利益的紧密联系。统战部门要发挥综合优势，加强与各类单位之间的工作协同，有专人负责，有领导分管，有部署、督促和检查。畅通党外知识分子建言献策渠道，增强对其所在行业领域、专业特长和优势的了解，逐步培养起一批能应急的党外知识分子智库。建立健全党外知识分子政治参与机制，处理好与其所在单位的关系，建立起与党外知识分子所在单位广泛而有深度的合作，真正做到双方人力资源、智力资源共享。要给予党外知识分子政治参与政治履职一定的空间和机会，除了人大、政协平台外，统战部门可以引导其成立更多地以专业、兴趣等划分的自发性组织和群众性组织，营造宽松的政治参与氛围。

第三，对于党外知识分子的专业活动与政治活动要有不同的支持方式。

要建立科学、理性和稳定的划分标准和体系，确保党外知识分子的专业活动不受到政治干扰，形成对政治的正确看法和基本的政治信任。要对党外知识分子的专业研究成果给予及时的评价与引导；帮助他们建立与政府部门、企业、其他社会团体的业务联系；进行党外知识分子研究成果的专场展示活动、吸引相关部门和人士参与，扩大成果的社会影响力；对于优秀的研究成果，给予相应的资金、政策上的支持，促进其成果的转化，发挥其实际作用；对涉及政治内容的意见表达，要加以正确的引导和疏导，要倾听不同意见，给予更灵活多样的表达不同意见的机会。

二、用好政策工具，加强新社会阶层人士统战工作

近年来，新社会阶层人士在数量上增长迅猛，具有越来越强的社会影响力，需要着力研究和执行对其系统有效的统战政策措施。政策工具，就是指围绕着特定的工作目标、依循特定的工作原则而采取的具体方式方法。客观地说，统战工作已经形成了巨大的工具箱，其中有许多工具是十分有效的，工具类别也比较齐备，为优化政策、提升思路，广开实践路径发挥了重要作用。开展新社会阶层人士的统战工作，建议着重如下六种工具的运用和改进：

工具一：人大代表、政协委员以及行政机构服务人员候选人产生机制

这个工具运用在对新社会阶层代表人士的政治吸纳上，意在给他们的社会政治活动提供建制性机会。新社会阶层人士的参政议政愿望十分强烈，要及时对他们的这种合理愿望进行引导，对他们中的一些代表性人士进行培养，将他们参政议政的愿望引导到符合国家发展的基本方向上。建议尽快研究制定对新社会阶层代表人士的培养和引导的具体计划，利用人大、政协换届的时机，谨慎而积极地吸纳他们进入建制性政治活

动之中,满足他们的参政议政需求,为他们表达自己的利益诉求提供渠道。

工具二：政协为平台的政治协商机制

这个工具运用在已被吸纳进入政治建制的代表人士上，意在发挥他们的专业才能以及在政治发展问题上的建设性作用，满足他们参政议政的意愿和需求。要紧密联系国家政治体制改革的大方向,提升参政议政、政治协商以及民主监督等政治活动的实效。

工具三：光彩事业机制

这个工具意在引导新社会阶层人士根据自身特有的资源来从事公益性的社会服务活动，有利于发挥他们的专业技能、社会影响力，有利于社会和谐与民生改善，从而培养他们的成就感。要为新社会阶层人士定制出服务于社会的新方式。比如，引导新社会阶层人士积极参与公益活动或其他社会文化活动，让他们在专业单位之外有发挥自身特长的机会，满足他们服务于广泛的社会人群、拓展自身影响力的需求。对“义”“利”关系要有全新理解，统战部门注重对其政治引导，做好保障和促进工作。可以在“光彩事业机制”基础上创设出“复兴事业机制”，即引导新社会阶层人士全力服务于民族复兴的伟大事业，让参与者灵活地选择参与方式。

工具四：社会主义事业建设者评选机制

这一工具意在表彰那些对社会发展有贡献的新社会阶层人士，培养他们的成就感。建议在对新社会阶层人士的利益、意愿、活动特性进行深入调查研究的基础上，设立有针对性的表彰激励活动项目。强调这种表彰激励重在对社会实际贡献的评价,与专业性表彰激励机制区分开来。加强表彰激励机制的权威性与规范化，统战部门加强政治把关和规范指导。建议建立民族复兴贡献表彰激励机制。

工具五：组织活动促进机制

鼓励新社会阶层人士通过合法的程序建立和发展自律组织，广泛吸纳相关人士参与，把个体的积极性转化为组织的积极性，为其提供更为广阔的专业活动和社会活动空间。要特别注意引导各个组织的领导人物的思想与行为，为他们树立权威创造条件，鼓励他们通过组织领导活动来增加社会责任感，提升自己的组织活动能力，增进与不同人群的交流与合作。注意发挥新社会阶层人士自身的竞争积极性和组织能力，鼓励他们进行合规的公开平等的竞争，给其更为自由的活动空间。

工具六：党组织建设机制

要将党的组织覆盖到更多的人群中，发挥政治核心引领作用。可以在新社会阶层人士从事专业活动的组织中建立党组织，比如，律师事务所、会计师事务所、NGO 等，也可以在这些人士所结成的专业的或非专业的社会组织（比如公益团体、专业交流团体等）中建立党组织。要处理好党的组织建设活动，与民主党派的组织建设活动之间的关系，特别要培养一批对党和党组织活动有正确理解的代表人士，通过他们来做更多的人的思想引导与行为引导工作。

三、创新侨团组织工作，凝聚海内外全体中华儿女的力量

新时期面对新形势，侨务工作面临着一些全新的问题和挑战，亟须对侨务工作的策略方法和机制进行深刻的反思与全面的改进，将侨务工作与统战工作在思路上和机制上更加紧密地结合在一起，真正发挥华人华侨巨大人力资源库的作用，使其成为推进中华民族伟大复兴事业的重要生力军。

1. 提高侨务领域统战工作的组织化程度。提升华人华侨统战工作的组织化程度，不仅是统战工作的内容，也是推进和深化统战工作的主要抓手。做好组织工作，一方面要推进涉侨社团的发展，另一方面，对涉侨社团不健全、活动不活跃的国家和地区，要以各种方式来推进组织覆盖、优化，将组织建设作为海外统战工作的一个切实抓手来抓好。

2. 优化组织结构，健全组织体系。各种涉侨组织之间的协调不够，使得整个华人华侨及侨眷的统战工作多头齐进难以合一。相关组织结构没有优化，组织的体系化程度不高，这是统战工作受到阻碍的重要原因。因此，在组织优化方面应该有三个方面的重点：一是国内相关组织社团之间协调性的强化，二是国内组织与海外组织之间的积极联系的确立，三是对海外组织之间关系的协调。对于这三个重点的把握，应该根据客观形势的变化，在策略上和做法上做好调整。

3. 提升组织自身活力，提高组织活动效率。长期以来，个别海外华人华侨社团为了获取国内的统战资源或借统战工作之需要提升自己的影响力，相互之间存在着不正当竞争，其中一个重要现象就是虚构或夸大自己社团的业绩和影响力，而有关部门难以进行审核与鉴别，在作出一些统战工作部署时误信个别组织效率不高影响力不大的社团，不但没有达成工作目标，反而在海外华人华侨社团界产生了不良的影响。为此，要尽快制定和完善组织评估手段，对国内以及海外各种相关社团的活动情况进行客观科学的评估，借此来提升组织纯洁度，强化对组织效率的要求。

4. 促进华人华侨组织多样化发展。要充分认识海外统战工作环境的复杂性和多变性，从统战工作大局出发，结合党和国家的中心工作，围绕中华民族复兴这个目标，全方位地推进对华人华侨组织的统战工作。

从一开始就以优化组织体系的眼光，重视各种联谊组织的功能，把对海外华人华侨代表人物的工作与组织工作联系在一起，不能采取简单化的做法。

中华民族伟大复兴进程进入关键阶段，国内外形势发展日趋复杂，政治共识如何维护、如何强化、如何落实，还面临着一系列具体的问题。凝聚起社会各阶层所联系群众的力量，是画好同心圆的重要工作，要在理念上、机制上、方法上谨慎地进行改革创新，将各项工作落在实处。

新型政党制度在新发展阶段的创新完善

中国共产党领导的多党合作和政治协商制度作为我国一项基本政治制度，是从中国土壤中生长出来的新型政党制度，具有清晰的理论逻辑、历史逻辑和现实逻辑，在中国的政治和社会生活中显示出独特优势和强大生命力。进入新发展阶段，要充分发挥新型政党制度的优势，把各民主党派和无党派人士紧密地团结起来，为实现中华民族伟大复兴的目标而奋斗。

一、新型政党制度的理论逻辑

来自马克思主义政党理论基本原理。马克思、恩格斯在《共产党宣言》指出："共产党人不是同其他工人政党相对立的特殊政党"。取得社会主义革命与建设的胜利，仅凭一个阶级、一个政党的力量是难以做到的，无产阶级专政并不意味着一个阶级的"专权"，而是无产阶级先锋队、无产阶级与非无产阶级的小资产阶级、小业主、农民、知识分子等阶级阶层的联盟，"这是在经济、政治、社会地位、精神各个方面互不相同的阶级的联盟"。

随着马克思主义中国化进程而发展。习近平总书记指出，中国共产党领导的多党合作和政治协商制度是"马克思主义政党理论同中国实际结合的产物”。从多党合作制度雏形的“三三制”政权，到“五一口号”发布，再到新政协第一次全体会议的成功召开；从“长期共存、互相监督、肝胆相照、荣辱与共”的十六字方针，到将多党合作制度写入宪法，到《中国的政党制度》白皮书的发布，再到《中国新型政党制度》白皮书的公布，这是中国共产党把马克思主义政党理论同中国具体实际相结合的百年探索和奋斗过程，是多党合作和政治协商制度确立和发展完善过程。

新型政党制度的实质是实行最广泛的人民民主。习近平总书记在庆祝人民政协成立七十周年大会讲话中指出，协商民主是实现党的领导的重要方式，是我国社会主义民主政治的特有形式和独特优势。新型政党制度是探索和发展人民民主的重要产物。社会主义协商民主是我国人民民主的重要形式，人民政协作为协商民主的重要渠道就是运用马克思主义政党理论推动人民民主不断发展完善的过程。中国共产党领导的多党合作和政治协商制度是马克思主义政党理论同中国实际相结合的产物，是中国的一项基本政治制度，是中国新型政党制度。新型政党制度坚持实行最广泛的人民民主，为实现科学民主决策、推动经济社会发展进步贡献制度力量。

二、新型政党制度的历史逻辑

抗战胜利后，国内民主力量迅速集结并建立了许多党派。国民党政府的倒行逆施，激起了各党派的强烈反抗。1948年4月30日，“五一口号”发布后，在中国共产党的“拉力”和国民党的“推力”共同作用下，各民主党派和无党派民主人士热烈响应“五一口号”提出的召开新政治协商会议、成立民主联合政府的主张，愿意在中国共产党的领导下，共同为建立新中国而奋斗。新政协全体会议成功召开，奠定了中国新型政党制度的基础。

1956年社会主义改造基本完成后，中国共产党提出“长期共存、互相监督”的基本方针，为继续坚持多党合作奠定了理论基础。从根本上解决了民主党派的发展前途问题，进一步确立了社会主义条件下我国多党合作的基本格局。改革开放后，中国共产党领导的多党合作制度得到进一步的发展和完善，开始走向成熟。以邓小平同志为核心的第二代中央领导集体明确提出了多党合作是中国政治制度的一个特点和优点，坚持和完善中国共产党领导的多党合作和政治协商制度，成为中国特色社会主义理论和实践的重要组成部分。1982年中国共产党十二大提出了十六字方针，在“长期共存、互相监督”的基础上，增加了“肝胆相照、荣辱与共”。在此方针的指导下，民主党派的工作空前活跃，工作重点也转移到为社会主义现代化建设服务上来。中共十三届四中全会后，以江泽民同志为核心的第三代中央领导集体面对错综复杂的内外局势，进一步提出必须巩固多党合作的政治格局，制定颁布了《中共中央关于坚持和完善中国共产党领导的多党合作和政治协商制度的意见》。1993年宪法修正案把“中国共产党领导的多党合作和政治协商制度将长期存在和发展”写入宪法，我国的多党合作制度有了明确的宪法依据。

中共的十八大以来，习近平总书记关于加强和改进统一战线工作的重要思想为新型政党制度发展提供了根本遵循，深刻回答了新时代要不要统一战线、要什么样的统一战线、怎样建设统一战线等重大问题。民主党派成为“中国特色社会主义参政党”，基本职能得到新的拓展和延伸。《中共中央关于加强中国特色社会主义参政党建设的意见》《中国共产党统一战线工作条例》等政策文件的出台，为多党合作各项制度提供坚强的政治保障、组织保障和法制保障。“新型政党制度”概念的提出以及

《中国新型政党制度》白皮书的发布，丰富了马克思主义政党理论中国化的内容。

三、新型政党制度的现实逻辑

新型政党制度与西方政党制度有显著区别。一是利益基础不同。中国新型政党制度能够真实、广泛、持久代表和实现最广大人民根本利益，有效避免了旧式政党制度代表少数人、少数利益集团的弊端。二是价值认同不同。中国新型政党制度以合作与协商为主的精神价值，突破了西方政党制度以选举和竞争作为主要评判标准的理论范式，超越了西方政治文化中个人优先集体的理念，有效避免党派纷争和政治倾轧。三是道路选择不同。中国新型政党制度框架内，中国共产党作为领导核心，发挥总揽全局、协调各方的作用，能够形成统一的国家意志、统一的国家权力和统一的集中领导，有利于发挥集中力量办大事的制度优势。西方政党在走向社会的过程中不断分化成多种政治力量，从某种程度上说，资本主义政党制度是社会分野在政治制度上的反映。四是制度合力不同。新型政党制度坚持民主集中制原则，体现党的领导与人民民主相统一。在西方的所谓选举民主中，看似“民意”都有表达的机会，但实际上，在以选举为目的的竞争性政党制度下，没有一个政党可以真正代表全体人民的利益；而且选民往往只在投票的时候有存在感，选举结束便进入休眠期，无法真正参与到政治全过程中。

新型政党制度具有显著的实践成效。一是政党协商成效显著。中共十八大以来，中共中央召开或委托有关部门召开政党协商会议170余次，先后就中国共产党全国代表大会和中央全会报告、修改宪法部分内容的建议、制定国民经济和社会发展中长期规划的建议、国家领导人建议人选等重大问题同党外人士真诚协商、听取意见，确保重大问题决策更加科学、民主。各民主党派中央、无党派人士深入考察调研，提出书面意见建议 730 余件，许多转化为国家重大决策。二是民主监督成效显著。民主监督是发挥中国新型政党制度优势的重要方式，是实现国家治理体系和治理能力现代化的必然要求。自 2016 年起，中共中央委托各民主党派中央开展为期 5 年的脱贫攻坚民主监督，开辟了多党合作服务国家中心工作的新领域。据统计，各民主党派共有 3.6 万余人次参与脱贫攻坚民主监督工作，向对口省区各级中共党委和政府提出意见建议 2400 余条，向中共中央、国务院报送各类报告 80 余份，为打赢脱贫攻坚战、全面建成小康社会作出积极贡献。三是对人类政治文明贡献显著。新型政党制度对发展社会主义民主政治具有重要作用，展现出中国共产党人坚定的制度自信与清醒的理论自信。新型政党制度是实现国家富强、民族振兴、人民幸福的重要制度保证，不仅具有鲜明的中国特色，同时也是对人类政治文明的重大贡献。

新型政党制度具有广泛的时代意义。凭借新型政党制度的独特优势，提升了我国在应对重大挑战、抵御重大风险、克服重大阻力、化解重大矛盾、解决重大问题的综合实力。作为一种全新的伟大政治创造，新型政党制度为如何践行政党责任、解决政党分歧、实现政党合作提供了可借鉴的范本，为世界政党政治创新发展作出了卓越贡献。

四、新发展阶段新型政党制度的创新完善

新发展阶段面临新的挑战。经济全球化深入发展，我国与世界经济的互相联系和影响日益加深，有利于我国更好地利用外部资金、技术、资源并走向全球市场；超大规模的需求市场为形成以国内大循环为主体

经济发展新格局提供了基础条件。而受疫情等多方面影响，世界经济持续低迷，全球产业链供应链面临冲击，全球化进程遭遇逆流。全球保护主义和单边主义势力抬头，大国博弈加剧，地区冲突频仍，非传统安全威胁持续蔓延。我国国内经济结构调整和社会发展依然存在瓶颈问题。随着资源环境约束日益趋紧、人口红利逐渐消失，我国国内经济下行压力加大，自主创新能力不强，关键核心技术短板问题凸显。

新发展阶段必须推动新型政党制度创新完善。中国共产党百年奋斗历史，深刻改变了近代以来中国积贫积弱受欺凌的悲惨命运，改变了中国人民被压迫被奴役被剥削的悲惨经历，改变了中华民族的前途和命运，改变了世界发展的趋势和格局。中国共产党作为马克思主义先进政党，在传承了5000年的中华文明中，在总结社会主义500年发展史和近代170多年中华民族兴衰经验教训基础上，开创了中国特色社会主义政治发展道路，并形成具有鲜明政治特色和显著政治优势的新型政党制度。中国共产党创设的新型政党制度始终坚持与人民在一起，为人民服务，为国家服务，为民族复兴服务。在中华人民共和国成立的70多年所取得的彪炳史册的巨大成就告诉我们，没有任何力量能够撼动中华民族磅礴崛起的地位、没有任何力量可以阻挡中国人勇往直前的步伐，这一制度必定在全面建成社会主义现代化强国目标和中华民族伟大复兴中国梦的进程中，实现创新完善，提供更多政治保障，也必定为推动世界政党制度发展贡献中国方案。

因此，在新的发展阶段，要进一步发挥新型政党制度优势，汇集广大民主党派和无党派人士的磅礴力量，与各级党委政府一同攻坚克难。

一是要把坚持中国共产党的领导作为根本的政治保证。一百年来，中国共产党团结带领全国人民，将马克思主义与中国国情相结合，在长期实践中探索出中国革命道路、中国社会主义改造道路和中国特色社会主义改革发展道路，从根本上改变了中华民族和中国人民的前途命运。中国共产党的领导和执政地位不是自封的，是经过艰苦卓绝的努力和付出巨大牺牲才确立、巩固起来的。历经各种风雨和重大考验，接受中国共产党领导是各民主党派、无党派人士作出的正确历史抉择，是其不断成长进步的根本保证，是坚持和完善新型政党制度必须坚持的最大政治共识。中国共产党的领导是中国特色社会主义最本质的特征和中国特色社会主义制度的最大优势，是民建长期以来始终不渝、历久弥坚的政治信念。当前，要深入学习贯彻习近平总书记“七一”重要讲话精神，引导广大民建成员及所联系的界别群众充分认识中国共产党的先进性，树立正确的历史观、大局观、角色观，深刻理解接受中国共产党领导的历史必然性和现实需要性，增强“四个意识”、坚定“四个自信”、做到“两个维护”，不断增进对中国共产党和中国特色社会主义的政治认同、思想认同、理论认同、情感认同，确保中国共产党在同心圆中永远居于圆心的地位和作用，在实践中不断巩固和强化统一战线“众星拱月”的良好局面，利用自身优势，发挥积极支撑作用并贡献正能量，为新发展阶段坚持和完善新型政党制度奠定坚实的思想政治基础。

二是要从伟大建党精神中汲取强大的政治营养。习近平总书记在“七一”重要讲话中首次提出伟大建党精神：坚持真理、坚守理想，践行初心、担当使命，不怕牺牲、英勇斗争，对党忠诚、不负人民。各民主党派与中国共产党价值取向是高度一致的，都是为了人民过上幸福美好生活，都是为了实现民族复兴。要把中国共产党百年奋斗历程中形成的精神谱系与多党合作事业所体现出的政治追求、合作精神、理想信念融会贯通，真正入脑入心、推动工作、指导实践。新的发展阶段需要越来越广泛的政治参与，新型政党制度的完善也需要民主党派发挥越来越积极的作用。当前，民主党派参政能力的发展和进步，与中国共产党的执政能力的发展和进步有一定差距，与新型政党制度完善要求存在一定差距。对此民主党派要有紧迫感，要从新型政党制度运行的大框架下思考履职能力的提升。民建要坚持以党为师，从严治会，树立“打铁必须自身硬”“有为才能有位”的观念，补齐自身建设短板，不断提高政党意识，全面提升履职能力，为建设中国特色社会主义参政党，为新型政党制度创新发展继续努力。

三是要在深化政治交接中锻造坚定的政治品格。坚守多党合作初心，深化政治交接认识，继承和弘扬民建与中国共产党风雨同舟、团结合作的优良传统，为完善新型政党制度提供源源不竭的政治动力。从去年开始，民建各级组织进入换届。换届不仅是组织人事的更替，还应该是思想、政治、传统和作风的延续与光大，是在多党合作制度的大框架里新老领导人和领导班子的政治交接。就民建而言，要深刻理解民主革命时期民建第一代领导人立会的宗旨，要依照习近平总书记对不忘合作初心的嘱托，把民族复兴作为当前最高政治目标来继承。政治交接要立足于始终坚持正确政治方向，立足于与执政党亲密合作关系的长足发展，立足于自身建设和履职尽责的长远大局，立足于对新型政党制度内在规律的把握。要从“窑洞对”关于“历史周期率”的讨论、“五老火锅宴”、推动多党合作制度入宪、风险投资“一号提案”等民建作出的重要历史贡献中，引导会员始终胸怀“国之大者”，不断提升政治判断力、政治领悟力、政治执行力，将学习习近平总书记“七一”重要讲话精神激发的正能量转化为履行参政党职能、做好本职工作的具体行动和成果，切实担负起新型政党制度的参与者、实践者、推动者的责任使命。

四是要在履行参政党职能中展现丰富的政治作为。习近平总书记在2015年召开的中央统战工作会议上明确指出："坚持和完善中国共产党领导的多党合作和政治协商制度，更好地体现这项制度的效能，着力点在发挥民主党派和无党派人士的积极作用。"衡量新型政党制度优越性最好的标尺就是实际效能的发挥。民主党派基本职能为参政议政、民主监督、参加中国共产党领导的政治协商。继脱贫攻坚专项民主监督后，民主党派和无党派人士又迎来民主监督履职新契机。民建要总结脱贫攻坚专项民主监督取得的成果和经验，把握好新一轮民主监督重要机遇。（1）提高思想认识。把围绕长江生态环境保护开展民主监督工作作为深入学习贯彻习近平生态文明思想的具体行动，作为重要政治任务，坚持正确的政治方向，聚焦监督工作重点，注重把握监督性质、监督质量和实效导向。（2）提高监督能力。用好监督平台，从实践中提升民主监督能力，明确着力重点，积极提出建设性意见建议，帮助相关省份党委和政府改进工作，展示新型政党制度的优势和作用。（3）健全完善监督机制。充分发挥界别优势和各级组织作用，加强统筹协调，努力提高监督整体实力。注重经验总结，完善监督工作机制，特别是不断完善组织领导机制、调查研究组织机制、沟通协调运用机制、总结交流互动机制、信息和资料收集支撑机制。

五是要在加强参政党建设中提升综合的政治能力。民建作为经济界的参政党，要加强政党意识，提升履职的积极性、主动性、创造性，更好地服务于科学决策和社会主义现代化建设。要从政治把握、组织协调、研究分析、沟通对话等方面入手，有针对性地进行提升能力建设，切实克服履职中的"本领恐慌"。加强思想政治引领，需要把握新时代会员和组织新特点，引导广大会员深刻领悟肩负的职责使命，坚持自我学习、自我教育、自我提高，不断加强和提高自身能力水平。发挥民建联系经济界的特点，在坚持“都是自己人”“两个毫不动摇”，促进“两个健康”，构建“亲清新型政商关系”等方面，做好服务和支持。鼓励企业家会员弘扬企业家精神和工匠精神，促进民营企业做好自主知识产权的研发，尤其是创造培养出更多自己拥有核心技术的企业带头人和重点企业，为经济高质量发展作出更多奉献。要更好地联系经济界别社会群体，把履职重点聚焦到中共中央对经济社会形势的分析判断和决定上来，开展调查研究，扎实了解民意，全面掌握社会动态，积极反映利益诉求，为坚持和完善新型政党制度凝聚共识、凝聚人心、凝聚智慧、凝聚力量。

新发展阶段民建要坚持以习近平新时代中国特色社会主义思想为指导，在思想上政治上行动上同以习近平同志为核心的中共中央保持高度一致，坚守多党合作初心，找准党派自身优势和全局工作的结合点履行基本职能，努力做中国共产党好参谋好帮手好同事，以实际行动坚持好、发展好、完善好新型政党制度。

建设中国特色社会主义参政党，全面加强作风建设

民主党派作风建设是参政党自身建设的重要组成部分，要以习近平新时代中国特色社会主义思想为根本遵循，始终坚持中国共产党的领导，发挥界别优势，为推动民族复兴、国家富强、人民幸福、社会进步贡献力量。在坚持新型政党制度的前提下，把握参政党性质定位，锤炼客观清醒立足长远的思想作风，勇于创新敢于担当的领导作风，严格纪律清正廉明的党派形象，实事求是勤勉奉献的工作作风，脚踏实地、注重调研、“功成不必在我”的为民情怀和广阔胸襟。

一、民主党派作风建设必须坚持的原则

1. 民主党派作风建设要坚持以马克思列宁主义、毛泽东思想、邓小平理论、“三个代表”重要思想、科学发展观、习近平新时代中国特色社会主义思想为根本遵循。全面加强作风建设是学习贯彻习近平新时代中国特色社会主义思想的必然要求，是坚持好、发展好、完善好我国新型政党制度的必然要求，是更好地履行中国特色社会主义参政党职能的必然要求，是推动多党合作制度优势转化国家治理效能的必然要求，是保持党派活力、提高党派解决自身问题能力的必然要求，是促进党和国家科学决

策、民主决策、依法决策的重要要求，是各民主党派在中国共产党领导下，勠力同心、和衷共济，更好地为建设社会主义现代化强国凝聚共识、汇聚力量的重要要求。各民主党派要提高政治站位，深刻认识全面加强作风建设对于参政党自身建设的重大意义，毫不动摇地把作风建设走深走实。

2. 加强民主党派作风建设必须坚持中国共产党的领导。中国共产党的领导是中国特色社会主义最本质的特征，是中国特色社会主义制度的最大优势。深刻认识中国共产党在中国特色社会主义事业中的领导核心地位和作用，深刻认识中国特色政治制度和政党制度的历史必然性和巨大优越性，深刻认识自觉接受中国共产党领导的历史必然、中国共产党与各民主党派团结合作的光辉历程，深刻认识各民主党派作为中国特色社会主义参政党的性质、地位、职能和任务，牢牢把握以思想政治建设为核心、组织建设为基础、履职能力建设为支撑、作风建设为抓手、制度建设为保障，建设中国特色社会主义参政党这个总目标。

3. 民主党派加强作风建设要坚持以凝聚共识为基础，始终不忘多党合作初心，牢记民族复兴使命，始终坚持接受中国共产党领导的政治信念不变。在“四新”和“三好”要求下，坚定不移走中国特色社会主义政治发展道路，把我国新型政党制度坚持好、发展好、完善好，站在新时代新起点上，坚守政治信念，巩固政治共识，坚决维护习近平总书记核心地位，坚决维护党中央权威和集中统一领导。深化对中国特色社会主义参政党性质、职能和历史使命的认识，传承和弘扬民建优良传统、共同价值理念，夯实新时代多党合作的共同思想政治基础，提高自身作风建设水平，做自觉接受中国共产党领导，同中国共产党通力合作的亲密友党，全面建设中国特色社会主义参政党。

二、新时代加强民主党派作风建设要把握“五个关系”

《中国共产党统一战线工作条例》作为关于统战工作的第一部党内法规，为新时代统一战线事业提供了政治保障、组织保障、法治保障。各民主党派要体现出中国特色社会主义参政党的政治气度和使命担当，要以中国共产党友党的身份发挥积极作用。当前，思考和讨论参政党作风建设如何上一个新台阶、提高一个新水平的问题，事关中国特色社会主义新型政党制度如何更规范、更有效、更科学地运行。

（一）把握好与思想政治建设、组织建设、履职能力建设、制度建设的关系

1. 始终坚持以习近平新时代中国特色社会主义思想为指导。思想政治是民主党派立身之本，参政之基，生机之源。思想政治建设是各民主党派自身建设的核心部分，必须毫不动摇地坚持，提高思想政治站位，要加强学习习近平新时代中国特色社会主义思想，学习中共十九大和十九届二中、三中、四中、五中全会精神，学习执政党的方针政策、多党合作理论，推动广大成员提高思想政治素质，用习近平新时代中国特色社会主义思想武装头脑、指导实践、推动工作，广泛凝聚多党合作政治共识，夯实多党合作政治基础。各民主党派要把深入学习贯彻习近平新时代中国特色社会主义思想作为首要政治任务，团结引领各级组织和广大成员，始终在思想上政治上行动上同以习近平同志为核心的中共中央保持高度一致。

2. 落实中共中央《关于加强中国特色社会主义参政党建设的意见》的要求，以组织建设为基础推进参政党建设。中国共产党领导的多党合作事业，需要薪火相传代代永续。各民主党派要紧扣国家发展大局，发挥各自人才智力优势和界别特色，着力提升参政议政能力和水平。各民

主党派在统战部指导下，规范组织发展程序，要把好成员发展源头，注意数量更注重质量，将政治素质、履职能力考核前置。严把初审推荐、审查、培养三道关，通过有计划有针对性物色积极分子、全方位立体式了解积极分子情况、有步骤积极稳妥推进组织程序，真正将有代表性、有影响力、有参政议政能力的积极分子发展成党派成员。还要严把成员入门关的“廉洁关”，多做“扶上马送一程”，少做“师傅领进门，修行在个人”，对已有的新成员培训体系进行论证，建设适应时代变化需求、适应成员变化需求的教育体系和培养体系。

3. 中共中央《关于加强中国特色社会主义参政党建设的意见》首次明确把“履职能力”纳入参政党的建设任务，强调了“履职能力”的支撑作用，提出了“履职有力”的建设目标。围绕经济建设、政治建设、文化建设、社会建设、生态文明建设的“五位一体”总体布局和协调推进全面建设社会主义现代化国家、全面深化改革、全面依法治国、全面从严治党的“四个全面”战略布局，牢牢把握参政党性质定位，在国家发展和社会进步中积极发挥作用和贡献力量，坚持守初心担使命，深入开展调研，重视凝聚共识，做到双向发力。当前，要统筹疫情防控和经济社会发展需求，及时反映所联系群众利益诉求，协助党委和政府做好协调关系、化解风险、增进团结、维护稳定的工作。

4. 民主党派制度建设贯穿于履职各环节。多党合作政治制度是经过70 年多党合作的实践证明有效的、较为固定的、规范的一种制度体系，贯穿于各党派思想政治建设、履职能力建设、组织建设等全过程。民主党派制度建设基于民主党派履行基本职能的各种实践，比如各党派的理论学习制度、民主生活会制度、民主决策制度、考评述职制度、内部监督制度等等，这些制度涉及党派发展各领域，要坚持好发展好使用好，这是增强各党派坚持中国特色社会主义制度自信的表现。

全面加强民主党派五种能力建设，是新的历史条件下对民主党派自身建设提出的新要求，是增强民主党派履职能力的必然要求，更是巩固和完善我国多党合作制度的需要。参政党“五大建设”，符合多党合作事业时代要求，“五大建设”相互促进、相互支撑、相互协同、共同推进，为建设政治坚定、组织坚实、履职有力、作风优良、制度健全的中国特色社会主义参政党提供源源不断的保障和支撑。

（二）把握好与国家治理现代化建设相适应的关系

各民主党派应该充分认识推进国家治理体系和治理能力现代化的重大意义和历史使命，立足发挥自身优势，优化和激活自身内生动力，履行参政议政、民主监督、参加中国共产党领导的政治协商三项基本职能。在推动国家治理体系和治理能力现代化进程中，认清国家发展社会进步对参政党能力素质要求，立足长远、服务全局、健全制度体系，应健全适应新时代参政议政工作机制，健全党派参政议政、理论研究、人才培养工作机制,完善考察调研工作机制,完善对成员考评褒奖鼓励工作机制，建立适应新时代发展新要求的民主监督工作机制，完善政党协商工作机制建设。

（三）把握好与政治交接的关系

民主党派政治交接要立足于中国特色社会主义参政党建设的长远大局，立足于与执政党亲密合作关系的长足发展，立足于对新型政党制度内在规律的把握。依照习近平总书记对不忘合作初心的嘱托，把民族复兴作为各党派政治交接的最高政治目标来继承。每一代民主党派领导人和领导班子进行着不间断的政治交接。如果说，政治交接深化特指班子交替完成以后的状态，那么，交替完成从来不应该成为一个终结，政治交接本身从来不会有终点，它是作风建设循环往复、螺旋上升的过程。作风建设应在政治交接过程中不断深化和优化，不断增进对中国共产党和中国特色社会主义的认同。

（四）把握好当前和今后长远的关系

党派优良传统和优势发挥需要依托良好的思想政治认识、坚强有力的领导带头、扎实创新的工作作风，作风建设说白了就是解决“人”的问题，不管思想、领导、工作等各层面的主体都是“人”，突出以“人”为导向，一切建设都迎刃而解。一个党派、一个组织、一个群体没有好的风气、作风，再好的优势也不会发挥出来。比如党派工作要注重细节，要懂得从细微处理解成员、贴近成员、融入成员，如此才能发挥成员价值。不是靠嘴上说，而是要靠实际行动去做；不是无原则地做“老好人”，盲目追求一团和气，而是要树立实干思想，提倡实干精神和作风；不是“三天打鱼两天晒网”的散漫，而是要树立“一茬接着一茬干下去”“功成不必在我”的理念，怀着家国情怀，对党派工作富有长远眼光和战略思维。

（五）把握好局部和全局关系

这里谈的“局部”是党派整体建设，“全局”是服务国家经济社会发展。作风建设不只是一个党派之事，还关乎各民主党派在推动国家发展社会进步事业中发挥参政党作用之大事。思想政治、领导作风、工作风气构成了民主党派作风建设三大基本要素，三要素之间衔接配合得好，党派效能发挥得就比较好。思想政治是作风建设的核心要素，即坚持中国共产党的政治领导，坚持中国特色社会主义制度。而领导作风在三要素中具有承上启下的功能。比如，党派领导爱学习的好行为，是会影响机关干部养成读报读书学习好习惯，并可能塑造学习型机关。领导生活简朴，吃、住、用、行、办公用房，不搞特殊化，领导自然有感召力；领导虚心向专业成员学习请教，不摆官架子，深入调研，带头学习，树立服务国家全局的思想观念，有助于构建良好的、积极的、值得推崇的民主党派作风。解决作风建设中薄弱环节，适时推出创新理念和改革措施，带好队，抓典型，务实干，讲真话，讲实话，讲短话，讲对组织发展成员成长履职有益的话，少讲空话、假话、官话、套话，干正事，走正道，才能树正气，不断提升知识、修养，改进工作方法，满足局部和全局发展的需要。

三、推动作风建设走深走实的几点思考

深刻总结中华人民共和国成立70多年来各民主党派发挥的历史作用和取得的宝贵经验，要从坚持中国共产党领导的独特政治优势出发，要从对现有的政党制度的基本规律把握出发，在中国新型政党制度视野里，结合当前“不忘合作初心，继续携手前进”主题教育活动，对包括作风建设在内的自身建设中一些传统的观念和做法进行再思考、再论证、再提高，获得切实的与参政党能力要求相适应的改进路径和方法，使之更好地适应多党合作事业的新时代要求，更好地应对在中华民族复兴道路上的各种挑战和风险。

（一）坚定政治立场，推进作风建设走深走实

各民主党派要把习近平新时代中国特色社会主义思想作为一切工作的根本遵循，增强“四个意识”，坚定“四个自信”，做到“两个维护”，始终在思想上政治上行动上同以习近平同志为核心的中共中央保持高度一致。以“不忘合作初心，继续携手前进”主题教育为牵引，传承各党派在多党合作事业中的优良传统，改进工作作风，丰富新时代各民主党

派作为中国特色社会主义参政党内涵，不断增进对中国共产党和中国特色社会主义的政治认同、思想认同、理论认同、情感认同，坚持中国共产党领导，做中国特色社会主义事业实践者、维护者、捍卫者，做中国共产党的好参谋、好帮手、好同事，把新型政党制度坚持好、发展好、完善好。

（二）健全学习制度，推进作风建设走深走实

新时代对各民主党派综合能力和各方面建设提出了新的更高的要求。要提升对理论学习重要性的认识，完善领导班子理论学习中心组学习制度，建立健全党派全委会、常委会、专委会、区（工）委、支部全系统学习制度，建立健全机关干部学习制度，提升机关干部整体修养和素质。学习和行动要紧跟中共中央决策部署，有重点、有计划、有步骤、有针对性地学习。深刻领会习近平总书记关于加强和改进统一战线工作的重要思想、关于多党合作的重要论述；自觉及时跟进学习习近平总书记最新重要讲话、关于多党合作和民主党派工作的重要指示批示精神；要系统学习中共党史、国史、改革开放史、社会主义发展史、多党合作史，认真学习多党合作理论政策和优良传统、各党派史和章程等；学习习近平总书记在中央政协工作会议暨庆祝人民政协成立 70 周年大会上的重要讲话精神，学习《“十四五”规划和 2035 年远景目标纲要》，要注重与各党派实际结合贯通，在落实今年全国“两会”精神中不断巩固共识、发挥优势，做到学懂悟透，提高作风建设水平，为履行参政党职能和责任打下坚实的理论基础。

（三）统筹“两个大局”，推进作风建设走深走实

《“十四五”规划和 2035 年远景目标纲要》，最突出的特点是紧紧抓住了我国社会主要矛盾，从各个领域提出一系列战略性创新性举措。面对中华民族伟大复兴战略全局和世界百年未有之大变局，当前最重要的是做好我们自己的事，我们要实现什么样的发展，以及我们怎么样实现这样的发展。站在“两个一百年”交汇点上，要坚持用全面、辩证、长远的眼光分析当前经济形势，努力在危机中育新机、于变局中开新局，发挥我国作为世界最大市场的潜力和作用，明确供给侧结构性改革战略方向，落实“六稳”“六保”任务，确保各项决策部署落地生根，巩固脱贫成果与乡村振兴有效衔接，推动我国经济乘风破浪、行稳致远。把握疫情防控和经济社会发展“两个大局”，坚持稳中求进工作总基调，坚持新发展理念，各民主党派要引导在自主知识产权方面的研发，创造培养出更多拥有核心技术的企业带头人和重点企业。积极贯彻落实中共中央关于民营经济“两个健康”和“两个毫不动摇”的精神实质。坚定不移地为民营企业搭好台、服好务、站好台、鼓好劲，用实劲、出实招、做实事、求实效，坚持把中国共产党对非公经济的思想方针政策宣传到基层，并建立党派成员可以接受的“话语体系”，为促进经济社会发展发挥积极作用。

（四）解决自身问题，推动作风建设走深走实

习近平总书记提出：“要支持民主党派加强思想、组织、制度特别是领导班子建设，提高政治把握能力、参政议政能力、组织领导能力、合作共事能力、解决自身问题能力。”参政党自身建设要把解决自身发展中存在的与新时代要求不相适应的问题作为首要的、核心的任务。

要切实提升民主党派的政党能力。政党能力是指一个政党组织发挥作用履行职能的基本素质和修养。“不忘合作初心、继续携手前进”主题教育活动的目的之一就是要查找并改进工作中存在的问题和不足。民主党派参政能力的发展和进步，与中国共产党的执政能力的发展和进步要求还存

有一定差距。当前，一些民主党派在思想建设和组织建设方面略显保守，满足一般的工作要求，缺乏从政党制度运行的大框架下思考。国家发展和社会进步事业需要越来越广泛的政治参与，政党制度的完善也需要民主党派发挥越来越积极的作用。各党派要如中国共产党那样抓好自身能力建设，要有制度化手段，树立“打铁还需自身硬”和“有为才有位”的观念。不局限于一时一事的得与失，要有宽广的政治胸怀和切实的政治作为。要对本党派存在的一些问题提出清晰的解决时间表和路线图。推动作风建设是建设中国特色社会主义参政党必须面对的时代课题，需要充分聚焦在解决问题上，不能一蹴而就，不能有急躁情绪，要有功成不必在我，滴水穿石、接续奋斗的精神和勇气，要解放思想，要有改革勇气和政治魄力，开拓进取，狠抓落实。

（五）增强实际本领，推动作风建设走深走实

围绕中央中心工作，紧扣大局、正确认识大局、牢牢把握大局，落实“四新”“三好”要求，着力提升参政议政、民主监督、参加中国共产党领导的政治协商，实现履职有力的中国特色社会主义参政党建设目标。健全工作机制，发挥自身人才智力优势和界别特色，履职能力建设上要坚持“瞄定方向，健全机制，抓住重点，学习典型，补齐短板”，充分理解新时代中国特色社会主义参政党的使命任务，在履行职能中不断有新作为。根据经济社会生活发展、变化、需求履职，自觉服务和维护大局，结合自身特色优势，做好差异化，找准履行职能着力点，只有这样，建言献策才能做到言之有据、言之有理、言之有度、言之有物，道实情、建良言，参政参到要点上，议政议到关键处。

（六）提升组织能力，推进作风建设走深走实

弘扬多党合作优良传统，建设中国特色社会主义参政党。加强领导班子建设，推进代表人士队伍建设，提高组织发展质量，提升机关工作服务水平，建设组织坚实的中国特色社会主义参政党。民主党派领导班子要充分发扬民主，提升政治判断力、政治领悟力、政治执行力，发挥领导班子整体功能。在代表人士队伍建设方面要“有格局，有胸怀，有眼力，明底线，树正气，讲原则”，代表人士坚持“懂规矩，顾大局，有能力，有水平，有视野，能服众，能使用”，推荐人才“不唯亲，不唯年龄，看能力”的人才价值观。推进党派代表人士队伍建设，提高组织发展质量。建立健全领导班子成员与地方组织、基层组织会员联系制度，领导干部要敢于听成员对作风建设、组织发展、人才培养等的各种声音，把成员反映声音作为改进工作作风的“营养品”，广泛听取意见和建议。机关内要克服急躁骄傲自满情绪，外要树立虚心踏实勤勉形象，强化为成员服务意识。机关作风关键在办公室作风，统筹推进完善制度建设，完善机关干部和基层干部管理制度，加强机关干部的学习能力、思考能力、协调能力、组织能力、沟通能力、应急能力等建设。强化纪律执行，加强日常管理和内部监督。落实中央八项规定精神，结合各党派实际制定实施办法，坚决纠正形式主义、官僚主义、享乐主义和奢靡之风。

（七）压实监督主体责任，推进作风建设走深走实

要深入学习领会习近平总书记关于民主党派自身建设的重要论述，压实监督主体责任，持续加强自身建设，不断提高履职能力，切实承担起中国特色社会主义参政党的历史使命。一是民主党派作风建设关键在领导层，要“抓住关键少数”，以上率下。领导干部特别是“一把手”、常委会成员、中央委员、省市领导班子成员、专委会班子成员、各层级组织的委员等要以身作则、率先垂范，充分发挥“领头雁”“排头兵”作用。二是切实认识自身作风建设是民主党派政治生活中的一项大事，坚持学用结合，坚持经常抓、真正改，力戒形式主义。三是坚持理论联系实际，内化于心，外化于行，真正做到内强素质、外树形象。四是民主党派中央要重视监督在作风建设中的重要作用，充分发挥监督委员会主体责任，监督委员会要提升监督水平和能力，明确监督什么、依据什么监督、怎么开展监督等系列问题，建立健全监督机制，完善监督制度，充分营造“懂监督、敢监督、会监督、能监督”的独立监督氛围，以严肃的精神抓实干，以严谨的态度抓落实，以严格的作风求实效。五是要把作风建设和其他工作有机结合，统筹兼顾、相互促进，全面提高民主党派自身建设素质，建设中国特色社会主义参政党。

各民主党派要在以习近平同志为核心的中共中央坚强领导下，紧扣统筹推进疫情防控和经济社会发展主题，在建设社会主义现代化国家进程中淬炼能力，提升水平，勇于担当，主动作为，全面加强作风建设，进一步凝聚起广大民主党派成员攻坚克难的意志和力量，坚定不移听党话、跟党走，在建言资政和凝聚共识上双向发力，为全面建成富强民主文明和谐美丽的社会主义现代化强国、实现中华民族伟大复兴的中国梦不懈奋斗。

把握“四个结合” 推进“五大建设”

新修订的《中国共产党统一战线工作条例》（以下称《条例》）是统一战线领域的基础性党内法规，已经正式发布实施。《条例》深入贯彻习近平总书记关于加强和改进统一战线工作的重要思想，坚持和加强党对统一战线工作的集中统一领导，坚持推动构建大统战格局，坚持面向新时代全面规划统一战线发展，着力提高统一战线工作科学化、规范化、制度化水平。

一、民主党派学习《条例》要把握其重要政治意义

纵观国内国际两个大局带来的风险和挑战，安全与发展两件大事，对统一战线而言任务重大、责任重大、使命重大。统一战线工作是“全党工作、全党重视，大家共同来做”这一共识正逐步、有序形成。新时代统一战线工作，只有将习近平总书记关于加强和改进统一战线工作的重要思想以及统一战线工作实践中积累新的经验和好的做法以党内法规的形式固定下来，才能为统一战线工作提供科学的理论指导和行动指南。

一是中国共产党的领导是统一战线最鲜明的特征。中国共产党领导作为统一战线工作的首要原则，党在统一战线工作中处于总揽全局、协

调各方的领导地位，要构建党委统一领导、统战部门牵头协调、有关各方面各负其责的大统战工作格局。民主党派要为确保统战工作始终坚持正确的政治方向，同中国共产党通力合作，当好中国共产党的好参谋、好帮手、好同事，确保中国共产党在同心圆中永远居于圆心的地位和作用，在实践中不断巩固和强化统一战线“众星拱月”的良好局面，利用自身优势，发挥积极支撑作用，贡献正能量。

二是民主党派加强学习要牢牢把握好指导思想。要坚定地以习近平新时代中国特色社会主义思想作为指导思想。民主党派要在中国共产党领导下，以马克思列宁主义、毛泽东思想、邓小平理论、“三个代表”重要思想、科学发展观、习近平新时代中国特色社会主义思想为指导，坚定不移地走中国特色社会主义道路，增强“四个意识”、坚定“四个自信”、做到“两个维护”，深入学习贯彻习近平总书记关于加强和改进统一战线工作的重要思想，在围绕统筹推进“五位一体”总体布局，协同推进“四个全面”战略布局中，主动作为，靠前作为。

三是民主党派对统一战线的认识要有新提高。《条例》规定，统一战线工作是中国共产党领导凝聚人心、汇聚力量的政治优势和战略方针，是夺取革命、建设、改革事业胜利的重要法宝，是增强党的阶级基础、扩大党的群众基础、巩固党的执政地位的重要法宝，是全面建设社会主义现代化国家、实现中华民族伟大复兴的重要法宝。民主党派要准确把握中国特色社会主义参政党这一性质定位，增强参政党意识，对统战政策进行全面深入的学习领会，在履职实践中为不断巩固加强中国共产党领导的多党合作和政治协商制度这一基本政治制度贡献真情真力。

二、民主党派学习《条例》要做到“四个结合”

《条例》是新时代开展统一战线工作的基本遵循，突出特点是通篇贯穿党对统一战线工作的集中统一领导，把坚持中国共产党的领导作为统一战线工作的首要原则，明确了党在统一战线工作中总揽全局、协调各方的领导地位。民主党派作为中国特色社会主义参政党，要坚持以习近平新时代中国特色社会主义思想为指导，学习好、领会好、贯彻好习近平总书记关于加强和改进统一战线工作的重要思想，把握“四个结合”，深入学习领会、贯彻落实好《条例》。

一是学习《条例》与学习中央决策部署结合。中国将开启全面建设社会主义现代化国家新征程，我们将进入一个新发展阶段。开启全面建设社会主义现代化国家新征程的宏伟画卷，需要广泛地凝聚共识。统战工作核心就是将全社会的力量和智慧凝聚团结在一起。《条例》的颁布实施必将为这一宏伟蓝图的实现提供基本制度保障。2020年是新中国历史上极不平凡的一年。面对严峻复杂的国际形势、艰巨繁重的国内改革发展稳定任务特别是新冠肺炎疫情的严重冲击，在以习近平同志为核心的中共中央坚强领导下，我们保持战略定力，准确判断形势，精心谋划部署，果断采取行动，付出艰苦努力，交出了一份人民满意、世界瞩目、可以载入史册的答卷。我国成为全球唯一实现经济正增长的主要经济体，三大攻坚战取得决定性成就，科技创新取得重大进展，改革开放实现重要突破，民生得到有力保障。“强化国家战略科技力量，增强产业链供应链自主可控能力，坚持扩大内需这个战略基点，全面推进改革开放，解决好种子和耕地问题，强化反垄断和防止资本无序扩张，解决好大城市住房突出问题，做好碳达峰、碳中和工作。”这八大重点任务锚定了

2021 年经济工作新航向，也为各民主党派在《条例》指导下，履行职能指明了方向、提供了保障。

二是学习《条例》与学习习近平总书记系列重要讲话结合。十九届五中全会召开前夕，习近平总书记主持召开的多场座谈会，充分体现了集思广益和凝聚社会各方面共识，汇聚社会各方面力量，体现了在风浪面前、在机遇面前，引领中国前进的百年大党的应有的凝聚力和领导力。这种凝聚共识正是我们统战工作的核心要义所在，总书记树立了光辉典范。在统筹中华民族伟大复兴战略全局和世界百年未有之大变局中，最重要的是做好我们自己的事。要把学习《条例》与学习习近平总书记 2020 年 10 月 14 日在深圳特区成立 40 周年庆祝大会上的重要讲话紧密结合，一起学、坚持学、领会学、深入学，只有学懂弄通，才能推动工作，指导实践。

三是学习《条例》与学习《习近平谈治国理政》相结合。习近平新时代中国特色社会主义思想是我们工作的根本遵循，也是《条例》的指导思想。《习近平谈治国理政》第三卷收录的周期处于国家实施“十三五”规划这一周期，我们看到的很多规划当中的重大决定、重大判断、重大部署，很多重要思想有一个不断形成的过程，在第一卷、第二卷都有，只有结合起来体会领悟，才能更加深刻。各民主党派要以《条例》规定和要求作为行动指南，与中国共产党想在一起，站在一起，干在一起，充分发挥整体优势，为实现中华民族伟大复兴中国梦不断努力贡献智慧。

民主党派各级领导班子成员自己首先要主动学习，提高政治站位，提高政治判断力、领悟力、执行力。要带领党派成员学习，制定好学习的路径、渠道、方式，重视学习成果的转化，把握学习计划落实各环节实效性成果。坚持不做表面文章，少做“学而不实，学而不细，学而不全，学而不果”之事，发挥《条例》牵引作用，面对百年未有之大变局，我们要有正确的历史观、正确大局观、正确的角色观，切实把党派成员以及党派所联系的界别群众的思想政治行动统一到中共中央决策部署上来。不断为夯实中国共产党执政根基汇聚最广泛的力量。

四是学习《条例》与学习新发展理念相结合。从 1953 年到 2020 年将近 70 年的时间里，中国从第一个五年发展计划，到连续十几个国民经济和社会发展规划，已经作为中国共产党领导国家发展、治国理政的重要方式。站在“两个一百年”交汇点上，我国全面构建新发展格局，贯彻落实新发展理念，推动更深层次的改革，实施更高水平的开放，国民经济必将持续健康发展，科技必将实现自立自强，我们的环境将更加优美，我们的民生保障将更加有力，中国制度优势将不断转化为国家治理效能。2020 年的疫情带给世界很多思考。可以说全球抗疫在很大程度上也是国家体制的较量，国家治理体系和能力的较量。统一战线工作必将为全面建设社会主义现代化国家、实现中华民族伟大复兴服务，为维护社会和谐稳定、维护国家主权安全发展利益服务，为保持香港澳门长期繁荣稳定、实现祖国完全统一服务。中国是值得期待的，未来的中国，也必定是更加辉煌的中国。只要我们团结一心，紧跟以习近平同志为核心的中共中央，就没有爬不过去的山，就没有翻不过去的坎。

各民主党派是中国特色社会主义参政党，履职要坚定地与国家民族站在一起，要在协调推进国家建设过程中提出建设性意见和建议，各参政党成员应准确把握执政党与参政党的关系，坚持自觉自主自为适应新时代中国特色社会主义参政党履职建设要求，把“十四五”规划和 2035 年远景目标制定实施作为议政建言的重点。紧紧围绕构建新发展格局、推动高质量发展、促进共同富裕等重大课题，深入开展调查研究，推动实现履职高质量发展。

三、以学习《条例》加强推进中国特色社会主义参政党建设

推动参政党自身建设走深走实要高举中国特色社会主义伟大旗帜，以习近平新时代中国特色社会主义思想为指导，以思想政治建设为核心、组织建设为基础、履职能力建设为支撑、作风建设为抓手、制度建设为保障，建设政治坚定、组织坚实、履职有力、作风优良、制度健全的中国特色社会主义参政党。

1. 把深入学习贯彻习近平新时代中国特色社会主义思想作为首要政治任务。团结引领民主党派成员准确把握精神实质、核心要义、丰富内涵，始终在思想上、政治上、行动上同以习近平同志为核心的中共中央保持高度一致。在自我教育、自我约束、自我提高中“守初心、担使命、扬传统、展形象”，发挥“不忘合作初心，继续携手前进”主题教育活动牵引作用，积极组织开展符合本党派自身特色的教育活动，深化政治交接，丰富政治交接时代内涵，强化思想政治意识，不断提高思想政治理论水平，提高思想政治站位，增进对中国共产党和中国特色社会主义的政治认同、思想认同、理论认同、情感认同，做中国特色社会主义的实践者、维护者、捍卫者。

2. 着力提升参政议政、民主监督能力，建设履职有力的中国特色社会主义参政党。围绕党和政府中心工作，正确认识大局、紧紧围绕大局、牢牢把握大局，落实习近平总书记提出的“四新”“三好”要求，以健全工作机制为切入点，发挥自身人才智力优势和界别特色，履职能力建设上要坚持“握方向、抓重点、学典型、补短板”，做到“参政有据、认识提高、行动及时、建议可行、步调一致、议政主动”，强化为国家为民族为人民服务的意识，增强“只有国家好，我们才能好”的思想价

值引领。充分理解新时代中国特色社会主义参政党的使命任务，在履行职能中不断有新作为。根据社会生活发展、变化、需求履职，自觉服务和维护大局，结合自身特色优势，做好差异化，找准履行职能着力点，只有这样，建言献策才能做到言之有据、言之有理、言之有度、言之有物，真诚协商、务实协商，道实情、建良言，参政参到要点上，议政议到关键处，努力在会协商、善议政上取得真实效。

3. 扎实推进民主党派组织建设，建设组织坚实的中国特色社会主义参政党。弘扬多党合作优良传统，加强领导班子建设，推进代表人士队伍建设，提高组织发展质量，提升机关工作服务水平。民主党派领导班子要充分发扬民主，加强团结协作，提高政治把握能力、参政议政能力、组织领导能力、合作共识能力、解决自身问题能力，发挥领导班子整体功能。要克服急躁骄傲自满情绪，要树立虚心踏实勤勉形象，强化服务意识。在培养代表人士队伍建设上要“有格局、有胸怀、有眼力、明底线、树正气、有原则”，团结代表人士坚持“懂规矩、顾大局、有能力、有水平、有视野、能服众、能使用”的人才价值观。推进党派代表人士队伍建设是提高组织发展质量的保障。

要深刻总结中国共产党建党百年的伟大光辉成就，深刻总结中华人民共和国成立 70 多年来，在中国共产党的领导下，各民主党派发挥的历史作用和取得的宝贵经验，结合“不忘合作初心、继续携手前进”主题教育活动，推动参政党自身建设走深走实，对一些传统的方式方法进行再思考，找出切实的实践和改进路径，使之能够更好地适应多党合作事业新时代要求、更好地服务于中华民族复兴大业。要把握好参政党性质定位，在伟大的实践中淬炼多党合作之初心，提升民族复兴担当之能力，立足本岗，奉献新时代，为夺取全面建设社会主义现代化国家新胜利作出新的贡献。

推动非公经济持续健康发展，发挥中国特色社会主义参政党作用

2020年7月21日，习近平总书记主持召开企业家座谈会并发表重要讲话，充分体现了党中央对各类所有制企业一以贯之的关心支持，向企业家发出了增强信心、迎难而上、实现更大发展的动员令。民建作为以经济界人士为主的参政党，将坚定不移推动营造风清气正的政治环境、高效便捷的政务环境、公平公正的法治环境、诚实守信的社会环境及竞争有序的市场环境，为非公经济健康发展保驾护航。

一、坚持中国共产党的领导，提高政治站位，做中国特色社会主义事业坚定的拥护者

习近平总书记在民营企业座谈会上强调，希望广大民营经济人士加强自我学习、自我教育、自我提升，珍视自身的社会形象，做爱国敬业、守法经营、创业创新、回报社会的典范。民建将积极引导非公有制经济人士成为在全社会中识大局、顾大局、为大局的积极力量，成为国家发展和社会进步的力量。

一是充分学习领会习近平总书记关于民营经济的重要论述，准确把握中国共产党关于非公经济发展的重要论述的核心要义。中共十八大以

来，以习近平同志为核心的中共中央从统筹推进“五位一体”总体布局和协调推进“四个全面”战略布局，夺取中国特色社会主义事业新胜利的战略高度，就鼓励、支持、引导非公经济发展提出了一系列新思想新论断新举措，进一步丰富和发展了非公经济发展的理论方针政策，成为中国特色社会主义理论体系的重要组成部分。中共十八届三中全会进一步明确提出，公有制经济和非公有制经济都是社会主义市场经济的重要组成部分，都是我国经济社会发展的重要基础，“两个都是”的重要论述第一次将非公有制经济与公有制经济置于同等重要地位。2016 年 3 月 4 日，习近平总书记在全国两会期间指出，非公有制经济在稳定增长、促进创新、增加就业、改善民生等方面发挥了重要作用，是稳定经济的重要基础，是国家税收的重要来源，是技术创新的重要主体，是金融发展的重要依托，是经济持续健康发展的重要力量。“两个都是”和“六个重要”的精辟表述，概括了非公有制经济在我国经济和社会发展中的不可替代性和不可或缺性。中共十八届四中全会提出要“健全以公平为核心原则的产权保护制度，加强对各种所有制组织和自然人财产权的保护，清理有违公平的法律法规条款”。中共十八届五中全会强调要“鼓励民营企业依法进入更多领域，引入非国有资本参与国有企业改革，更好地发挥非公有制经济活力和创造力。”中共十九大把“两个毫不动摇”作为党和国家一项大政方针写入新时代坚持和发展中国特色社会主义的基本方略。这些都为非公有制经济人士在政治上站稳脚跟、在经营过程中遵规守法、在社会活动方面树立正气提供了重要的遵循。

二是鼓励引导会员当中的非公经济人士把自我学习的成果转化为推动非公经济健康发展的强大动力。面对市场环境、经济环境、社会环境、政治环境变化快、情况复杂等现实，非公经济人士如果不加强学习，是难以了解形势，更难以在人才管理、产品研发、技术创新、经营策略上有所进益的。正因为形势变化快，各种复杂的因素需要客观、冷静、清醒地辨识，就要对党和国家的基本思想、方针和政策有通盘地理解。因此自我学习的首要之义，就是要强化政治理论学习。习近平总书记指出，民营企业家要讲正气、走正道，做到聚精会神办企业、遵纪守法搞经营，在合法合规中提高企业竞争能力。中国共产党领导的中国特色社会主义制度具有集中力量办大事的政治优势，为非公经济健康发展提供了政治保障，也是中国经济恒久保持向好的政治基础。要引导非公经济人士牢固树立坚持中国共产党的领导的思想不动摇。要创造良好的学习氛围，建立学习制度，健全激励机制，传播好民营企业因为学习提升能力的正能量，讲好民营企业自我学习典范的故事，树立起民营企业勤于学习、善于学习的良好形象。

三是要深刻认清和坚信中国经济长期向好发展的趋势不会改变。经过 40 多年的快速发展，我国经济由高速增长阶段转向高质量发展阶段，当前，正处在转变发展方式、优化经济结构、转换增长动力的攻坚期。新常态下的中国经济正面临一系列新挑战、新机遇、新发展，非公经济也面临着“企业生产要素成本上升过快、消费观念转变急剧、融资难融资贵、税费负担重”等困难、挑战。这些可能会影响非公经济人士对经济发展信心和自身成长的预期。中共中央强调的“两个健康”，就是希望广大非公人士要认清形势、坚定信心、提升素质、发挥才能，为推动非公经济取得更大更好的发展贡献力量和智慧。面对疫情防控与统筹推进经济和社会发展“两个大局”，应该更加清醒地认识到，我国经济长期向好的基本面没有变，我国经济潜力足、韧性强、回旋空间大、政策工具多的基本特征没有变，保持经济持续增长的条件和基础没有变，经济结构调整优化前行的态势没有变。非公经济人士要认识新常态，把握新理念，抓住新机遇，勇于迎接新挑战，化“危”为“机”，迎难而上，坚持走创新驱动发展之路，为经济高质量发展贡献力量。

二、弘扬民建优良传统，提升认识水平，做中国特色社会主义事业忠诚的实践者

民建自成立之时就把自身的事业同整个民族的命运紧紧联系在一起，始终把爱国主义贯穿于我国革命、建设和改革的各个历史阶段，为民族独立、民族振兴作出了重要贡献。

一是历经各种风雨和重大考验，始终坚持接受中国共产党领导的政治信念。不忘多党合作初心，牢记民族复兴之使命，提升共担复兴使命之能力，已成为民建全会最大的政治共识。在经过“沧白堂”“较场口”“下关”等一系列的斗争流血事件后，1948 年，民建响应“五一口号”，接受中国共产党的领导，坚定与中国共产党团结合作的立场。解放战争中，民建动员工商界，积极配合大城市的解放，支援进军华南的解放军，1949 年 4 月 24 日，黄炎培在电台作了《为人民解放军迫近上海，劝上海同胞作局部和平运动》的讲话，为迎接上海全面解放，贡献出民建应有的力量。黄炎培、章乃器、施复亮还起草了《欢迎人民解放军宣言》，号召工商业者维持并恢复生产，协助人民解放事业开展，为中国新民主主义革命取得胜利、和平建国得以早日实现作出了重大贡献。

二是为建立社会主义社会的经济基础发挥了重要作用。在中华人民共和国成立初期的社会改革和各项重大运动中，民建以“合力推进民主政治，并以互助发展各种有利建国之事业”为宗旨，全力投入其中，与中国共产党坚定同向同行。在社会主义建设中，以《共同纲领》为政治

纲领，在实践中概括为“听毛主席的话、跟共产党走、走社会主义道路”的行动纲领，最终坚定地走上社会主义道路。在中国共产党提出过渡时期总路线时，积极组织引导广大工商业者接受国家对资本主义工商业的社会主义改造，实现全行业公私合营是我国对资本主义工商业改造具有决定意义的一步，得到了广大私营工商业者的积极响应。民建会员在这一过程中表现出高涨的爱国热情并发挥了骨干作用，在很大程度上推动了社会主义改造的进程，创造了中国特色的所有制社会主义改造的成功经验，为建立社会主义社会的经济基础发挥了重要的作用。

三是为推动非公经济发展提供理论依据和实践参考。1979 年 10 月，民建第三次全国代表大会根据新的形势和任务，制定了“坚定不移跟党走、尽心竭力为四化”的行动纲领，围绕经济建设中心，积极为推进改革开放和现代化建设献计出力。在荣毅仁、王光英的努力下，中国国际信托投资公司、中国光大集团有限公司先后成立。1979 年至 1982 年底，各地民建、工商联共组织 6000 多名会员，自办集体企业 208 家、合办 133 家、协办 3003 家，安置待业青年 9 万多人。民建各级组织和广大会员积极行动起来，提升自我教育水平和能力，在兴办企业、安排就业、引进资金、引进技术和人才、进出口贸易、扩大对外开放等方面，为经济崛起发挥了重要作用。

1982 年 7 月，民建中央、全国工商联发出通函，要求各级地方组织到民族地区开展经济咨询工作。先后组织成员 700 多人（次），开展咨询服务活动。推动东部地区地方组织与重点扶贫地区的地方组织建立对口协作关系，促进支边扶贫工作更加有组织、有成效地开展，这些做法在今天就是“扶贫先扶智”“产业扶贫”“对口支援”，对当下的脱贫工作也具有积极的参考价值。

四是顺应时代要求和形势的发展变化，紧扣非公经济健康发展积极履职。1998 年 3 月，向全国政协九届一次会议提交“一号提案”——《关于加快发展我国风险投资事业的提案》之后，新中国历史上第一波高科技产业投资浪潮兴起，我国风险投资进入高速发展时期。仅仅用了十余年，中国取代英国成为全球风险投资第二大目标国。民建先后创办了“中国风险投资论坛”“中国非公有制经济发展论坛”等品牌论坛，其中“非公论坛”已经举办了 16 届，参会总人数 19500 余人次，项目签约总额近 7000 亿元，为促进非公有制经济和地方经济建设作出重要贡献。2006 年，直指“两税合并”的“一号提案”《关于尽快统一内外资企业所得税制度的提案》，2008 年《关于完善我国多层次资本市场税收政策》的“一号提案”；2012 年与农工党中央和全国工商联联合提出的《关于强本固基维护实体经济坚实基础的提案》。这些提案为推动我国经济建设，非公经济发展都起到了十分重要的作用。

五是充分发挥密切联系经济界的特色和优势，为促进经济社会发展发挥了积极作用。中共十八大以来，民建围绕统筹推进“五位一体”总体布局、协调推进“四个全面”战略布局，就编制和实施“十三五”规划、实施“一带一路”全方位对外开放、深化改革、依法治国、从严治党、经济形势、非公有制经济发展等重大问题，认真组织调查研究，通过社情民意信息、提案、议案和高层协商等不同渠道，提出了具有科学性、战略性、全局性和实效性的意见建议，为中央科学民主决策提供了重要参考，为促进经济社会发展发挥了积极作用。民建中央将“探索建设自由贸易港”作为 2018 年重点调研课题，由郝明金主席亲自挂帅，调研组先后赴海南省海口市、琼海市、三亚市以及上海市等地深入实地调研，召开 7 场调研座谈会，最终形成了关于“推进中国特色自由贸易港建设”

的调研报告，就推进海南自由贸易港建设、建设中国特色自由贸易港体系提出了十一条意见建议，受到中央高度重视，为推进我国自由贸易港建设作出了一份贡献。

三、民建在新型政商关系构建中，践行自我提升，做中国特色社会主义事业合格的建设者

习近平总书记强调，非公有制经济要健康发展，前提是非公有制经济人士要健康成长。构建“界限清晰、交往规范、渠道畅通、担当作为、廉洁清白”的新型政商关系，无疑是政商关系健康发展的重要保障，也是推进国家治理体系和治理能力现代化的重要支撑。广大非公经济人士要在“亲”“清”新型政商关系中，不断地自我提升，才能在一个既有广泛发展前景又有高度风险的社会经济环境里更进一步。

第一，新型政商关系的建构要放到国家治理现代化的大框架下思考。国家治理强调的是法治，是进一步完善和落实法律法规，用法治保障政商关系健康；强调的是建立制度化、常态化政商沟通机制，促进政商双方“亲”“清”交往；强调的是官员、企业家的社会责任和良知。也就是说，要用现代方法和思维来处理政商关系，不能套用旧的方法。继续坚持全面深化改革，让市场在资源配置中起决定性作用，理清政府的权力边界。强化国家治理体系和治理能力现代化建设，绝不是要扩张权力，而是要规范权力，约束权力。

第二，要保持反腐败高压态势和强化对权力的制约监督。“亲”“清”不能由当事双方说了算，而要放在公开透明的环境下，让全社会来评判来监督。这是国家治理体系与治理能力现代化建设的重要核心，即这种治理所设定的目标、标准、手段以及实施过程，都应该受到公开

的监督。肃清不良政商关系，不仅有助于良好政治经济秩序的建立和维系，也有助于社会道德伦理准则的优化。政商关系看上去是国家诸多关系中的一对微不足道的关系，但是，它恰恰能透射出一个国家政治是否清明，法治是否健全，社会是否公平正义，所以处理好这一关系的意义是巨大的。

第三，助推建设良好的政商关系。由于受到经济、政治、文化、社会等诸多因素的共同影响，政商关系是一个十分复杂的社会问题。通过对中共十八大以来查处的官商勾结现象和当前政商关系存在的主要问题进行综合分析，可以看出，目前政商关系总体上处于良性互动状态，正朝着积极健康方向发展，但是新型政商关系的基础仍然比较脆弱，权力寻租的土壤没有铲除。构建新型政商关系任重道远，必须坚持综合施策原则。民建组织坚决遵照习近平总书记指示，积极引导广大会员主动同各级党委政府多沟通多交流，满腔热情支持地方发展，洁身自好、走正道，做到遵纪守法办企业，光明正大搞经营。

2020 年是民建建会 75 周年，是“十三五”收官之年，是全面建成小康之年。突如其来的新冠肺炎疫情，给我国经济社会发展带来前所未有的冲击。民建要坚持以习近平新时代中国特色社会主义思想为指导，增强“四个意识”、坚定“四个自信”、做到“两个维护”，积极配合做好“六稳”工作，落实“六保”任务，引导全体会员认清形势、坚定信心，抓住机会、迎难而上，秉持企业家精神和工匠精神，奋力创造出无愧于历史无愧于时代的新业绩，为中国经济社会发展作出更大贡献。

新时代发挥人民政协凝聚共识职能作用的思考

习近平总书记在中央政协工作会议上肯定人民政协制度具有多方面的独特优势，强调中国式民主在中国行得通、很管用。这一论述为新时代开展人民政协工作提供了理论指导和根本遵循。要凸显人民政协制度在国家治理体系和治理能力现代化进程中的显著优势，更好地为国家治理添助力、增合力，更好地实行中国式民主，就必须坚持在中国共产党的领导下，在发挥人民政协凝聚共识作用上下真功、出实力、见成效。

一、坚持中国共产党的领导是发挥人民政协凝聚共识职能作用的根本政治保证

习近平总书记强调，人民政协是中国共产党把马克思列宁主义统一战线理论、政党理论、民主政治理论同中国实际相结合的伟大成果，是中国共产党领导各民主党派、无党派人士、人民团体和各族各界人士在政治制度上进行的伟大创造。70余年来，在中国共产党领导下，人民政协坚持团结和民主两大主题，服务党和国家中心任务，在建立新中国和社会主义革命、建设、改革各个历史时期发挥了十分重要的作用。1949年9月21日至30日，在中国共产党的领导和倡议下，在

各民主党派、人民团体和无党派民主人士拥护下，召开了中国人民政治协商会议第一届全体会议，完成了协商建国的历史使命，可以说没有中国共产党的全面领导就没有统一战线，就没有人民政协。

中国共产党对人民政协的领导是在长期革命斗争中逐步形成的，贯穿着统一战线产生、存在和发展的整个历史过程。毛泽东同志指出："中国新民主主义的革命要胜利，没有一个包括全民族绝大多数人口的最广泛的统一战线，是不可能的。不但如此，这个统一战线还必须是在中国共产党的坚强领导下。没有中国共产党的坚强的领导，任何革命统一战线也是不能胜利的。"

中共十八大以来，以习近平同志为核心的中共中央高度重视人民政协工作，切实加强党对人民政协工作的全面领导，完善政协党的领导体制，推动全面从严治党不断深入，强调要进一步准确把握人民政协性质定位，充分发挥人民政协作为协商民主重要渠道作用，围绕团结和民主两大主题，开创了政治协商、民主监督、参政议政制度建设工作新局面。

参天之木，必有其根；怀山之水，必有其源。不忘初心、牢记使命，人民政协在坚持党的领导下，立足新时代，聚焦新思想，投身新征程，展现新作为，深入学习贯彻习近平新时代中国特色社会主义思想，坚持党对政协工作的全面领导，锤炼忠诚干净担当的政治品格，同全国人民一道在以习近平同志为核心的中共中央统揽伟大斗争、伟大工程、伟大事业、伟大梦想的征程中，不断进行自我革命，把坚持和发展中国特色社会主义这场伟大的社会革命推向前进，在统筹推进"五位一体"总体布局、协调推进"四个全面"战略布局、实现"两个一百年"奋斗目标中不懈努力。

二、把握政协性质定位是发挥人民政协凝聚共识职能作用的重要保障

人民政协作为人民民主的重要实现形式，作为社会主义协商民主的重要渠道和专门协商机构，是中国共产党领导各党派团体和各族各界人士在政治制度上的伟大创造，具有独特、独有、独到的优势。坚持准确把握人民政协性质定位，推动发挥人民政协凝聚共识职能作用，要与“不忘初心、牢记使命”主题教育相结合，要与政协系统党的建设工作相结合，要与北京市委第五次政协工作会议精神相结合。对加强思想政治引领、广泛凝聚共识、发挥专门协商机构作用、健全政协工作制度体系、强化政协委员责任担当、加强党对政协工作的全面领导等方面进行再思考、再研究，在实践中总结出创新路径，使人民政协更好地适应新时代首都发展要求和国家发展需要。

中国特色社会主义进入新时代，人民政协的舞台更加宽广，责任更加重大。要充分展现新时代人民政协的新样子、政协委员的新形象。政协委员充分发挥自身优势，运用互联网、大数据等现代科技手段，在疫情防控、统筹推进经济社会发展，积极推进京津冀协同发展、长江经济带、自由贸易示范区、自由贸易港等重大战略建设中发挥了积极作用。

人民政协要在凝聚共识上持续发力，突出坚持中国共产党领导的共识，突出坚定中国特色社会主义道路、理论、制度、文化“四个自信”的共识，将凝聚政协共识和面向社会传播共识相结合，继续引导中华儿女对中国共产党“为民族谋复兴、为人民谋幸福”的初心使命和“人民至上、以人民为中心”的执政理念的认同。要讲好政协故事，传播好政协声音，树立新时代人民政协新形象。

三、弘扬政协学习传统是发挥人民政协凝聚共识职能作用的有效途径

习近平总书记在“不忘初心、牢记使命”主题教育工作会议上强调，无论我们走得多远，都不能忘记来时的路。弘扬人民政协优良传统，就是最好的不忘来时路的真诚表达。人民政协70余年的光辉历史告诉我们，人民政协在学习中走到今天，更要在学习中走向未来。面对新时代新方位新使命，人民政协必须继承学习的光荣传统，把学习作为加强思想政治引领的有效途径，要更加崇尚学习、积极改造学习、持续深化学习。政协系统要组织广大政协委员认真学习习近平新时代中国特色社会主义思想，认真学习党史、新中国史、改革开放史、社会主义发展史、统一战线史、人民政协史，树立正确的历史观，深刻理解新中国70余年历史性变革中所蕴藏的内在逻辑。

政协委员要增强当好专门协商机构成员的基本功，多读书、读好书、善读书。广大政协委员要进一步把握政协工作规律和协商的方法要义，以学习滋养品行，做到学思用贯通、知信行统一，进一步增强“四个意识”、坚定“四个自信”、做到“两个维护”，把思想和行动统一到习近平新时代中国特色社会主义思想上来，以扎实、创新、勤学、肯干精神为首都经济社会建设发展服务。

四、把握“九个与时俱进”，发挥人民政协凝聚共识职能作用

人民政协要坚持党的全面领导，坚持深入调研，强化问题导向，提高协商本领、敬畏协商规则、尊重协商纪律、把握协商方法、找准议政方式，把初心使命当成锐意进取、开拓创新、埋头苦干、真抓实干的动力，发挥人民政协凝聚共识职能作用。

一是对人民政协的认识与时俱进。人民政协不是国家权力机关，是中国人民爱国统一战线组织，是中国共产党领导的多党合作和政治协商的重要机构，是我国政治生活中发扬社会主义民主的重要形式，是社会主义协商民主的重要渠道和专门协商机构，是国家治理体系的重要组成部分，是具有中国特色的制度安排。正确认识人民政协性质定位的新表述新内涵是做好政协工作的前提和基础。

二是政协组织学习之风与时俱进。学习是政协的光荣传统，要把学习作为加强思想政治引领的有效途径。要健全完善政协学习制度体系，建立委员学习考核制度和评价体系，深入学习习近平总书记关于加强和改进人民政协工作的重要思想，学习中办印发的《关于加强新时代人民政协党的建设工作的若干意见》和全国政协系统党的建设工作座谈会精神，深刻领会北京市委第五次政协工作会议精神，发挥人民政协凝聚共识职能作用。

三是政协委员履职之能与时俱进。人民政协要勇于推进委员自我革命、淬炼成长，不断塑造委员新形象，对照身边先进典型、榜样，对照人民群众需求和关切，切实提升委员履职能力和水平。在委员履职上坚持马克思主义方法论，聚焦在中央和市委重大决策部署制定实施中的问题、行业领域发展的苗头或瓶颈问题、群众关心的切身利益问题等，找准凝聚共识的切入点、突破口，既坚持高标准、严要求，又注重在工作中抓实抓细，提升与新时代人民政协凝聚共识工作需要相适应的能力水平。

四是政协作风之实与时俱进。政协作风之实体现在委员和机关两部分上，而思想政治、领导集体、工作作风等各层面的主体都是“人”，作风建设说白了就是解决“人”的问题。一方面要立足当前，客观清醒地看到存在的弱点和短板，在实践中去克服补齐；另一方面，要有长远眼光和战略思维，补齐当前作风建设的短板就是为未来提供能力供给，处理好当下和未来这一关系。在改进作风建设内容上，要有针对性的制度机制做保障，避免工作流于走形式、走过场、摆花架子，坚决纠正形式主义、官僚主义、享乐主义和奢靡之风。

五是“联络”和“服务”与时俱进。“联络”是手段，“服务”是目的。在联络和服务中积极引导政协委员投身凝心聚力、决策咨询、协商民主、国家治理第一线的具体实践，始终保持同人民群众的密切联系，发挥人民政协在筑牢党长期执政基础中的作用。政协党组、各专门委员会分党组、党员委员要充分树立并提高主动联络委员和服务委员意识，以实际行动、有效措施、诚恳态度、谦虚勤勉的作风推动发挥人民政协凝聚共识职能作用，做到“联络”和“服务”齐头并进、建言资政和凝聚共识双向发力。

六是政协机制与时俱进。政协机制与时俱进可以理解为优化政治生态的促进机制，在中国共产党的领导下实现更多的社会政治资源的整合，促进国家团结稳定、繁荣发展。强调底线要求，不能让任何形式的消极因素在人民政协出现或存在，坚决同消极腐化的负面现象和行为作斗争，从而促进政协内部形成纯净健康政治生态。

七是政协开放与时俱进。政协开放是一个相对概念。全国政协有开放日，各地政协组织都有开放活动，北京政协也有一些很有特色的政协开放活动。当前，政协开放活动相对单一。可以在信息公开上多花心思，设计出一整套标准、方法、路径和程序，利用线上线下渠道接受各界群众自愿报名，吸纳他们进入信息公开活动，定期或不定期地召开政协信息公开工作会议，讨论深化信息公开的策略和部署，及时向社会通报信息公开结论，清除各界直接或者间接参与信息公开活动的种种障碍等。这些问题都要在政协工作信息公开设计上充分体现出来，真正体现人民政协为人民，丰富“开放政协”建设内容。

八是政协委员联系工作与时俱进。强调委员联系是为了形成高水平的参政议政协同关系，更有效率地发挥政协作用。建立健全党员委员与党外委员的联络机制，真正发挥党员委员先锋模范作用，推动制定政协系统党员委员与党外委员联系的指导意见（规则），探索形成各级政协特色。

九是政协制度与时俱进。政协制度与时俱进，是指对政协系统满足新时代新要求的一种保障体系。制度不应该是贴到墙上、锁在抽屉里、装进文件盒里的，应该是在被执行被落实的全流程中。制度执行表现的是一种能力和水平，更是担当和魄力。而政协能力的提升不仅仅表现在委员身上，也同样表现在政协运行制度体系中。积极稳妥推进建立执行“经常性联系制度”“谈心谈话制度”“走访看望委员制度”“接待处理来信来访制度”“党员委员履职建言点评制度”等各项制度。政协制度被重视、被唤醒、被执行，是一种有温度的政协治理能力。

不忘多党合作初心，牢记民族复兴使命

1945年12月成立的中国民主建国会汇聚了许多有志于民族独立自强、国家民主繁荣伟大事业的杰出人士，他们中许多人对国家前途的看法和主张，是符合时代潮流的。民建的第一代领导人顺应了这种历史大潮，坚定与中国共产党携手，作出了庄重的政治选择，这种选择从来不为一会之私，而是为了国家和民族的新生。这就是民建抛弃一些不切实际的主张转而全力服膺中国共产党的政治领导、甘于在中国共产党的政治领导下为国为民勠力作为的初心。

正是这种初心，使得民建站到了历史发展趋势的同一方向上，与旧政权彻底决裂。民建的第一代领导人无不是当时国家政治经济生活中的健康力量的忠实代表，他们大多历经了国家破败、民生凋敝的危难时期，为了寻求报国之路，昂然地与旧势力保持距离，凭借对国家和民族的满腔热爱和对自由民主繁荣前景的美好期待，对横行于国内的种种政治上的不公不义进行公开而严厉的批驳。民建的第一代领导人多与中国共产党有各种形式的往来，对中国共产党的主张和革命实践早就有所视闻，也确信中国共产党应该而且必须成为新政治势力的领导者。在决定中国命运的关键时刻，与中国共产党坚定地同心同行。

对此，第一代民建领导人反复强调，组团之举实不为个人私利，亦不为团体私利，而是要团结本会的力量，在中国共产党的领导下为新中国的建立贡献更大的力量。正是这种初心，对当时许多有志之士产生了感召力。在中国共产党的指导下，民建在中华人民共和国成立过程中成功地团结了经济界精英分子，让他们通过民建组织来寻求与中国共产党政治主张的认同，为新中国的建立贡献力量。正是这种出于公心的政治选择，使得民建俨然成为新政权筹备活动的积极参与者。这种参与资格是民建通过正确的政治选择，通过有效的组织活动争取来的，得到了中国共产党的完全认可。

正是这种初心，使得民建在新中国成立初期找准了自己的政治定位，扮演了最合适的政治角色。1949 年 10 月 11 日晚，周恩来首次登门，恳请黄炎培出任政务院副总理兼轻工业部部长。黄炎培曾先后拒绝北洋政府和国民党政府委以的高官。对于新政府的邀请，黄炎培开始有些犹豫。周恩来解释说：在新政府任职，不同于在旧社会做官，现在是人民的政府，不是做官，是做事，是为人民服务。在人民政协会议上，由全国各党派一起千斟万酌制定的《共同纲领》，就是为人民服务的“剧本”。我们编了“剧本”，自己怎能不上台唱呢？不为高职所谋，而是将其作为国家发展作出贡献的舞台。民建以《共同纲领》为政治纲领，确立为社会主义服务的政治路线，并在实践中概括为“听毛主席的话、跟共产党走、走社会主义道路”的行动纲领，标志着民建从起初对社会主义朴素的信任和向往，发展到自觉的信仰和追求，最终坚定地与中国共产党同心同行走上社会主义道路。

新中国成立初期的社会改革举措和各项重大运动，都是由中国共产党所领导，民建积极坚定地执行。比如土地改革、镇压反革命、抗美援朝、稳定经济形势、统一财政体系、实行统购统销政策等等。例如在 1951 年到 1952 年的“五反”运动期间，民建中央根据中国共产党的部署，做好会员企业家的思想工作，要求他们奉公守法，积极投入运动，相信中国共产党的政策是公正的。在中国共产党提出过渡时期总路线时，民建会积极组织引导广大工商业者在思想和行动上接受国家对资本主义工商业的社会主义改造，与中国共产党密切合作，使得这一改造在工商界顺利进行，创造了中国特色的所有制社会主义改造的杰出经验，为建立社会主义社会的经济基础发挥了不可替代的作用。对此，毛泽东、周恩来等中国共产党领导人都始终给予高度的评价。在 1957 年整风运动中，胡厥文先生在会内外各个场合，号召会员积极响应共产党的整风要求，以社会主义建设事业大局为重，献建设性之策，献建设性之计。当时民建领导人反复强调，帮助中国共产党整风，是出于公心，从公心出发，自然就杜绝了一些情绪之言，自然就能够保持坚定的建设性立场，从而不犯政治错误。

正是这种初心，使得民建在面临国家发展道路探索过程中的巨大曲折时坚定了信念。民建坚守对国家和民族发展前景的坚定信心，一心一意地为国家和民族走出发展低谷而竭尽全力。在 1966 年之后的十年里，国家发展和经济建设出现偏差，在这个过程中，民建和其他民主党派一样，被迫停止了活动。许多领导人和会员受到程度不同的冲击。即便在这样艰难的处境之中，民建会员们也没有丧失对国家和民族发展前景的积极期待。李烛尘先生本人受到了严重的冲击，工作权利被剥夺，生活环境恶化，甚至连正常的社会交往活动都受到限制。但是，他对国家发展和民族复兴前景的乐观之心没有变化，历经新旧社会的沧桑变化，他看惯了各种起伏变化，没有动摇过基本的信念。那一时期，民建组织瘫痪了，但作为个人，那些会员依旧站稳了立场，依旧以他们独有的方式来服务国家服务社会服务民众，这完全归功于对中国共产党“为人民谋幸福，为民族谋复兴”的初心和使命的坚定，正是初心既定，初心不改。

正是这种初心，使得民建在中国共产党开启的改革开放新历程中确立了新的历史定位。1978 年 12 月底中国共产党举行了十一届三中全会，彻底修正了原先的路线错误，将国家发展重新领回到正确的方向和道路上，确定了以经济建设为中心的基本方针，民建提出“坚定不移跟党走、尽心竭力为四化”的行动纲领，坚持将党的路线方针政策同自身实际相结合，充分发挥主动性，积极投身社会主义现代化建设，踏上国家和民族复兴事业的新征程。以经济界和企业界人士为团结对象的民建就获得了更大的发展空间，具有了贡献自己优势力量的历史性机遇。在与中国共产党长期合作中，胡厥文认为应当肝胆相照、荣辱与共、知无不言、言无不尽。1982 年和 1983 年，他分别对党的统战工作和整党工作提出意见和建议，受到中央的高度评价。孙起孟先生在 20 世纪 70 年代末 80 年代初起就一直不断吁请国家有关部门对非公有制企业放开政策，给予激励，他提出要在国家经济发展大格局下给非公企业以生存和发展的空间，这成为新中国成立以后最早公开在政治上和经济上肯定非公经济成分的重要主张。也基于此，民建领导人在全国率先提出修改宪法，将民营经济活动及其相关的财产权利的保障等用宪法形式确定下来。这个建议为中国共产党所采纳。这是新中国成立以来民建对国家发展诸多贡献中最杰出的贡献之一，体现了民建从来不为一会之私利而着力于国家和民族复兴的大局，积极建言献策，积极参与国家重大决策，积极推动国家建设的一贯主张和一贯实践取向。1986 年，胡厥文针对“一国两制”方针的实施和统战工作的新情况，与全国工商联主席胡子昂联名提出了《关于中国共产党对统一战线的领导的意见》，强调坚持和发展共产党领导的多党合作和政治协商制度、巩固和扩大爱国统一战线。

正是这种初心，使得民建坚持发挥特色优势，积极履行参政党职能。2012年中国共产党十八大召开以后，国家和民族复兴事业又上了一个新台阶，在以习近平同志为核心的中共中央领导下，“两个一百年”的奋斗目标将复兴事业的进程更为具体化，也开辟了一条全新的路线。民建领导人率领全体会员一直在履行和发挥着一个参政党应有的角色和作用，将全会工作的中心转移到直接服务于国家和民族复兴事业上来。比如由成思危先生主导的风险投资政策研究和相关的实践活动，实际上已经成为国家金融创新的一个重要战场，为经济发展和金融事业的发展创造了新的机会。在扶贫攻坚领域，民建中央组织企业界人士利用自身的资源，采取多种形式，为贫困地区的经济社会发展注入实质性动力，这方面的经验成为全国脱贫攻坚经验的重要组成部分。

在改革开放40周年这一重要历史节点，习近平总书记亲自主持召开民营企业座谈会，不仅对于民营经济发展具有里程碑式的意义，更为当前我国经济发展注入了信心和动力，对民营经济的健康发展和民营经济人士的健康成长具有重要意义。学习贯彻习近平总书记关于民营经济的一系列重要论述精神，特别是2018年11月1日在民营企业座谈会上的讲话的重要精神，将是未来民建重要的政治任务。民建先后参与国务院三个相关规定的制定和实施，真正反映了民营企业家的意愿和利益，团结企业家们一起探索具有中国特色的民营经济发展道路。面对错综复杂的国际国内环境，民建要充分发挥自身界别的特殊优势，积极促进民营企业做好自主知识产权的研发，尤其是创造培养出更多自己拥有核心技术的企业带头人和重点企业，为提振经济作出更多贡献。

民建作为中国特色社会主义参政党，要为体现和强化中国共产党的核心领导作用作出贡献，因为这就是为国家和民族复兴事业确定最强大的政治依靠。70 年来，民建积极参与政治协商，将这个协商过程看成是服务国家服务民族发展的过程，也是强化民建自身建设性作用和影响力的过程，更是为国家政治制度和政党制度的不断完善亲力亲为的过程。这源于民建初建的政治理想信念底色不变，源于对中国共产党政治领导的坚定信心不变，源于为人民谋福祉、民族谋复兴的伟大追求倾心投入的底色不变。在以习近平同志为核心的中共中央统揽伟大斗争、伟大工程、伟大事业、伟大梦想中，民建将永远保持初心既定，初心永在，牢记使命，同心前行！

增强政党理论自信，夯实多党合作政治基础

一个先进的政党必定是以先进理论为指导的政党；一个与时俱进的政党，必定是理论上不断创新的政党。中华人民共和国成立以来辉煌的70年，是民建见证和参与中国共产党领导的多党合作制度不断完善的70年，是民建优良传统形成和发展的70年，是民建不忘合作初心，牢记民族复兴使命，坚持中国共产党领导的70年。民建在长期革命、建设和改革实践中积累了宝贵的经验，锤炼和形成了具有自身特点的优良传统：坚持爱国主义，致力于中国特色社会主义事业；坚持接受中国共产党的领导，与中国共产党亲密合作；坚持遵从人民群众的根本利益，认真履行参政党职能；坚持与经济界的紧密联系，努力发挥会的特色；坚持与时俱进，在自我教育中不断提高会的素质。“五个坚持”凝聚了民建70多年来履行职能和加强自身建设的历史经验，体现了民建作为参政党进步性与广泛性的统一，凸显了民建的政治优势，凸显了鲜明的民建特色，凸显了民建作为参政党的理论自信。

一、民主党派坚持理论建设，为坚定中国共产党领导提供思想保障

习近平总书记指出：“人心向背、力量对比是决定党和人民事业成败的关键，是最大的政治。统战工作的本质要求是大团结大联合，解决

的就是人心和力量问题。”凝心聚力是民主党派在全面深化改革中发挥作用的重要方面。当今世界正处于大发展大变革大调整时期，意识形态领域斗争尖锐复杂。各民主党派成员思想观念的多样性、独立性、差异性明显增强。特别是现在我国经济正在由高速增长阶段转向高质量发展阶段，在外部环境也发生深刻变化的叠加影响下，加强民主党派成员政治理论引领，不断夯实参政党理论自信，是强化中国共产党领导的多党合作和政治协商制度的时代要求。

只有不断实践，不断总结提炼，才能把感性认识逐步上升为理性认识，才能武装头脑、把握规律、指导实践、推动工作。不论是执政党还是参政党，只有建立了自己的理论才会建立自己的主动性，而这种主动性是一个政党必不可少的，这个主动性就是将全心全意为人民谋幸福、为民族谋复兴作为根本宗旨。中国特色社会主义参政党理论的创新和完善，是各民主党派能否保持和增强生命力的关键所在。通过不断推动参政党理论建设，将理论体系丰富起来，使之成为指导行动的指南。民主党派坚持理论建设不断创新发展的过程，就是坚持中国共产党领导的多党合作和政治协商制度，不忘合作初心，共担民族复兴使命，继续携手前进，积极加强参政党理论自信的过程。

二、民建理论建设在不同时期取得的成果

思想政治建设是政党建设的核心，理论建设是思想建设的灵魂。重视政党理论建设是本会在长期实践中形成的优良传统，也是民建会的一个特色。民建始终坚持理论建设，从 1945 年到今，大致可以划分为五个阶段。第一阶段（1945 年 8 月—1948 年 4 月）：创立初期，民族资产阶级的政党理论。其代表人物是黄炎培、胡厥文、章乃器、

施复亮和孙起孟等。这个时期的民建理论，集中体现在成立时期的几个重要文件中。《民主建国会成立宣言》《民主建国会章程》《民主建国会政纲》等，这些文件，提出了对政治、经济、社会发展的主张和对时局的看法，构成了民建作为一个政党的基本理论体系。第二阶段（1948 年 5 月—1966 年 8 月）：社会主义政治纲领的初步确立。这个时期的民建理论，主要体现在针对当时时局的一些声明、决议和宣言等文件中，特别是《加强内部团结和警惕，答告美帝好梦做不成的声明》一文。黄炎培、杨卫玉、罗叔章、孙起孟等民建主要领导成员多次开会学习、讨论毛泽东的评论文章。经过集体讨论，由孙起孟执笔，起草了《加强内部团结和警惕，答告美帝好梦做不成的声明》，发表在 8 月 24 日的《人民日报》上。在声明中，揭露和驳斥了美帝国主义企图利用“民主个人主义者”颠覆人民革命的阴谋。指出“根据过去的经验和今后的观察，中国民族资产阶级凭哪一条也不会变成美帝发展‘民主个人主义’的资本或条件，只有新民主主义，才是它唯一的光明幸福的道路”。第三阶段（1977 年 10 月—1996 年 10 月）：关于我国多党合作制度的深刻论述。代表人物是孙起孟。1993 年 3 月，八届全国人大一次会议对我国宪法作了部分修改，把“中国共产党领导的多党合作和政治协商制度将长期存在和发展”载入宪法。孙起孟指出，民建就是在上述中国特色政治制度的实施中无论在党务活动上还是在组织上都得到了发展的，基于亲自的认识和感受，曾经提出过将这一制度载入中国宪法的主张。第四阶段（1996 年 12 月—2007 年 12 月）：关于民建自身建设的系统论述。代表人物是成思危。成思危指出，要坚持理论清醒、政治坚定、顾全大局、维护稳定。理论清醒，即运用中国特色社会主义系统理论来指导参政议政工作；政治坚定，即参政议政要紧跟中央的战略部署；顾全大局，就是要坚持“一个中心、两个基本点”的基本路线；没有稳定就没有改革开放的成绩，作为参政党，参政议政工作要坚持不利于稳定的事不做，不利于稳定的话不说。成思危将参政议政工作的方针概括为“站好位置、选准角度、发扬传统、发挥特色”。站好位置，就是要明确参政党和执政党在根本利益上是一致的；选准角度，就是要从为了执政党更好地执政，为了国家更好地发展这个角度参政议政；发扬传统就是要善于发扬“五个坚持”的优良传统；发挥特色，就是要围绕密切联系经济界这个特色来推进工作。端正参政议政的态度，成思危强调要做到深入社会、联系群众、认真调研、积极建议。对于改进参政议政的方法，成思危也提出了系统思考、辩证分析、发扬民主、注重落实的对策思考。第五阶段（2007 年 12 月—2017 年 12 月）：关于民建政党理论的探索和创新。代表人物是陈昌智。陈昌智提出“中共要有雅量，民主党派要有胆量”“中共的领导，各级党委的领导要有雅量……民主党派要有胆量。”陈昌智说：第一，党的领导，各级党委的领导要容得下不同意见，要听得进批评的声音，有则改之，无则加勉；第二，民主党派要敢于讲真话、讲真言，不要怕得罪人；第三，应该加强机制和制度建设，扩大党派同志的知情权。

民建各时期的理论建设取得丰硕成果，在坚持中国共产党的正确领导下，围绕如何不断增强政党制度自信、弘扬民建优良传统、建设中国特色社会主义参政党，如何更好为人民谋幸福、为民族谋复兴而不断探索。

三、民建理论建设取得的宝贵经验

思想政治理论联系实际不等于一般工作和事务的罗列，不能简单地把论据、例子摆在那儿，写成工作总结或领导讲话。思想政治理论也不同于经验的概括，经验本身还达不到理论的高度。思想政治理论比经验更加抽象，是众多经验浓缩之后的升华。普通的经验只有上升到理论的高度，才能具备普遍性、指导性、可复制性。在思想政治理论与实践相结合上下功夫，在研究中始终要立足于民主党派的政治建设和组织建设长远大局，要立足于与执政党亲密合作关系的长足发展，立足于对中国新型政党制度内在规律的把握。从历史深处和历史进程中，概括出最重要、最突出、最本质的经验，探求出具有一般规律性的认识，为民建会的未来发展提供宝贵的精神财富和富有智慧的科学指导。

一是坚持正确的政治方向。习近平总书记提出的新型政党制度是对人类政治文明的重大贡献，是中国共产党领导的多党合作事业迈入新时代的重要特征。新时代离不开中国共产党的领导，建设中国特色社会主义离不开中国共产党的领导，离不开中国共产党、中国人民和各民主党派、无党派人士的伟大合作，实现伟大梦想离不开中国共产党的领导，离不开中国共产党、中国人民和各民主党派、无党派人士的伟大创造。中国特色社会主义道路自信、理论自信、制度自信、文化自信，是中国共产党领导中国人民在长期实践中探索和创造的。坚决维护习近平总书记核心地位，坚决维护党中央权威和集中统一领导，坚决维护中国共产党对多党合作事业的领导，是“四个自信”的前提，也是“四个自信”的结果。

作为民建会员，应该具有政党意识，应当遵守民建章程，这也是对民建会员的基本要求。什么是民建的政党意识？民建是接受中国共产党领导、同中国共产党通力合作的亲密友党，是进步性与广泛性相统一、致力于中国特色社会主义事业的参政党。从这一定性来看，民建的政党意识包含正确的政治意识、职能意识、界别意识和特色意识，其中，坚定接受中国共产党领导的政治意识是核心和根本。所以，每一位民建会员都应该正确认识自己的政治身份，在政治上自觉接受中国共产党的领导。

二是要在继承中创新，在创新中发展。习近平总书记在庆祝中国共产党成立九十五周年大会上指出，“当今世界，要说哪个政党、哪个国家、哪个民族能够自信的话，那中国共产党、中华人民共和国、中华民族是最有理由自信的。”这是对中国共产党历史和现实地位的准确概括，为我们坚定中国共产党领导的多党合作和政治协商制度的新型政党制度指明了方向，提供了理论自信。进入新时代，要实现中共十九大确立的目标，必须切实增强“四个自信”，“四个自信”的本质是增强政党自信，坚持中国共产党的全面领导，统一思想、统一意识、统一步调，进一步把力量凝聚到中共十九大确定的各项任务上来。

长久以来，本会的理论研究取得了丰硕的成果。伴随时代的发展，执政党的理论在不断创新和发展，参政党的理论也要与时俱进。同时，理论研究也是一个不断积累的过程，本会建设发展的经验和规律，更需要在继承的基础上根据实践不断总结和概括。1985 年，本会在成立 40 周年之时，总结出了“坚持高举爱国主义旗帜；坚持依靠中国共产党的领导，同党密切合作，一道前进；坚持进行自我教育、自我改造”的三大优良传统，以及与经济界密切联系的历史特点。建会 50 周年之时，在三大优良传统的基础上，重点对坚持和发展中国共产党领导的多党合作和政治协商制度进行了深刻论述，全面系统地阐述了把中国共产党的路线方针政策同民建具体实际紧密结合的基本经验。建会60周年时，本会又将三大优良传统进一步扩充和完善，总结形成了“五个坚持”的优良传统。由此可见，每一次历史经验的总结提炼，都是在继承传统的基础上，着眼于未来的建设，不断创新和发展。继承与创新是相辅相成的，两方面要有机结合。只重继承而忽视创新，就难以进步；只重创新而忽视继承，就容易脱离传统、丢掉前人的经验智慧。我们要站在时代的高度，把历史经验与现实情况有机结合，总结出可以直接指导当下实践的历史经验。

三是要遵循共性与个性相结合的原则。建设中国特色社会主义参政党，是新时代对各民主党派的政治要求，也是中国特色社会主义新时代各民主党派自身建设及履职建设的需要。今天的参政党要在履行“参政议政、民主监督、参加中国共产党领导的政治协商”三项基本职能基础上，转变机关作风，要敢于在自我教育、自我约束、自我提高方面下功夫，要以时不我待的心态，发挥民主党派主体责任。

我国各民主党派之间有很多共同点，譬如我们都是多党合作总格局中的参政党，政治纲领、政治目标、政治路线是基本一致的，这是我们无法避免的共性。另一个层面是如何与时俱进地加强自身建设，更好地发挥好参政党作用。这就需要我们结合自身实际，注重保持和加强自身特色。民建有自己的发展历史和优良传统，民建的社会基础和所联系的群体形成了我们的界别特色。密切联系经济界的特色，是民建区别于其他民主党派的明显标志，也是民建在我国革命、建设和改革事业中发挥作用的基本优势。我们的理论要注意将民主党派的共性与民建的自身特色相结合，在中国特色社会主义理论体系的框架下，在我国多党合作制度的框架下，提出对本会自身建设的思考和建议。

新时代，在具体推动本会理论创新建设上首先要研究本会发展的经验和规律，与“五种能力”“四新”“三好”等党的要求结合，要从总结实践经验入手，既要解放思想、大胆探索，又要注意联系实际、突出重点。要着眼于对已有实践的分析研究，着眼于对现实问题的理性思考，着眼于对未来实践的预测把握，使研究成果具有现实性和可行性，避免脱离实际的空泛议论。中共十八大以来，以习近平同志为核心的中共中央提出了一系列治国理政、强国富民的新思想新战略新要求新举措，形成了强大的政治理论基础和民意基础。在新时代背景下，民建各组织要增强政治敏锐性，紧跟时代步伐，更加认清大势、责任和使命，切实找准定位，解决好自身建设的标准问题，增进对中国共产党和中国特色社会主义的政治认同、思想认同、理论认同、情感认同，进而坚定不移地当好中国共产党长期执政的坚决拥护者，做中国特色社会主义的实践者、维护者、捍卫者。

增强新型政党制度自信，建设中国特色社会主义参政党

中国共产党领导的多党合作和政治协商制度作为我国一项基本政治制度，她植根于中华大地，是中国共产党、中国人民、各民主党派、无党派人士的伟大政治创造；她符合中国国情，是世界政党政治中的中国智慧和方案。中华人民共和国成立以来的 70 年，是多党合作事业的基本方针和基本原则不断实践、不断完善的 70 年，是民建在各个历史阶段充分发挥作用的 70 年，是民建见证和参与中国特色政党制度发展的 70 年。

一、在中国共产党领导的多党合作事业中民建发挥的历史作用

（一）民建响应“五一口号”，为中国民主革命取得胜利发挥了重要作用

1945 年 7 月，为推动国共谈判，应中共中央和毛泽东主席的邀请，黄炎培与冷遹等 6 位国民参政会参政员飞赴延安访问。这次访问最经典的“窑洞对”，被后人引用为关于政权建设的经典之谈。同年 12 月 16 日，民主建国会在重庆白象街西南实业大厦宣告成立。“不右倾，不左袒”是民建成立之初的政治路线，在成立宣言中，以民主和建设为宗旨，提出了世界要和平、国家要民主、经济要发展、社会要公平、教育要普及、文化要繁荣的政治主张，表明了本会从诞生之日起就把自身的事业同国

家民族的命运紧紧联系在一起。1948年响应“五一口号”是民建政治立场、政治纲领的转折。在经过“沧白堂”“校场口”“下关”等一系列的斗争后，民建逐步认识到旧民主主义的道路在中国走不通，只有中国共产党领导的新民主主义革命才是拯救中国之路。民建赞同“五一口号”，放弃最初成立时“不右倾、不左袒”的中间政治路线，在国共两党的激烈斗争中，最终选择了接受中国共产党的领导。

解放战争中，民建动员工商界，积极配合大城市的解放，支援进军华南的解放军，为中国民主革命得以迅速完成，和平建国得以早日实现发挥了重要作用。上海是中国民族资本最集中的城市，做好上海工商业者的工作，对实现上海的解放以及即将建立的新中国都有重要意义。1949 年 4 月 24 日，为迎接上海解放，黄炎培在电台作了《为人民解放军迫近上海，劝上海同胞作局部和平运动》的讲话，为迎接上海全面解放，贡献出民建应有的力量。黄炎培、章乃器、施复亮还起草了《欢迎人民解放军宣言》，号召工商业者维持并恢复生产，协助人民解放事业的开展。民建与中国共产党团结合作，坚持和平民主，反对国民党独裁内战，积极配合中国人民解放军解放上海，为推翻国民党独裁统治，建立新中国作出了重要的贡献。

（二）民建在社会主义建设中，与中国共产党同心同行，为建立社会主义社会的经济基础发挥了重要作用

1949 年 9 月，中国人民政治协商会议第一届全体会议胜利召开，标志着多党合作制度的正式确立。民建以《共同纲领》为政治纲领，确立为社会主义服务的政治路线，并在实践中概括为“听毛主席的话、跟共产党走、走社会主义道路”的行动纲领，标志着民建从起初对社会主义朴素的信任和向往，发展到自觉的信仰和追求，最终坚定地与中国共产党一同走上社会主义道路。

中华人民共和国成立初期的社会改革举措和各项重大运动，土地改革、镇压反革命、抗美援朝、稳定经济形势、统一财政体系、实行统购统销政策等等，都是由中国共产党所领导的。在这样的时刻，民建从来没有出于私利而犹豫或保留，而是出于“合力推进民主政治，并以互助发展各种有利建国之事业”的初心，全力投入其中与中国共产党坚定同心同德，同向同行。在中国共产党提出过渡时期总路线时，民建积极组织引导广大工商业者在思想和行动上接受国家对资本主义工商业的社会主义改造，与中国共产党密切合作，使得这一改造在工商界顺利进行，创造了中国特色的所有制社会主义改造的成功经验，为建立社会主义社会的经济基础发挥了重要的作用。

（三）民建在改革开放中恢复发展，在基本政治制度引领下与中国共产党一路前行

中共十一届三中全会将工作重点转移到以经济建设为中心。1979 年 10 月，民建召开第三次全国代表大会，根据新的形势和任务，制定了“坚定不移跟党走、尽心竭力为四化”的行动纲领，坚持把中国共产党的路线、方针、政策与民建的具体实际结合起来，围绕经济建设中心，积极为推进改革开放和现代化建设献计出力。

从开启国家政策层面支持民营经济发展的序幕，到成为中国民营经济发展里程碑的“五老火锅宴”，到在荣毅仁、王光英的努力下，中国国际信托投资公司、中国光大集团有限公司先后成立，民建为推动民营经济发展作出了重要贡献。从 1979 年至 1982 年底，各地民建、工商联共组织 6000 多名会员，到自办集体企业 208 家、合办 133 家、协办 3003 家，安置待业青年 9 万多人，这一时期民建各级组织和广大会员积极行动起来，在兴办企业、安排就业、引进资金、引进技术和人才、进出口贸易、扩大对外开放等方面，为经济崛起发挥了重要作用。

1981年6月，民建中央、全国工商联召开培训工作座谈会，制定了“扬长避短、拾遗补阙、稳步前进、讲求实效”的培训工作方针。1982年7月，民建中央、全国工商联发出通函，要求各级地方组织到民族地区开展经济咨询工作。民建先后组织成员700多人（次），开展咨询服务活动，推动东部地区地方组织与重点扶贫地区的地方组织建立对口协作关系，促进支边扶贫工作更加有组织、有成效地开展。

（四）民建在健全社会主义协商民主制度阶段，顺应时代要求和形势的发展变化积极履职

1993年3月1日，民建中央向中共中央提出了《关于在宪法中明确规定中国共产党领导的多党合作和政治协商制度的建议》，最终得到了中共中央的采纳。

民建中央1998年3月，向全国政协九届一次会议提交《关于加快发展我国风险投资事业的提案》后，新中国历史上第一波高科技产业投资浪潮被掀起，以民建中央的“一号提案”为契机，我国风险投资进入高速发展时期。成思危先生曾说过，中国风险投资业的意义在于促进科技成果的转化，支持高新技术的发展，开辟民间投资的新渠道。仅仅用了十余年，中国取代英国成为全球风险投资第二大目标国。

从2006年直指“两税合并”的“一号提案”《关于尽快统一内外资企业所得税制度的提案》，到2008年《关于完善我国多层次资本市场税收政策的提案》；从2012年与农工党中央和全国工商联联合提出的《关于强本固基维护实体经济坚实基础的提案》，再到设立国家公祭日的提案，一份份沉甸甸的提案，体现了民建在中国共产党的领导下不忘多党合作初心，牢记民族复兴之使命的坚定信念。

二、中国共产党领导的多党合作事业中民建取得的宝贵经验

要从坚持中国共产党领导的独特政治优势出发，把握我国政党制度的基本规律，在中国特色社会主义新型政党制度的视野里，结合当前“不忘合作初心，继续携手前进”主题教育活动，深刻总结中华人民共和国成立 70 年来民建发挥的历史作用和取得的宝贵经验。

（一）坚持与中国共产党通力合作是民建发挥历史作用的力量源泉

中华人民共和国成立 70 年来，中国共产党与各民主党派的合作经历了以下几个阶段，每个阶段的具体情况不同，但揭示的基本道理却是一脉相承的。那就是一个政党要在中国的政治生活中发挥作用，要为人民谋幸福、为民族谋复兴作出贡献，必须依托正确的指导思想、切实的组织建设、符合各个时期具体情况的政治政策和策略。在这个过程中，中国共产党是主导力量和领导力量，各民主党派对中国共产党的政治目标的认同，是中国多党合作事业的政治基础。中华人民共和国成立初期，多党合作事业进入了新的实践阶段，即中国共产党作为执政党在领导国家建设过程中，需要各民主党派的密切合作，而后者也希望在这个过程中发挥更加积极有为的作用，这是多党合作在新的历史条件下的不断探索的初期，这里有成功的经验，也有不成功的教训，但是，中国共产党的政治领导地位始终没有变化。改革开放时期，我国多党合作制度迎来了新的发展的春天，中国特色社会主义政党制度也在丰富实践中逐渐发展和成熟起来。各民主党派对中国共产党政治目标的认同需要不断提升，才能发挥出中国特色社会主义政党制度的独创优越性和独特魅力。中国特色社会主义最本质的特征和中国特色社会主义制度的最大优势就是中国共产党领导。坚持中国共产党的领导，是民建长期以来始终不渝、历

久弥坚的政治信念。70多年来，历经各种风雨和重大考验，民建始终不忘多党合作初心，牢记民族复兴使命，坚持接受中国共产党领导的政治信念，始终是最大的政治共识。

（二）坚持以习近平新时代中国特色社会主义思想为指导是民建加强参政党建设的根本遵循

中共十八大以来，以习近平同志为核心的中共中央高度重视多党合作事业，习近平总书记强调，中国共产党领导的多党合作和政治协商制度是从中国土壤中生长出来的新型政党制度。民主党派是中国特色社会主义参政党。中国特色社会主义进入新时代，多党合作要有新气象、思想共识要有新提高、履职尽责要有新作为、参政党要有新面貌。民主党派要做中国共产党的好参谋、好帮手、好同事。坚定不移走中国特色社会主义政治发展道路，把我国社会主义政党制度坚持好、发展好、完善好。这些重要论述，是习近平新时代中国特色社会主义思想的重要组成部分，为新时代多党合作事业发展指明了前进方向，也为民建加强中国特色社会主义参政党建设提供了根本遵循。

学习贯彻习近平新时代中国特色社会主义思想和中共十九大精神是参政党的首要政治任务，是把握新时代参政党的新方位、新使命。要深刻领会习近平总书记关于加强和改进统一战线工作的重要思想、关于多党合作的重要论述，自觉及时跟进学习习近平总书记最新重要讲话精神、关于多党合作和民主党派工作的重要指示批示精神，系统学习中共党史、国史、改革开放史、社会主义发展史、多党合作史，认真学习多党合作理论政策和优良传统、民建会史和章程等。建设中国特色社会主义参政党，是各民主党派面临的新的历史性课题，关系到各民主党派当前工作和未来持续发展，是十分重要的政治任务。

（三）坚持思想政治建设是夯实多党合作政治基础的核心

思想政治建设是民建自身建设的核心。切实加强思想政治建设，保证了民建正确发展的政治方向，为履行好参政党职能夯实了思想基础。中共十八大以来，以习近平同志为核心的中共中央高度重视多党合作和民主党派工作，不断推动理论创新、制度创新和实践创新，对加强思想政治引领，提高中国特色社会主义参政党建设水平，提出了新的更高要求。中共十九大指出，经过长期努力，中国特色社会主义进入了新时代。在新时代，民建要体现出中国特色社会主义参政党的政治气度和担当，要积极加强自身建设，特别是思想政治建设，深入思考中国特色社会主义新型政党制度如何更规范更有效更科学地运行。

会的自身建设面临着新情况新问题新挑战，存在着思想政治建设与新时代要求不相适应的现象，有的组织对思想政治建设的重要性认识不足，缺乏相应的方法和举措；有的会员对会章、会史和会的优良传统学习不够，对多党合作制度、参政党性质等理解不深，甚至存在模糊认识等。要以庆祝中华人民共和国成立70周年、多党合作制度确立70周年为契机，进一步加强会的思想政治建设，坚定政治信念、巩固政治共识。引导广大成员坚决维护习近平总书记核心地位，坚决维护党中央权威和集中统一领导，深化对中国特色社会主义参政党性质、职能和历史使命的认识，传承和弘扬民建优良传统、共同价值理念，夯实新时代多党合作的共同思想政治基础，提高中国特色社会主义参政党建设水平。

毫不动摇坚持中国共产党领导，旗帜鲜明讲政治，是学习贯彻习近平新时代中国特色社会主义思想和中共十九大精神的必然要求，是加强中国特色社会主义参政党建设的现实要求，是深化政治交接的时代要求。会的思想政治建设发展规划要放置在中国特色社会新型政党制度的发展和完善大框架里。要根据政治生活发展、变化、需求，找好着力点，从而显示出民建在中国政治生活中不可忽视的作用。

（四）坚持不断总结多党合作实践中的好做法好经验是提升民建履职能力的重要保证

中共十八大以来，以习近平同志为核心的中共中央在强调从严治党的同时，也以加强和改善中国共产党领导为前提，探索发挥民主党派作用更灵活的方式和做法，取得了显著成效。其主要经验有，在人民政协这个统战工作平台上，更制度化地发挥各民主党派作用；脱贫攻坚专项民主监督的开展等，这些重大的政策创新，成了完善中国特色社会主义新型政党制度的重要推动力。民建作为参政党，从“五个坚持”“三个与时俱进”到“六个共同价值理念”，是在中国共产党领导的多党合作实践中逐步总结形成的。中共十八大以来，各民主党派在更广泛的政治参与过程中不断提高政治把握能力、参政议政能力、组织领导能力、合作共事能力、解决自身问题的能力，不断坚持好、发展好、完善好我国的新型政党制度。

民建作为参政党，是我国多党合作事业的重要组成部分，落实习近平总书记提出的“四新”“三好”要求，民建各级组织和广大会员必须依靠思想政治共识的新提高，充分理解新时代中国特色社会主义参政党的使命任务，在履行职能中不断有新作为。建言献策要言之有据、言之有理、言之有度、言之有物，真诚协商、务实协商，道实情、建良言，参政参到要点上，议政议到关键处，努力在会协商、善议政上取得实效。

（五）坚持以党为师是全面提升民建作为参政党自身建设的重要抓手

各民主党派参政能力的发展和进步，与中国共产党的执政能力的发展和进步有一定差距。当前，国家发展和社会进步事业需要越来越广泛的政治参与，政党制度的完善也需要民主党派发挥越来越积极的作用。民主党派要如中国共产党那样抓好自身建设，通过制度化手段，践行从严治会的要求，要树立“打铁还需自身硬”和“有为才能有位”的观念。不要局限于一时一事的得失，要有宽广的政治胸怀和切实的政治作为。

要把与中国共产党的合作能力建设作为民建能力建设的基础，切实加强思想政治建设、组织建设、履职能力建设、作风建设、制度建设，全面提升民主党派的自身建设水平。中国特色社会主义参政党建设，要高举中国特色社会主义伟大旗帜，以习近平新时代中国特色社会主义思想为指导，以思想政治建设为核心、组织建设为基础、履职能力建设为支撑、作风建设为抓手、制度建设为保障，建设政治坚定、组织坚实、履职有力、作风优良、制度健全的中国特色社会主义参政党，做自觉接受中国共产党领导，同中国共产党通力合作的亲密友党和好参谋、好帮手、好同事。

民建要积极宣传贯彻中共中央关于民营经济“两个健康”和“两个毫不动摇”的精神实质，坚定不移地为会员企业搭好台、服好务、站好台、鼓好劲。面对错综复杂的国际国内环境，民建要充分发挥自身界别的优势，促进民营企业做好自主知识产权的研发，尤其是创造培养出更多自己拥有核心技术的企业带头人和重点企业，为民营经济发展作出更多贡献。要发挥密切联系经济界的特色和优势，围绕中心服务大局，在积极投身新时代中国特色社会主义伟大实践中进一步提高认识、深化共识，为党和政府科学民主决策提供重要参考，用实劲、做实事、求实效，特别是在补短板上聚焦发力，为促进经济社会发展发挥积极作用。

中华人民共和国成立以来的 70 年是多党合作事业伟大的 70 年，是中国共产党领导的政治协商制度辉煌的 70 年，是中国特色社会主义制度优越性不断体现的70年，是中国共产党坚守“为人民谋幸福，为民族谋复兴”初心和使命，带领亿万中国人砥砺奋斗不断前进的70年。蓦回首神州沧桑巨变，展未来华夏如日中天。“四个全面”的战略布局清晰地建构了国家发展和民族复兴的目标和路线。70年来，多党合作的政党制度在中国大地已经根深叶茂，民建作为中国特色社会主义参政党，必须增强“四个意识”，坚定“四个自信”，做到“两个维护”，自觉在思想上政治上行动上同以习近平同志为核心的中共中央保持高度一致，不忘合作初心，共担民族复兴使命，矢志不渝跟中国共产党一路前行。我们相信中国共产党必将领导中华民族走向更大的胜利，创造更大的奇迹。

发挥人民政协优势，助力夺取“双胜利”

习近平总书记对当前疫情形势及对经济社会发展影响作出的深刻分析，是我们当前开展各项工作的重要遵循，政协系统要深刻领会其要义，按照中共中央的全面布局，两个大局通盘考虑，两条战线一体部署，统一思想、坚定信心、统筹推进，坚决打赢疫情防控阻击战，努力实现 2020 年脱贫攻坚全面收官和经济社会发展目标。广大政协委员要牢记初心、担负使命、矢志不渝跟着以习近平同志为核心的中共中央，坚持人民政协的性质定位，把握人民政协新的历史方位，坚守信念和定力，汲取经验和智慧，切实把思想和行动统一到以习近平同志为核心的中共中央在疫情防控、决胜脱贫攻坚战和经济社会事业发展的决策部署上来。人民政协在抗击疫情伟大战役中要充分发挥专业、机制、组织、动员、咨询等优势，推动人民政协事业在大灾大疫面前经受考验并不断推进发展，做到守土有责、守土尽责、守土担责，把参与“两场硬仗”各项工作抓实、抓细、抓落地。

政协系统积极投身疫情防控阻击战、脱贫攻坚战，推进经济社会发展的大考中，要无愧人民信任，无愧时代嘱托，无愧国家期望，为实现全面建成小康社会的奋斗目标，走向更大的胜利，创造更大的奇迹，接续奋斗。

继承人民政协学习传统，提高思想政治站位，做到守土有责

人民政协70多年的辉煌成就告诉我们，人民政协在学习中走到今天，更要在学习中走向未来。面对新冠肺炎疫情，政协系统要充分发挥作用，必须继承人民政协学习的光荣传统，把加强政治学习，作为战“疫”期间加强政协系统思想政治引领的有效途径，积极引导所联系界别委员树立崇尚学习、改造学习、持续深化学习的良好政协学习氛围。坚持学习科学防治知识，提高精准施策服务人民的本领，做到守土有责。政协系统积极投身疫情防控阻击战、脱贫攻坚战，服务经济社会发展事业，必须坚持中国共产党的领导、走中国特色社会主义道路的政治共识，进一步夯实多党合作的思想政治基础，在大考特考中创造性地推进“不忘合作初心，继续携手前进”主题教育，树立正确的历史观，深刻理解人民政协在国家发展建设改革开放各阶段历史性变革中所蕴藏的内在逻辑。要坚持一手抓疫情阻击，一手抓学习，通过各种形式的思想政治理论学习，加深政协系统对习近平新时代中国特色社会主义思想和党中央大政方针的理解，进一步学深悟透，做到学思用贯通、知信行统一，更加切实增强“四个意识”、更加坚定“四个自信”、更加做到“两个维护”，在中共中央坚强领导下，坚守政治纪律和政治规矩，要始终自觉把思想和行动统一到以习近平同志为核心的中共中央在克服新冠肺炎疫情影响，凝心聚力打赢脱贫攻坚战，确保如期完成脱贫攻坚目标任务，确保全面建成小康社会工作的部署和要求上来，提高对经济社会发展的重要性紧迫性认识，敢于闯关夺隘、攻城拔寨。在大灾大疫面前，始终保持同人民群众的血肉联系，为筑牢党长期执政基础发挥人民政协作用。

践行人民政协初心使命，淬炼忠诚干净品行，做到守土担责

习近平总书记强调，“在当前防控新型冠状病毒感染肺炎的严峻斗争中，各级党组织和广大党员干部必须牢记人民利益高于一切，不忘初心、牢记使命，团结带领广大人民群众坚决贯彻落实党中央决策部署，全面贯彻坚定信心、同舟共济、科学防治、精准施策的要求，让党旗在防控疫情斗争第一线高高飘扬。”人民政协在这场战役中不断推进委员自我革命，淬炼成长，不断塑造委员新形象，坚持对照习近平新时代中国特色社会主义思想和党中央决策部署，对照新型政党制度的科学内涵和新时代要求，对照抗战疫情期间身边先进典型、身边榜样，对照在疫情期间人民群众需求，切实提升委员服务“两战”能力和水平，把干事创业的热情和激情融入履职尽责当中。人民政协严格贯彻落实以习近平同志为核心的中共中央克服新冠肺炎疫情影响、凝心聚力打赢脱贫攻坚战确保全面建成小康社会的重大决策部署，找准履职尽责的切入点、突破口，积极投身凝心聚力、决策咨询、协商民主、国家治理第一线的具体实践，提升与新时代政协发展需要相适应的能力水平，聚焦“两战”重大决策落实与执行中的问题、行业领域发展的苗头或瓶颈问题、群众关心的切身利益问题等履职尽责。人民政协既要坚持高标准、严要求，又要注重在工作中抓实抓细抓落实，同一切形式主义、官僚主义作斗争，克服新冠肺炎疫情影响，坚决打赢疫情防控人民战争、总体战、阻击战，做到守土担责，努力为实现2020年脱贫攻坚全面收官和经济社会发展目标贡献人民政协力量。

把握人民政协性质定位，发挥优势整合资源，做到守土尽责

中共十八大以来，以习近平同志为核心的中共中央高度重视人民政协工作，切实加强党对人民政协工作的全面领导，完善政协党的领导体制，推动全面从严治党不断深入，强调要进一步准确把握人民政协性质定位，充分发挥人民政协作为协商民主重要渠道作用，围绕团结和民主两大主题，开创了政治协商、民主监督、参政议政制度建设工作新局面。习近平总书记强调，“疫情防控不只是医药卫生问题，而是全方位的工作，各项工作都要为打赢疫情防控阻击战提供支持。”人民政协系统所联系界别立足疫情防控阻击战和脱贫攻坚战，聚焦在“两战”中贯彻习近平新时代中国特色社会主义思想，积极发挥自身优势展现新作为，主动参加救灾物资保障、志愿服务、紧急救援、社区防控、宣传教育、舆论引导、市场监管、道路检查、网络物资平台建设等工作。面对这场特殊“大考”，政协系统凝聚了一切可以汇聚的力量，调动了一切可以利用的资源，逐步形成了持续强化政治责任、发挥人民政协优势、广泛凝聚守望相助、携手奋战的各部门齐抓共管、各界别齐心协力、各环节齐头并进的工作格局。在攻坚“两战”后，要在巩固精准脱贫成果、接续推进全面脱贫与乡村振兴有效衔接、公共卫生体系建设等方面，发挥人民政协优势，做到守土尽责再出发。

2020年是决胜全面建成小康社会、决战脱贫攻坚之年，也是“十三五”规划收官之年，面对突如其来的新冠肺炎疫情，面临着战“疫”和战“贫”两场硬仗，我们必须赢，我们也一定能赢。在做好疫情防控和脱贫攻坚的大考中、大战中，我们广大政协委员要坚持以习近平新时代中国特色社会主义思想为根本遵循，认真学习贯彻习近平总书记在决战决胜脱贫

攻坚座谈会上的讲话精神，要以“不获全胜、决不收兵”“越是艰险越向前”的奋斗姿态向疫情作别，向贫困作别，在“四个全面”战略布局清晰建构的国家发展和民族复兴的目标和路线上，在中国共产党引航全国各族人民实现中国梦的康庄大道上，勠力前行，去迎接富强民主文明和谐美丽中国。

牢记多党合作初心，提升共担民族复兴使命能力

各民主党派作为中国特色社会主义参政党，与中国共产党合作的初心就是“为中国人民谋幸福、为中华民族谋复兴”，70 多年的多党合作辉煌历程表明，各民主党派不忘合作初心，矢志不渝跟中国共产党一路前行，以习近平同志为核心的中共中央必将领导中华民族走向更大的胜利，创造更大的奇迹。

历史照亮前程，岁月温暖时代。“四个全面”战略布局清晰地建构了国家发展和民族复兴的目标和路线，70 多年多党合作的政党制度在中国大地已经根深叶茂，这是中国人民选择的必然结果，是中国共产党不忘初心、牢记使命艰辛探索的必然结果。中国特色社会主义参政党如何在实现“两个一百年”奋斗目标和中国梦进程中不忘多党合作之初心，提升共担民族复兴之能力，要从整个政治现实出发，要依循现有政党制度的基本规律。

要结合“不忘合作初心，继续携手前进”主题教育活动，对一些传统的看法和做法进行再思考，找出切实的实践和改进路径，使之能够更好地适应多党合作事业时代要求，更好地服务民族复兴大业。

——不忘多党合作之初心、提升共担民族复兴使命之能力，就要从中国共产党与各民主党派的合作历史上寻找力量之源。70 多年来，中国

共产党与各民主党派的合作经历了四个阶段，每个阶段的具体情况很不同，但是，揭示的基本道理却是一脉相承的。那就是一个政党要在中国的政治生活发挥作用，要对为人民谋幸福、为民族谋复兴作出贡献，必须依托于正确的指导思想、切实的组织建设、符合各个时期具体情况的政治政策和策略。第一个阶段，建国之前，中国共产党与各民主党派之间因为在与国民党和平谈判问题上有过严重分歧，最终走到一起，共同组建中央人民政府，在这个过程中，中国共产党是无可争议的主导力量和领导力量，各民主党派对中国共产党的政治目标的认同，是中国特色社会主义多党合作事业的政治基础。第二阶段，新中国成立初期，多党合作事业进入了新的实践阶段，即中国共产党作为执政党在领导国家建设过程中，需要各民主党派的密切合作，而后者也切望在这个过程中发挥更加有为的积极的作用，这是多党合作在新的历史条件下不断探索的初期，这里有成功的经验，也有不成功的教训，但是，中国共产党的政治领导地位始终没有变化。第三个阶段即“文革”时期，在这个过程中各民主党派被迫停止活动，原有的政党制度遭到了破坏，这也证明，中国共产党的路线方针的失误必定会影响民主党派，从反面证明了多党合作制度在中国政治生活中的不可替代和不可忽视的作用。第四阶段，就是改革开放时期，中国共产党与各民主党派恢复了合作关系，中国特色社会主义政党制度也在丰富实践中逐渐发展和成熟起来。各民主党派对中国共产党政治目标的认同需要有更为丰富的落实之道，只有这样，才能发挥出中国特色社会主义政党制度的独创优越性和独特魅力。

——不忘多党合作之初心、提升共担民族复兴使命之能力，就要以习近平总书记关于我国新型政党制度的重要论述为基本遵循。一个国家政党制度是否科学，取决于这个制度是否源自这个国家的国情所需、人民所需、政治发展所需，取决于这个制度能否积极应对和解决在革命、发展、改革各阶段出现的问题的能力，衡量的最终标准就是政党的政治目标是否得以实现。首先，各民主党派要在这种政党制度框架里发挥更大作用，就要从政治上来看待代价和收益的关系，不能局限于在一些局部的和微小的利益。参与中国共产党领导的政治协商活动就是显示各民主党派在中国政治生活中的特定作用的时机，也是中国特色社会主义政党制度运行的自然组成部分。要衡量这样活动的政治效率，必须着眼于政治大局。一些错误的观点认为，要像一些国家的政党竞争或相互牵制体制学习，以为这样就能够确保政治决策的科学，就能够保障更多的人直接参与政治生活。中国的政治实践再三证明，这样的做法仅是表面文章，看上去更多的人参与了政治生活，但因为缺少开放的机制，这种参与只能带来政治迷失和混乱，使得一些关系到国家发展和社会进步的大事议而不决，决而难行，这是政治资源的极大浪费。在这个问题上不能有半点偏差。

——不忘多党合作之初心、提升共担民族复兴使命之能力，就要不断总结新时代多党合作实践中的好做法好经验。要从改革开放40年，尤其是中共十八大以来中国特色社会主义政党制度的运行中总结发挥民主党派作用的经验。中共十八大以来，以习近平同志为核心的中共中央在强调从严治党的同时，也在改进中国共产党与各民主党派之间的合作关系，在坚持中国共产党的政治领导前提下，探索发挥民主党派作用更灵活的方式和做法，取得了显著成效。其主要经验是，在人民政协这个统战工作平台上，更制度化地发挥各民主党派作用。比如邀请各民主党派参与各地脱贫攻坚，以中国共产党之外的政党力量来监督中国共产党的政策的落实情况，这是一项重大的政治政策创新，这类创新累积起来，就成为完善中国特色社会主义新型政党制度的重要推动力。中共十八大以来，各民主党派的作用发挥得越发全面。其中最重要的经验就是，让各民主党派在更广泛的政治参与过程中不断提升“五种能力”。

——不忘多党合作之初心、提升共担民族复兴使命之能力，就要以党为师全面加强参政党的自身建设。要从民主党派自身的能力建设入手，尤其要把与中国共产党的合作能力建设作为抓手，切实进行全新的思想建设、组织建设，提升民主党派的政党能力。各民主党派参政能力的发展和进步，与中国共产党的执政能力的发展和进步有一定差距，这个必须承认，更应该引起高度的重视，民主党派要有紧迫感。如果民主党派不在自身的参政能力建设上提出新的目标，自然也就难有合适的政治理由来要求中国共产党提供相关的政治资源。比如，在各级政府人事问题上，各民主党派有推荐本党派成员候选人的机会，如果民主党派因为自身参政能力问题而提不出切实的人选，自然就难有更多的政治安排。所以，发挥民主党派的政治作用的一个基础条件，固然在于政党制度的执行，其实也在于各民主党派本身具有多大多强的参政能力，对此，不能有含糊。当前，一些民主党派在思想建设和组织建设方面十分保守，满足一般的工作要求，缺乏从政党制度运行的大框架下思考如何更好履职。国家发展和社会进步事业需要越来越广泛的政治参与，政党制度的完善也需要民主党派发挥越来越积极的作用，如果民主党派后继乏力，政策上不能时时创新，工作机制是守成不进，工作方法上是粗糙不堪，那么，不但影响到民主党派作用的发挥，也会对中国特色社会主义新型政党制度的运行产生消极影响。这是一个十分严肃的政治问题，民主党派要如中国共产党那样抓好自身能力建设，要有制度化手段，要践行从严治党的原则，要树立“打铁还需自身硬”和“有为才能有位”的观念，不要局限于一时一事的得失，要有宽广的政治胸怀和切实的政治作为。

中共十九大指出，中国特色社会主义进入了新时代。面向新时代，各民主党派要体现出中国特色社会主义参政党的政治气度和担当，要积极地思考和讨论自身的思想建设和组织建设如何上一个新台阶的问题，中国特色社会主义新型政党制度如何更规范更有效更科学地运行的问题。各民主党派要紧抓庆祝中华人民共和国成立70周年、人民政协成立70周年和多党合作事业确立70周年的契机，大幅度提升自身的学习能力和实践能力。

深化政治交接　坚守合作初心

习近平总书记在参加2017年党外人士迎春座谈会时曾指出，希望各民主党派把政治交接贯穿换届工作全过程，坚持德才兼备、以德为先的选人用人导向，做好人选酝酿、民主推荐、沟通协商、人选考察等各项工作。这说明党中央十分重视和关心民主党派政治交接问题。政治交接是一个政党或社会政治团体延续其政治生命、发挥其政治作用的基础性安排，一般而言，它指的是新的领导班子接替老的领导班子的过程。

民主党派政治交接要立足于民主党派的政治建设和组织建设长远大局，立足于与执政党亲密合作关系的长足发展，立足于对新型政党制度内在规律的把握。只有坚持这三个“立足于”，深化对政治交接问题的探索，才能在理论上有效指导民主党派政治交接的实践。

民主党派的政治建设和组织建设，是自身生存和发展的立身之本，参政之基，生机之源。必须始终把住不放，抓紧抓实抓好。既要根据各自章程和自身实际切实搞好政治建设和组织建设，又要聚焦到我国所处的新时代、新使命、新要求，不断赋予政治建设和组织建设以时代性、全局性和长远性。以政治建设和组织建设为切入口，使得民主党派的政治交接开展有的放矢。坚决维护以习近平同志为核心的中共中央权威和集中统一领导，始终与中共中央同心同向，同舟共济，始终高举爱国主义伟大旗帜，始终为国家强盛、民族复兴努力奋斗，始终培养和造就既致力于民主党派事业发展，又旗帜鲜明地坚决拥护中共中央领导，能够担当新时代民主党派责任和使命的优秀人才和接班人。民主党派与执政党的亲密合作关系，是在中国革命、建设和发展的长期实践中形成的，不仅充分体现了风雨同舟、和衷共济，而且始终坚信和拥护中国共产党的领导，特别是改革开放以来，执政党与参政党之间，相互信任、戮力同心，共谋中国特色社会主义大业，共圆中华民族伟大复兴的中国梦，谱写了可歌可泣的光辉篇章。实践充分表明，只有始终立足于与执政党的亲密合作关系的发展，民主党派才会实现顺利的政治交接，不断充满生机和活力，不断担负好新时代新使命，不断为把我国建设成为富强、民主、文明、和谐、美丽的社会主义现代化国家贡献更多的智慧和力量。

首先，必须深刻认识到中国的多党合作制度是在我国革命、建设和改革的长期实践和伟大斗争中自发生长起来的。各民主党派自觉地支持和拥护中国共产党的领导，并同执政党风雨同舟、肝胆相照，执政党也把民主党派当成坚定的同盟军和重要的依靠力量，并形成了坚不可摧的制度化设计。其次，必须深刻认识到多党合作制度的发展和完善，必须紧紧依靠以习近平同志为核心的中共中央的坚强领导，把思想和行动统一到中央的决策部署和要求上来；必须深刻认识到多党合作制度要求民主党派必须在政治上旗帜鲜明，行动上毫不动摇，自觉维护好、践行好、发展好中国的新型政党制度，如此才能真正保障民主党派政治交接顺应规律和潮流，平稳进行。

一、不断深化对政治交接的认识

（一）政治交接不仅是组织人事的更替，还应该是思想、传统和作风的延续和光大

政治交接的主要环节是新老领导人和领导班子间的交替，涉及党务管理职位及其相应权力的交接。民主党派的政治交接，近四十年来逐步制度化，无论是对老领导人和领导班子工作业绩的评价，还是对新领导人和领导班子的考察等，都是在比较健全的制度下进行的。组织人事更替问题，从来并非政治交接的全部，关键在于思想、传统和作风的延续与光大。1997 年前后，各民主党派进行了第一次大规模换届，老一代领导人大部分退出中央领导岗位。1949 年后出生、“文革”后上大学、1980 年代后加入民主党派的“新一代”逐渐成为主力军。费孝通、孙起孟等民主党派老一辈领导同志，与中国共产党一起经历过民主革命和社会主义革命的最为艰难曲折的历程，他们在反复对比、思考中最终选择了接受中国共产党领导，对中国必须由中国共产党领导、必须走社会主义道路有着深刻的历史洞察。而新一代民主党派领导同志，没有经历过与中国共产党风雨同舟、患难与共的历史实践，对于坚持中国共产党领导的真实感受没有那么真切。为此，费孝通等民主党派老一辈领导人率先提出民主党派“政治交接”的概念，并用以指涉民主党派新老交替的人事更迭，其宗旨是在民主党派的新老交替中传承、续造与中国共产党“长期共存、互相监督”的优良传统。客观地说，尽管民主党派对这个问题进行了多方面的探索，但还有一些疑惑，如果这些疑惑不解决，进入新时代的民主党派很可能在政治方向和立场上出现动摇的情况。因此，在民主党派人事更替已经顺利完成的当下，政治交接应该加倍地突出，新

一届民主党派领导同志要在思想上、作风上和传统上有所继承,有所光大。

民建中央原主席陈昌智同志曾反复强调政治共识的重要性，提醒全会同志，要真心实意地接受中国共产党的政治领导，这不仅是国家发展的必需，也是民主党派自身发展的必需。新老领导人和领导班子在政治共识方面的传承，应该是政治交接的核心所在。中国共产党十九大的政治决议以及习近平总书记的核心地位的确立，应该是民建从事会务活动的最高政治指导原则，对此不能有半点的含糊。从 1945 年建会以来，民建始终把中国共产党看成是国家发展和民族复兴的核心领导力量，这已经成为民建的重大政治传统之一，也是其他所有民主党派立党的政治传统之一。这个传统必须从老领导人和领导班子手里原封不动地传递到新领导人和领导班子手里，不能因为组织人事更替完成了，就认为完成了政治交接，而要学习和继承上几辈领导人和领导班子全心全意接受中国共产党政治领导的传统。习近平总书记在曾深刻地提出了“历史之问”：“我们从哪里来？我们走向何方？中国到了今天，我无时无刻不提醒自己，要有这样一种历史感。”这历史感，就是以思想、传统和作风为基石，政治交接要以此为基础。可以说，缺少思想、传统和作风的传承和发扬，组织人事的更替就难以真正完成，所以不但要在组织上接班，更要在思想上、传统上和作风上接班，民主党派的政治命脉传承就在于此。

（二）政治交接不仅仅是一套仪式，更应该是组织和制度的深化

在规范的制度引导下，政治交接一般都有一整套仪式安排，比如代表大会的选举、新老领导人和领导班子的工作交接等。这些仪式体现的是政治交接的庄重和权威，是一个政党的党务运行乃至政治生命力的象征，是必不可少的。这种仪式不仅为民主党派所用，也为所有的政治组织和社会团体所用，其基本功能还包括对参会人士的思想引导和行为指导，让新老交替过程不至于影响组织的正常运行。新领导人和领导班子借此来宣布自己的工作纲领，也会起到有效的组织和思想动员作用。人们普遍看重这种仪式的作用，而轻视了政治交接应该伴随着组织深化和制度深化。

所谓组织深化和制度深化主要指，要在组织和制度上深化对政治交接的保障，最大限度地排除非制度化因素干扰。中国共产党对民主党派的政治交接的政治指导，主要落实在组织措施和制度建设上，比如，对党派新领导人和领导班子成员的考察，有严格的制度规范保障，突出的就是政治立场和倾向的评价。如果没有组织措施和制度建设的保障，那些在政治上未与中国共产党同心同德或者在思想共识上存在问题的人，就很可能进入候选名单，这就给政治交接埋下了巨大政治隐患。

70 年来，民主党派领导的政治交接之所以基本平稳，那些在政治意识上怀疑中国共产党政治领导、怀疑社会主义制度的人没有进入班子，就是因为组织深化和制度深化到了较高的水平上。另一方面，民主党派本身在组织深化和制度深化上，已经初步形成了一整套班子成员的政治立场倾向的评价机制，它是民主党派自己政治传统的自然产物，比如，领导班子的民主生活会制度等。所以，以政治交接深化为目标，就要进一步推进组织深化和制度深化，要系统地、动态地掌握所有成员的政治思想意识的变化及其趋势，结合会务活动和其他社会活动中的具体表现，来确定政治交接过程中的取舍。当然，政治交接的仪式庄重严肃是必需的，但它远不是政治交接深化的全部。

（三）政治交接不仅仅是一个阶段的安排，还应该是可持续的、无尽头的

政治交接还容易被理解为班子换届，既然是换届，总有一个明晰的阶段，从筹备到正式完成，就算终结。深化政治交接的要义还包括要突破一般意义上的时间限制，将政治交接放在一个更广的时序里理解和把握。无论是执政党还是参政党，领导人和领导班子的界别设计主要是确保组织生命力持续增强的制度安排。因此，不必局限在换届这个特定时间段上来理解政治交接，而要在党派发挥社会影响力的全过程来理解。这方面，中国共产党给出了一个范例，改革开放 40 年来，中国共产党经历过若干次换届，这种交替无不具有最鲜明的政治含义，它并非是在换届前后才形成的，而是与中国共产党十一届三中全会确定的路线方针政策的延续性和内在生命力有直接的联系。邓小平同志在 1989 年 6 月的中国共产党领导人交替时强调的是党的十三大方针一个字也不能改，这就是强调政治交接的延续性，而十三大方针却并非在 1987 年才有的，是十几年改革开放进程探索的结果；在 2012 年，习近平接任中共中央总书记，所继承的，也是改革开放路线，他根据国家发展的实际情况，提出了深化改革的基本执政思路，在随后的 5 年时间里竭力贯彻实施，取得了举世瞩目的成就。

民主党派的政治交接深化，应体现在党派组织政治立场的一以贯之和社会影响力的持续上升。要做到这两点，就必须坚持中国共产党的政治领导，对多党合作制度的本质、对民主党派在国家政治生活的定位等重大问题有准确的了解，这种了解不是一蹴而就的，更非换届前后的临时性学习或工作安排所能够涵盖的。要有大的政治交接视野，要在中国共产党领导的多党合作和政治协商制度的大框架里来确定民主党派新老领导人和领导班子的政治交接问题。就民建而言，政治交接的深化，就体现在要将思想、传统和作风的继承和光大放在更长远的历史纵深里来把握，深刻地理解民主革命时期民建第一代领导人立会的宗旨，要依照习近平总书记对不忘合作初心的嘱托，把民族复兴作为当前会的最高政治目标来继承。每一代民主党派领导人和领导班子进行着不间断的政治“接力”。如果说，政治交接深化特指班子交替完成以后的状态，那么，交替完成从来不应该成为一个终结，政治交接本身从来不会有终点，它是循环往复、螺旋上升的过程。成思危主席当年接棒时就指出，他继承民建的优良传统，要从老一辈民建领导人那里继承政治上坚定地跟中国共产党走的政治立场。其实，他的继承原点，并非前一届民建领导人，而是创会的第一代民建领导人的政治立场。郝明金主席在接棒时强调，民主党派深化政治交接，重点是继承和发扬民主党派老一代领导人长期与中国共产党通力合作形成的政治信念、优良传统和高尚风范。关键是增强对中国共产党和中国特色社会主义的政治认同，巩固多党合作的思想政治基础。这本身就是政治交接的深化，体现的就是远远超越换届时限的长时程、大视野的政治交接。

二、民主党派政治交接的重点

只有系统地把握了上述三个方面的认识，才能深刻地领会深化政治交接的重点。

第一，在政治信念上，正如汪洋同志在民建第十一次全国代表大会开幕式上所致贺词中指出的那样，要准确定位民建为“中国共产党久经考验的亲密友党”。这种信念并非凭空产生，而是历史进程中民建的一贯选择：中华人民共和国成立初期，民建的政治主张是“听毛主席的话，跟共产党走，走社会主义道路”；1978 年底以后，这种主张深化为：“坚定不移跟党走，尽心竭力为四化”；进入新时代，这种主张提升“三个与时俱进”，这种一以贯之的政治信念，就是无论在什么样的情况下，都要坚持中国共产党的政治领导。

第二，在政治传统上，民建始终与中国共产党肝胆相照，为国家建设和民族复兴事业而全力工作。在政治参与上，始终讲真话，始终建诤言，始终当诤友，民建始终是一个政治上的积极建设者，而非旁观者，更非破坏者。在建会60周年时，民建提出了“五个坚持”的优良传统，即坚持爱国主义，致力于建设中国特色社会主义事业；坚持接受中国共产党的领导，与中国共产党亲密合作；坚持遵从人民群众的根本利益，认真履行参政党职能；坚持与经济界的紧密联系，努力发挥会的特色；坚持与时俱进，在自我教育中不断提高会的素质。这些优良传统是民建政党实践的历史总结，是全会的精神财富和力量源泉，这“五个坚持”也应该成为政治交接的重点内容。

第三，在政治风范上，要继承的第一代民建领导人和普通成员的忧国忧民情怀。建会之初期，我们就是靠“以团结各界思想进步行动踏实之分子，合力推进民主政治，并以互助方式发展各种有利建国之事业为宗旨”的理念将各地各行进步人士汇聚在一起，以结党方式来发挥集体的力量。民建正是依靠着在反对国民党独裁统治中的积极作为，对国家和民众的积极贡献，获得了中国共产党的高度赞赏，获得了广泛的社会影响力。民建从无一党之私，而是以大局为重，在每个关键的历史时刻，都能作出正确选择，将自己建会初心的表达与实现，同中国共产党建立新民主主义国家的政治愿景联系在一起，积极参与新政协，实现了协商建国。这是民建为执政党建言，为国家建设助力，为社会民生服务的思想动力所系。正基于此，政治交接才能实现真正的深化。

三、深化政治交接的着力点

中国共产党十八大以来，中国共产党领导全国各族人民同心共筑中国梦的伟大实践开创了一个新时代，中国共产党十九大描绘的新时代宏伟蓝图，为参政党实践开辟了广阔的舞台，提供了新的更高的要求。时代是出题人，我们要积极回应时代要求，不断深化政治交接，积极履职尽责。

一是要坚持中国共产党的领导，更加紧密团结在以习近平同志为核心的中共中央周围。深入学习贯彻中国共产党十九大精神，坚决维护习近平总书记在党中央、全党、全国人民中的核心地位，做到始终维护核心，坚定跟随核心、紧紧围绕核心。这是进行具有许多新的历史特点的伟大斗争、坚持和发展中国特色社会主义伟大事业的迫切需要。中国共产党的领导是中国特色社会主义最本质的特征，是中国特色社会主义制度的最大优势。我们要坚定不移地走中国特色社会主义政治发展道路，毫不动摇地坚持中国共产党的领导，切实增强“四个意识”，坚定“四个自信”，更加紧密地团结在以习近平同志为核心的中共中央周围，承担起中国特色社会主义参政党的政治责任。

二是要适应新时代多党合作要求，不断提高中国特色社会主义参政党建设水平。作为中国特色社会主义参政党，在参与国家发展建设中，要履行参政议政、民主监督和参加中国共产党领导的政治协商的职能；民建作为密切联系经济界的参政党，要充分发挥自身特色和优势，不断加强参政党自身建设，自觉做中国共产党的好参谋、好帮手、好同事。要不断提高政治把握能力建设、参政议政能力建设、组织领导能力建设、合作共事能力建设、解决自身问题能力建设；要加强思想建设、组织建设、制度建设、领导班子建设；要传承“五个坚持”的优良传统；要践行社会主义核心价值观和“爱国、民主、建设、团结、创新、奉献”民建共同价值理念，为首都和国家发展建设贡献民建的智慧和力量。

三是要强化政治担当、责任担当、历史担当，服务新时代。作为社会主义新时代的建设和参与者，要更加紧密地团结在以习近平同志为核心的中共中央周围，牢牢立足我国仍处于并将长期处于社会主义初级阶段的基本国情，围绕经济建设这个中心，深入调查研究，认真建言献策；服务统筹推进“五位一体”总体布局、协调推进“四个全面”战略布局，围绕打好防范化解重大风险、精准脱贫、污染防治三大攻坚战，找准履职尽责的切入点和突破口。自觉地把个人的发展和成长融入首都和国家发展建设大局中，创造属于自己的精彩人生，不辜负时代眷顾、人民嘱托、组织培养、国家希望，努力为实现中华民族伟大复兴的中国梦建功立业。

四是要抓住国家发展的重要契机，加强学习提高素质。学习中国共产党党史和多党合作历史，学习中国共产党十九大精神和民建十一大精神，学习中共中央致民建十一大的贺词，学习郝明金主席在民建十一大上的讲话，学习《中国共产党统一战线工作条例》，学习民建会章、会史和会的优良传统等，深刻认识中国共产党在中国特色社会主义事业中的领导核心地位和作用，深刻认识中国特色政治制度和政党制度的历史必然性和巨大优越性，深刻认识自觉接受中国共产党领导的历史必然、中国共产党与民建团结合作的光辉历程，深刻认识民建作为参政党的性质、地位、职能和任务，深刻认识老一辈民建领导人的政治信念、弘扬老一辈的优良传统。民建会员应在自我学习、自我管理、自我提高、自我服务中加强政治思想意识，在坚持学习中不断提高政治理论水平，提高政治站位，内要克服急躁骄傲自满情绪，外要树立虚心踏实勤勉形象。在参政议政上要坚持“参政有据、认识提高、行动及时、建议可行、步调一致、议政主动”。强化为国家为民族为人民服务的意识，增强“只有国家好，我们才能好”的思想价值引导，树立“培养参政党人才要有格局，有胸怀，有眼力，团结参政党人才坚持有能力、有水平、有视野、能服众”的人才观。

新起点面对新目标踏上新征程，民建要始终坚持中国共产党的领导，以深化政治交接为契机，传承民建优良传统、继续砥砺奋进，推动新时代统一战线和多党合作事业实现新的更大发展，为决胜全面建成小康社会、夺取新时代中国特色社会主义伟大胜利、实现中华民族伟大复兴的中国梦、实现人民对美好生活的向往继续奋斗，贡献民建的智慧和力量！

新时代非公经济人士弘扬企业家精神的思考

企业家精神，是一个具有特定内涵的概念，最先由美国经济学家熊彼特提出来，核心是创新，即在各种既定条件的约束下，以创新思维和方法来实现经济活动的高效化。于企业家，借此能够获取更多的利润；于整体经济，借此能够实现可持续的发展。在19世纪中叶，随着洋务运动的推行，中国出现了第一批企业家，其中有官商，也有真正意义上的民商，他们成为当初经济结构转型和经济发展的积极促进力量，他们本身也积累起了相当财富。到20世纪中叶，中国社会已然形成了企业家阶层，在经济地位、政治地位和社会地位上，独有特点。可以说，这些企业家的成功，有各种因素促成，但根本上是因为他们践行了一种创新精神，即在各种约束条件下，探寻生产经营的内在规律和社会经济活动的规律，在满足社会对各种物品或服务需要的同时，也获取了相当的财富。比如，20世纪初的张謇在生产技术、管理和经营方面，突破旧有模式，根据中国经济条件，创造了许多新的方式方法，成为中国民族资本家的典范。作为杰出企业家，他给后代留下了极为丰富的思想资源，根子就是创新精神。

在创新这个主题之下，可以对企业家精神有更为丰富多样的理解，确实，创新精神仅仅是一种内核，在实践中，它必定有各种不同的表现方式，在不同的经济条件和情境下，企业家的创新精神也有不同的践行手段。

第一，企业家精神首先表现在突破旧规，实现全新定价上。企业家的生产经营活动，在微观意义上，就是根据自己对市场供需关系及其变化的判断，来重新组合各种资源，比如资金、人力、物资等等，从中找到最有效率的组合方式，为社会提供所需的物品或服务。这个过程就是重新定价的过程，也就是企业家发扬创新精神，在比照各种相关因素以后，找到新的价格和价格实现方式，完成合规的生产经营过程。没有重新定价意识，就没有企业家的合规而有盈利的活动。比如，房地产开发商对地价的衡量标准，就出自对市场需要的判断，一片土地的价格如何确定，完全反映了他们的生产经营活动的所有信息；同样，20 世纪 80 年代初期珠三角最早兴起的企业家，他们通过对劳动力的重新定价，找到了实现合规而有盈利的生产经营活动的切入点；如今正在快速发展的互联网企业家，也正是发现了快速流动的各类信息以及信息提供服务的新价格，而大胆创新了许多新的商业模式与业态，从而实现了企业的超常规快速发展。所以，企业家精神的创新意义，在微观层面上首先并集中地表现为定价创新。这一点，也是企业家精神的基础，是必须要加以总结、提炼和弘扬的。在这一方面，腾讯集团、传化集团、万科集团、远大集团做得比较出色，他们在每一个经济周期都能够占据优势地位，就在于他们在寻求新定价方面快人一步，高人一筹。

第二，企业家精神还表现在适时调整自身的思维方式和行为方式，以便切合社会经济发展的需要上。在中观层面上，企业家必须学会将企业活动与社会其他组织活动之间的关系处理好，不但要与政府机构处理好关系，还要与所属地区的其他社会组织建立起良性的互动关系，在发挥企业的特定职能时，才能有所作为。尤其是非公有制企业，不在传统意义上的国有的或集体经济组织体系之内，在初创时期，更要有创新意识，找准自己的位置，不能因循守旧，要有独立性。这就取决于企业家如何及时地调整自己的思维方式和行为方式。对负外部性的企业行为（比如污染等），要时刻警惕，在生产经营活动中要加以阻止，甚至不惜提高成本。不能拘泥于利润至上原则，而对企业活动的社会经济文化影响不管不顾。在这一方面，如万向集团、阿里巴巴集团、三一集团等，做得比较到位，反映出企业家调整自己的思维方式和行为方式十分到位。

第三，企业家精神还表现在正确对待竞争与合作的关系上。企业之间的相互关系是一个十分重要的关系，能否处理好这种关系，考验企业家是否能够践行创新精神。这里，不但有同行同业关系，还有上下游企业的关系，还有银企关系，等等。在企业这样的经济组织之间，这种关系涉及竞争与合作两个方面，往往是比较难把握其中的合理合规界限的。如此，需要弘扬企业家精神来直接面对。在中国当下，非公有制企业首先面临着的是，如何处理与公有制企业的关系，这个关系的演变本身充满了许多经济或非经济因素，一些企业家因为没有处理好这种关系，或是错失了发展机会，或是遭到了重大的挫折。在许多非公有制经济人士看来，公有制企业因占有更多资源而更具竞争力。但是，这并不表明，非公有制企业就无所作为了。恰恰是因为处在经济体制转型关键时期，才需要以创新精神来处理好这种关系。当然，在许多竞争性行业，与公有制企业之间竞争与合作关系比较复杂一些，但是，那些成功的非公有制企业无一不是在遵守法律的基础上，依循生产经营规律的努力创新者。在这一方面，做得比较优秀者，有力帆集团、沙钢集团、新希望集团、复星集团等。

第四，企业家精神更表现在承担起应有的社会责任，而不仅仅是局限于一般的利润至上原则。企业的社会责任概念和相关体系，是在20世纪90年代逐渐传入中国的，非公有制企业与公有制企业一样，很快就接纳了这一概念，并全力施行。企业家精神在这一方面具体表现为，注重企业对社会贡献的一般性要求的同时，竭力在其他方面作出贡献，比如，在环境保护、员工权益保护、与企业所在地关系的处理、公益活动的参与等等，一些国际标准正在逐渐为中国企业家所采纳。其实，在中国，这方面的传统因子并不丰富，一些企业家最初在履行社会责任方面，经常遇到障碍和不理解，甚至一些人对他们的一些活动的动机提出严重质疑。非公有制企业遇到的困难更多，但是，许多企业家坚持不懈，他们发扬的，就是企业家精神，以创新意识来落实对社会的一项一项具体的责任，将企业对社会的贡献从一般领域扩展到更多的领域。于是，全社会看到越来越多的非公有制企业家投身于各项公益活动中，成为新的社会典范。一些人以为这是一种不务正业的做法，而更多的非公有制企业家则认为，这是在尽着企业家的本分。在这一方面，做得比较出色的，有福耀集团、海尔集团、泛海集团、正泰集团等等。

上述分析说明了一个简单的道理，企业家精神的弘扬从来不是抽象的、单一的，而是由特定内涵所支撑的，这个内涵的核心就是创新。从近代人类社会发展的基本规律看，企业家精神实际上是一个社会最重要的精神资源之一，它不仅代表了企业家这个特定社会阶层要在社会上站稳脚跟、获得发展所不可或缺的意识基础，也代表了一个社会的文明进步程度，更代表了这个社会的文明程度所及的基本指标。近些年来，全社会对创新精神的重要性的认识，达到了一个新高度，从国家领导人，到各界专业人士、大众，都视创新精神为一个国家生存与发展的重要精神动力源。企业家的创新精神实际上是整个社会创新精神的标杆之一。

弘扬企业家精神，就是要弘扬创新精神。在这一方面，还有许多工作要做：

——企业家本身不能有丝毫的不自信，不但要践行创新精神，而且，要将自身打造成为这种精神的主要象征，担负起应有的社会责任来。不能妄自菲薄，要有当仁不让的意识来强化创新精神。民建主要是由经济界人士组成的中国特色社会主义参政党，更应该把培养和弘扬企业家精神，作为全会的重要精神建设重点，利用各种场合和资源，来为企业家精神鼓与呼。

——企业家精神的弘扬，要有切实的载体，各级企业家组织、企业家的活动乃至企业生产经营活动，都应该成为这种载体。过去，在媒体上报道非公有制企业家遇到的种种不如人意的情况比较多，实际上，应该多宣传报道各类企业家如何在生产经营活动中发扬企业家精神，获得出色业绩的消息，让更多的人意识到，这种企业家精神不但是企业家的立身之本，也是全社会应该提倡和保护的重要精神资源。

——要有强有力的引导机制，对那些弘扬企业家精神卓有成效者，给予应有的激励。除了年度的企业排行榜之外，还要大力推出和宣传企业家社会责任榜，对企业家之于社会的多方面贡献，有一个客观准确的反映。这一点，民建可以考虑方式方法的创新，可以以各级组织为依托，开展更为丰富多样的活动。

——要在多元化思想互动过程中弘扬企业家精神，要对企业家精神的内涵和意义，有符合社会发展要求和文明进步尺度的阐述，要鼓励对企业家精神的学术研究，给这些研究提供各种便利，鼓励企业家与其他社会人士建立起紧密的联系，在互动和交流中，弘扬企业家精神，找到克服不足的有效途径，应该将各地各级的企业家联谊组织更加规范化，吸纳相关界别的人士参加这样的活动，提升组织的开放程度，使得企业家与其他社会人士之间有制度化的联系，减少其他社会人士对企业家阶层的思想、行为的一些误会。

——企业家精神的弘扬不是搞运动就能够做好的，对此，要有长远的规划，要把它作为一项长期的任务。要把企业家精神的弘扬与社会主义核心价值观的弘扬联系起来。对企业家作为一个特定社会阶层人士应具有的思想意识品质的高要求，与社会主义精神文明建设的总目标联系在一起。在处理一些涉及企业和企业家的社会性事件时，要谨慎对待，不能任由各种缺乏根据的说法和信息四处泛滥，要树立企业家的正面形象，将他们与工农兵等其他社会形象放到一起，而不是作为对立面来进行宣传。

——工商联可以制定年度的企业家精神弘扬活动计划，采用表彰等方式，对一些优秀企业家的活动和业绩广为宣传，可以将一些企业的合规生产经营活动，作为典范来加以宣传，突出非公有制企业在国家发展和经济建设、社会进步中的独特作用。要有针对性地解决一些企业家在发展中遇到的困难，将这一方面的工作放在坚实的制度基础上。工商联应该就企业家精神的弘扬，作出正式的决议，将它与基层组织建设、年度任务的完成联系在一起，并通过这样的活动，强化对会员的政治引导和精神感召作用。

学习中共中央、国务院《关于营造企业家健康成长环境弘扬优秀企业家精神更好发挥企业家作用的意见》（以下简称《意见》）必须以全面贯彻落实习近平新时代中国特色社会主义思想和党的十九大精神，深入学习贯彻习近平总书记系列重要讲话精神和治国理政新理念新思想新战略为根本理论遵循。在不同的经济条件和情境下，企业家的精神有不同的践行手段。弘扬爱国敬业、遵纪守法、创业创新、服务社会等优秀企业家精神，调动广大企业家积极性、主动性、创造性，发挥企业家作用，应坚持倡导与践行并举，走创新非公经济发展之路。要为营造依法保护企业家合法权益的法治环境、促进企业家公平竞争诚信经营的市场环境、尊重和激励企业家干事创业的社会良好氛围形成提供制度机制保障。

落实《意见》精神，大力弘扬企业家爱国敬业、遵纪守法、艰苦奋斗的精神，弘扬企业家创新发展、专注品质、追求卓越的精神，弘扬企业家履行责任、敢于担当、服务社会的精神。我们的企业家首先要有觉醒意识，要有践行意识，弘扬优秀企业家精神不能仅仅停留在传统的宣传引导上，而是要扎扎实实地为优秀企业家精神倡导与践行做好基础性工作，使得优秀企业家精神有扎根之处、展示之所。大力倡导弘扬优秀企业家精神是回应时代需求、人民需求、国家需求、民族需要，提升国家治理体系和治理能力现代化的必然要求。优秀企业家精神应该成为国民素质的重要组成部分，因为这种精神一方面连接着国民对优良品质的基本追求，另一方面也与培养国民艰苦奋斗勇于担当的务实意识相连。

优秀企业家精神是意识取向和行为取向的结合体，孤立地谈某一方面，都是不全面的，不具体的。在全社会提倡弘扬优秀企业家精神的关键，在于如何为践行提供更多的制度机制引导和保障。回应 2017 年 9 月出台的《意见》，在社会倡导优秀企业家精神，要有系统观念，要结合国民教育模式的创新来做，要结合学校教育改革来做，要结合对企业家第二代教育引导来做。优秀的企业家精神是对中华民族优秀传统文化的继承和弘扬，“艰苦奋斗、追求卓越、服务社会”是优秀企业家精神的体现，这也应该是优秀企业家的品质内核。将“艰苦奋斗、追求卓越、服务社会”精神植入职业道德教育和国民素质中，相关部门要联合社会其他力量，制定“国家职业道德教育大纲与实施纲要”，将优秀企业家精神的倡导提高到更系统更高的层次上，不能流于一般性的宣传。这也是将优秀企业家精神的培养与民族精神再造的长远设想联系在一起的必由之路。优秀企业家精神的培养要从小做起，尤其在企业家第二代中积极开展。强化制度机制保障是弘扬优秀企业家精神的基础。这种制度机制的要点在于对实践行为的有力引导，且是以有力度的奖励为主要的引导力量。针对企业家除了劳动模范、先进工作者等表彰机制之外，国家层面上，应该设立践行优秀企业家精神的表彰机制。同时，弘扬企业家精神，还要注重精神建构。

“艰苦奋斗、追求卓越、服务社会”是优秀企业家精神的基本价值取向。改革开放 40 多年来，我们的国家实力大大增强，这反过来也促使人们对国民素质的理解和认识进一步深化。其实，无论在哪个时期，作为体现国民基本思想认识和行为取向的一些基本价值准则，从来就是国民素质教育的重点，比如爱国敬业、诚实守信、勇于进取、艰苦奋斗、追求卓著、精益求精等，应该是国民基本素质的主要内涵。新时代提出大力弘扬企业家精神，实际上是为国民素质教育增加了新的内容。今天的中国已跃居世界第二大经济体，“一带一路”倡议向世界人民发出共建“命运共同体”的美丽邀请，开放包容的中国正以海纳百川之势，走在全面建成小康社会、全面深化改革、全面依法治国、全面从严治党，进行经济建设、政治建设、文化建设、社会建设、生态文明建设，实现“两个一百年”奋斗目标、实现中华民族伟大复兴康庄大道上，弘扬企业家精神是大国向强国迈进的时代呼唤。

正确把握一致性和多样性关系，切实发挥人民政协统战功能

2015 年 5 月，习近平总书记在中央统战工作会议上讲话指出：“做好新形势下统战工作，必须正确处理一致性和多样性关系，不断巩固共同思想政治基础，同时要充分发扬民主、尊重包容差异，尽可能通过耐心细致的工作找到最大公约数。”这是党的领导人第一次提出统战工作的一致性和多样性关系问题，作为最广泛的统战工作组织，人民政协可根据自身的宗旨所向、职能定位、任务特性以及实际情况，就一致性和多样性关系问题进行深入系统的探讨。

一、统一战线一致性和多样性关系涉及的两个层面问题

第一，社会更加多样化，更需要一致性。从 21 世纪初以来，中国社会已经呈现出多样化特点，社会各个人群的思想观念、行为方式、利益诉求，不再是单一的。我们可以看到，新的社会阶层人士不断涌现，他们与其他社会人群在经济文化等方面的差异性，是十分突出的。中国社会科学院曾经做过分析研究，其中列出的一些特性就足以反映出现阶段社会人群的多样化特性。在急剧的社会转型阶段，这种多样性客观上也衍生了一些紧张关系乃至冲突关系，各种媒体上关于影响社

会和谐问题的报道，从某种程度上说明了这一点。在中国共产党的坚强有力领导之下，采取了系统化措施，从政治、经济、文化等方面入手，将这种多样性包容在适当的范围之内，保持政治稳定局面。与世界上其他转型国家相比，中国的社会稳定程度是最高的，这给经济持续增长、人民生活不断改善奠定了坚实的基础。这就充分说明，社会多样化进程越加速越深化，越需要政治上的一致性来确保其方向的正确和方法的得当。在这一过程中，无论社会多样化进程如何，人民政协的这种作用是不可替代的。

第二，一致性要在多样化的基础上才能形成和巩固。中国共产党六十多年来倡导和成功实践的政治一致性，扎根于中国政治社会发展的具体实践之中，从来不是单一、僵化的一致性，而是有多样性为基础的一致性，这样的一致性具有十分丰富的依据。中国共产党在制定重大政策和落实政策过程中，借助民主党派的资源实现政策目标。这样，既发挥了民主党派的优势，也确保了政策实行到位，确保了多样性的价值。改革开放以来社会关系和利益格局的多样化，许多人士通过各种渠道所表达的意见和建议，成为国家制定政策的参考依据，他们为所属人群的合理利益与关切得到充分的关注而呼吁，使政策的现实依据更加充分合理。在这个过程中，人民政协起到了巨大的作用，参与各级政协活动的委员和代表性人士数十万计，成为生动反映社会各人群多样性的集中代表，人民政协举办的各种协商活动是这种代表活动机制化的体现。

正确处理一致性和多样性关系，关键是要坚持求同存异，一方面要不断巩固共同思想政治基础，包括巩固已有的，共同推动形成新的共识，这是基础和前提。另一方面要充分发扬民主尊重包容差异，但对危害中国共产党领导，危害我国社会主义政权，危害国家制度和法治，损害最广大人民根本利益的问题，必须旗帜鲜明反对，不能以多样性的名义大行其道。这是政治底线，不能动摇。

中国的政治一致性主要体现全国各族人民在重大问题上保持思想和行动的高度一致性。具体而言，这种一致性主要表现在：一是思想认识的一致性，集中反映在各界人士对一些重大政治问题的认同上，比如，对党的作为国家领导力量的定位的认同，对建成富强民主文明和谐美丽的国家的目标认同，对主导国家发展的先进思想理论的权威性认同等；二是行动上的一致性，主要体现在，各界人士都站在各自的角度、利用自己的专业、根据自己的特长和兴趣，都在为国家发展和社会进步作出贡献。尽管岗位不同，具体活动方式不同，但这不妨碍行动上的一致性。

这种辩证关系的把握不仅是理论上的，而且是实践上的，人民政协就是最重要的舞台。不但每年两会期间汇聚了各个人群代表性人士的意见和建议，而且，在日常活动中，也创造各种条件为反映多样性、实践一致性提供保障和激励。其中最重要的机制保障，反映在政协的包容性上，即不但对各个人群代表人士的包容，更是对各种不同意见的包容。多样性与一致性关系的关键在于一致性是否兼容了多样性，主要看多样性所反映的不同意见和建议是否得到包容。在中国共产党六十多年执政经历中，充分给予了各种不同意见和建议的表达，也在制定和实施政策时给予必要的考虑。从中国的发展历史看，六十多年，不同意见和建议的主观出发点都是好的，都是为了国家发展、社会进步和人民幸福，正因为不同人群站在不同角度，看问题的方法有所不同，甚至很不同，才可能集思广益，使决策更加科学。人民政协恰恰提供了这种舞台，对不同意见和建议的提出，给予充分的鼓励、引导，确保了一致性与多样性之间的有效平衡。

二、人民政协是统一战线内部正确处理一致性和多样性关系的典范

人民政协是统一战线的组织，是中国共产党领导的多党合作和政治协商的机构，是人民民主的重要实现形式，体现了中国特色社会主义制度的鲜明特点。人民政协作为社会主义协商民主的重要渠道和专门协商机构，人民政协有效凝聚了各党派、各团体、各民族、各阶层、各界人士的智慧和力量，揭示有事好商量、众人的事情由众人商量的中国特色社会主义人民民主真谛。努力建设了解民情、反映民意、集中民智、珍惜民力的决策机制，增强决策透明度和公众参与度，保证了决策符合人民利益和愿望。广纳群贤把各方面优秀人才积聚到党和国家各项发展事业中来，中国人民政治协商会议制度符合中国国情，符合广大人民群众共同利益。

人民政协制度存在和运行的前提是承认社会人群的多样性，将这种多样性融合成为一致性，正是统战工作的本意，也是政协工作的核心所在。这种融合不是以一致性替代多样性，而是在尊重多样性的作用、吸纳多样性的价值的前提下做好相关工作。如果没有这个前提，以一致性替代多样性，政协体现统战性也成为无本之木、无源之水。政协的组成单位或个人，具有广泛的代表性，在政协里，有不同的党派、不同界别、不同职业身份的成员，他们各有自身的社会经济文化特性，这是由社会多样性所决定的，也是社会发展进步的一种指针。

从新中国成立到今天六十多年里，人民政协为恢复和发展国民经济、巩固新生人民政权、推动各项社会改革、促进社会主义革命和建设作了历史性贡献。1954 年，全国人民代表大会召开后，人民政协作为多党合作和政治协商机构、作为统一战线组织继续发挥重要作用，在完成社会

主义改造、推动各种社会力量为实现国家总任务而奋斗、活跃国家政治生活、调整统一战线内部关系、扩大国际交往等方面发挥了重要作用，为推进新中国各项建设贡献了力量。人民政协发挥统战职能，调动一切积极因素，努力消化消极因素为积极因素，团结一切可以团结的力量，在各个历史时期都在积极地推动一致性与多样性的有机相容共生，积聚社会各界力量与国家民族人民利益始终在一起。新时代人民政协必须坚持一致性，最大限度包容多样性，调动一切积极因素，团结一切可以团结的人，汇聚起共襄实现中华民族复兴伟业的强大力量。在新中国成立六十多年的历程中，人民政协成为处理好一致性和多样性之间关系的典范，既达成了国家发展和社会进步所必不可少的一致性，也达成了促进社会各人群自身优势的多样性。这是很伟大的成就。在西方所谓的民主社会中，各个人群的多样性可能得到了相当的尊重，但是，整个社会的一致性则难以达成，所以经常出现了重大问题上的严重割裂。那些照搬西方民主模式的发展中国家更是如此。这都从另一侧面凸显了中国的一致性和多样性有机结合的重要意义，而人民政协恰恰是这种结合的助推者和力行者。

三、从正确处理一致性和多样性关系出发，更好发挥人民政协的统一战线功能

根据习近平总书记关于做好统战工作与政协工作的原则要求，我们应该把政协作为体现中国社会的多样性和一致性的历史性舞台，充分发挥和完善政协的政治制度优势，率先推进全社会的多样性与一致性在机制上、文化上的高度融合。统一战线是一致性和多样性的统一体，只有一致性没有多样性，或者只有多样性，没有一致性，都不能建立和发展统一战线，正所谓“非一则不能成两，非两则不能致一”。目前，作为

最大最主要的统战工作平台，政协应该在这一方面有更为大胆的创新，在现有的政治体制框架内，实现有价值的突破。

第一，政协应吸纳更多的社会人群的代表性人士。政协是具有广泛代表性的组织，各个界别人群在其中都有代表性人士，而社会人群是多样化、动态的，通过换届与届中增补的做法，政协平台参与国家社会发展事务方面已经取得很好成就。结合新时代党对人民政协工作的要求，需要更好地把握社会人群多样化这一特点，在积极发挥这类人群中代表人士的作用方面加强研究和创新。政协组织可以发挥已有的机制和制度优势，创新工作方法，吸纳更多代表性人士参加活动，善于发现其需求，给予一定的帮助，使其在参与政协活动中发挥更大作用。比如，根据新的社会阶层人士的群体特征、专业能力、行业贡献、社会价值，在政协组织系统里可以适当地为这些代表人士履行职能搭建平台、畅通渠道，加强联系交流，引导鼓励其发挥作用。

第二，政协应该创建更多的参与、发声、交流平台。政协真正实现多样性和一致性的融合，在创建更多的反映社会多样性的平台方面可以多做一些创新和尝试。首先建构起更多的让各界人士参与、表达和交流的平台，不是仅仅把政协委员身份赋予一些代表性人士。一是引导全体委员会议成为真实意见和建议表达的场所，适当调整委员全体会议的形式、报道方式等。二是组织更多的政协委员，参与各种活动，除了常规的视察或讨论之外，可以尝试搞一些关于社会热点事件或群众关心问题的讨论会、小型沙龙等，以便更好地服务党和政府工作。三是对政协委员的界别活动作出规定，优化现有考核办法。政协组织鼓励委员开展各种社会调查活动，并为其尽可能地提供帮助和便利，为此，各级政协可以建立起独立的社情民意中心，依托政协委员资源，定期地进行调查走访，反映社会人群诉求的多样性，为决策提供基础性依据。四是利用政协委员资源，加强同其所处界别群体或者人士的联系，收集他们的意见建议，要把这种拓展工作当作是政协了解多样性实现一致性的一个重要工作来抓，许多宣传教育和引导工作，不能仅仅局限在政协委员身上，而要尽可能地扩散到最广泛的人群里去，这也为选拔、考察政协委员的能力和代表性提供坚实的基础，对完善政协委员产生机制和履职活动的监督制度，也是很重要的。

第三，政协应该健全完善多样性意见诉求表达和实现机制。政协现在面临的问题是在多样性和一致性两者关系的把握方面，还有待提高，具体地说，达成一致性能力很强，而反映多样性能力相对较弱。为了实现多样性和一致性统一，除了要进行一系列基础性制度和机制改革和优化之外，还要健全表达机制。一是健全政协委员表达意见的保护机制。这一方面的规定不能停留在一般的要求上，要有行动细则，使政协委员能够在会上畅所欲言。所谓保护机制，就是真正做到“三不”：不扣帽子，不打棍子，不抓辫子，创造出言者无罪、闻者足戒的氛围。二是政协在发挥新媒体能力方面需加强。作为表达社会多样性意见和建议的平台，可以与其他的一些官方媒体作出区别，可以利用微博、微信公众号或移动 App，亦可以在微视频方面作出一些尝试，发出政协声音，引导社会正能量，切实反映社会变化和多样性特性，为达成一致性提供基础。三是政协应加大内部信息交流机制的改革。在内部参阅资料的编辑与流传机制上，有新的突破，比如，创办一些言论更直率的内参，鼓励政协委员踊跃建言献策。

丰碑在目　景仰永恒

中国共产党与民主党派的合作历史，就是一部中国人民不断争取民主自由和解放的历史。在新民主主义革命的关键时期，民主党派与中国共产党坚定地站在一起，主要是因为中国共产党所主张的社会革命和国家建设思想已经在社会各界人士和各种政治力量中产生了压倒性影响。中国革命的胜利是历史的选择，人民的选择，根本的道理就在于此。1948 年中国共产党发布“五一口号”，在全国引发强烈反响，就是一个基本的历史事实。到 2018 年，“五一口号”已经发布 70 年，70 年风雨历程，见证了中国共产党领导包括各民主党派在内的全国各种政治力量和人士团结一致共同为国家的繁荣富强而艰苦奋斗的光荣历程。在进入中国特色社会主义事业新时代的今天，重温“五一口号”发布的历史，从中更能体会到中国共产党与各民主党派一直在共同担当着国家繁荣富强的历史使命，一直荣辱与共为实现民族复兴伟大目标并肩前行的历史身影。

一、为什么会有“五一口号”

“五一口号”发布之前，中国共产党的政治主张以及在解放区的实践已经在全国民众中产生了广泛的影响，许多有识之士已经完全丧失了对国民党和国民政府改革政治、建设国家的能力的信心，而将国家未来发展的期望寄托在中国共产党身上。这一点中国共产党在14年的抗战中发挥中流砥柱作用时，就已经成型了。许多民主人士到访延安，考察延安的社会政治状况，与毛泽东等中国共产党领导人进行面对面的交流，了解党的政治主张，黄炎培与毛泽东谈到中国政治周期率的问题，梁漱溟与毛泽东谈到未来中国农村建设问题，萧三与毛泽东谈到建设新中国文化事业的问题，等等，都蕴含着对中国共产党未来在中国执政的期待。同时，周恩来等中国共产党领导人在重庆等国统区利用《新华日报》的阵地不断宣传中国共产党政治主张，赢得了最广泛的政治支持。所以，在抗战结束以后国共两党和平谈判过程中，毛泽东亲赴重庆所发表的各种公开讲话，之后周恩来等人在政治协商会议上阐述的中国共产党的建国主张等，很快就引起各种政治力量的积极反应。随着解放战争不断取得压倒性胜利，国家政权易手于中国共产党的前景更加明朗，民主党派更加体悟到国民党和国民政府被取代的历史必然性，到1947年国民党召开一届国大时，民主党派及其领导人采取了各种抵制的做法，源于对旧政权失去了政治信心，已经将中国发展的希望完全寄托在中国共产党身上。

一年以后，中国共产党领导的人民军队已经形成了对国民党军队的绝对优势，在苏联共产党的支持下，中国共产党正式开始将建立新的全国性政权提上议事日程，而中国共产党与国民党的根本区别在于，从来不排斥社会各种政治力量对社会革命和国家建设的积极参与。为了体现新政权的广泛社会基础，也为了最大限度地团结各种社会政治力量，中国共产党在抓紧武装夺权斗争的百忙之中，花了大量精力来进行新政权筹备工作，以各民主党派的团结为宗旨的统战工作进入新阶段。鉴于中国共产党的众多思想理论和政策主张早已为社会各界所熟知，利用“五一”这个特殊的节日公开发出一系列明确的政治号召，是必然的选择，体现了中国共产党对口号能够获得社会各界积极响应的高度政治自信。5 月 2 日，受到国民党和国民政府通缉而躲避香港的李济深、沈钧儒与在香港的各民主党派代表一起对“五一”号召进行讨论，他们为中国共产党的政治主张所感召，决定作出最积极的回应，5 月 5 日，李济深、何香凝（中国国民党革命委员会），沈钧儒、章伯钧（中国民主同盟），马叙伦、王绍鏊（中国民主促进会），陈其尤（中国致公党），彭泽民（中国农工党），李章达（中国人民救国会），蔡廷锴（中国国民党民主促进会），谭平山（三民主义同志联合会）以及郭沫若（无党派民主人士），联名致电毛泽东，响应中国共产党“五一”号召，拥护召开新政协。他们还共同向全国发出《响应中共“五一”号召的通电》，5 月 7 日，台湾民主自治同盟发表《拥护中共“五一”号召告台湾同胞书》。民主建国会于 5 月 23 日在上海秘密举行了常务理事、监事联席会议，通过决议，响应中国共产党“五一”号召。这是近代中国历史上罕见的各党派联合一致的响应行动，充分体现了各民主党派对中国共产党政治主张的真心拥护。这种响应很快落实在行动上，许多民主党派领导人和各界代表人士此后在中共中央的帮助下，以各种方式抵达解放区，他们成为 1949 年 9 月由中国共产党召集的新政协的参与者，一起参与新政权的建设和随后的国家建设事业。

70 年期间，民主党派从来没有怀疑过党的政治领导地位，虽曾经历波折，但这种政治坚信具有了更加坚实牢固的基础。习近平总书记在纪念政协成立 65 周年大会上的讲话中很明确地指出，中国共产党与各民主党派之间的关系既是执政党与参政党之间的关系，也是亲密无间的合作关系。从“五一口号”发布历史看，这种政治坚信基础的形成并非一朝一夕、一蹴而就，而是在 70 年的政治实践中奠定的，是不可动摇的。

回顾70年的历史，可以得出三个明确的历史结论：

第一，2012年中共十八大和2017年中共十九大上反复强调的理论自信、道路自信、制度自信、文化自信，并非无源之水，无本之木，早在1948年“五一口号”发布时就已经充分体现了出来。

第二，这种自信的本质就是相信中国共产党的思想理论和政策主张能够获得包括民主党派在内的全国民众的一致支持和响应，这种乐观的预期源于中国共产党在数十年武装斗争和政治建设中建立的政治声望和力量。

第三，中国共产党和各民主党派都将国家富强繁荣和民族复兴作为政治目标，为民谋福利既是这些政党的政治初心所在，也是民主党派坚决服从中国共产党政治领导地位的思想基础。

二、为什么要用口号的方式

口号是一种表达政治立场和观点的特殊手段，和长篇大论不一样，口号具有简洁性、鲜明性，传播起来也迅速，不会失真。在中国共产党长期的武装斗争历程中，口号作为一种阐述政策、宣传主张、凝聚人心的重要工具，发挥了不可替代的作用。

在1927年8月和12月的南昌起义和广州起义中，中国共产党拟定和发布的口号成功引起了广泛的社会反应，让民众充分认识到在国民党血雨腥风镇压下中国共产党有勇气有能力开展针对性的武装斗争，这是一种重要的政治宣示，反映了中国共产党面临重大挫折时不畏艰难和牺牲的精神。此后，在建设苏维埃政权时期，为了打开群众思想动员工作的新局面，中国共产党善用各种口号来公布自己的政策主张，以瓦解敌人和教育引导群众。1933年1月在江西瑞金建立的中华苏维埃共和国临时中央政府尽管实际管辖面积不大，但是它喊出的土地革命口号吸引了成千上万的农民积极参与新政权的建设。在 1934 年 10 月红军被迫离开根据地开始长征之初，军心不稳民心不安，中共中央拟定和发布了许多口号，通过各种方式传播，在苏区做到了家喻户晓，让民众了解到革命形势的变化，让战士激起坚定的胜利信心。在长达 14 年的抗战时期，中国共产党拟定和发布的口号对振奋民心、宣传中共领导的八路军新四军的伟大战绩、打退国民党反动逆流都起到了极其广泛的影响，可以说，这是最有效的宣传工具之一。在 20 多年的斗争历程中，中国共产党也极为娴熟地掌握和运用这一工具服务于党的根本任务。在筹备新政权、更广泛地吸引各种社会政治力量投入与国民党和国民政府的战略决战的关键时期，中国共产党自然要运用口号这个有效的工具，“五一口号”的发布采取了各种渠道，有新华广播电台，有各地报纸，也有标语，也有小册子，真正做到了全覆盖。

发布口号的同时，中国共产党也经常发布宣言，举行集会、游行，在党报党刊上发表文章、社论，系统地阐明口号的含义。这些口号简单明了、易于传播和理解，新中国成立以后，中国共产党在历次社会革命和政治运动中，还是依靠口号的拟定和发布，成功地完成了民众的思想动员和组织动员的任务，民主党派对中国共产党拟定和发布的口号的理解也极为迅速极为准确，这成为特殊的政治沟通方式。

70 年来，社会政治格局发生了巨大的变化，作为执政党和参政党，中国共产党和各民主党派在团结合作的历程中遇到了新的问题，也发展出新的思想理论和政策主张，而如何向全社会宣传和解释这些思想理论和政策主张，则需要更多样化的工具和手段。比如，每一次中共代表大会之后，由中央宣讲团到全国各地进行思想理论和政策宣讲，由中共有关负责人专程向民主党派人士介绍大会的精神，由覆盖全国的广播电视网络，来进行系统的全渗透的宣传工作。这些新做法恰恰是口号工具的延伸和升级，它起到的作用四处可见，除了在庄重的党代会、两会场合有高悬的标语口号之外，还有历次中共党代会政治报告的结尾，都有明确简洁的口号。作为强有力的政治宣示，这些口号无不体现了执政党的政治气势、政治自信和政治影响力。

三、“五一口号”发布了什么

1948年“五一口号”的拟定和发布，是由毛泽东主席亲自主导的，体现了中国共产党在新中国蓝图绘就之初，就要团结最广泛的社会政治力量和人士，这实际上给民主党派正式发挥建设性力量提供了历史性机会。所以，“五一口号”获得各民主党派的积极响应，也是意料之中的，体现的是民主党派有意要在中国共产党的领导下抓住历史机遇的政治决断。

1948年4月30日，中共中央书记处扩大会议讨论决定“五一口号”由新华社正式向全国发布，5月1日，中共晋察冀区委主办的《晋察冀日报》头版头条刊发了“五一口号”。5月2日，中共华北局主办的《人民日报》也在头版头条全文发表。“五一口号”一共23条，条条都是最坚定和明确的政治主张，涉及中国共产党所实行的政治、军事、经济等方面的重大方针、政策，是实际上的最简洁版本的政治宣言和政策纲领。

为了让“五一口号”最准确地反映中国共产党的政治主张和诚意，毛泽东修改和增加了许多内容。他将原稿第23、24条合并改为“中华民族解放万岁”，体现了中国共产党为民族解放和复兴事业而斗争的初心所在。“五一口号”原稿的第5条是:“工人阶级是中国人民革命的领导者，解放区的工人阶级是新中国的主人翁，更加积极地行动起来，更早地实现中国革命的最后胜利！”毛泽东将其修改为“各民主党派、各人民团体、各社会贤达，迅速召开政治协商会议，讨论并实现召集人民代表大会，成立民主联合政府！”这一修改揭示的政治含义是很明确的，更直接地向包括民主党派在内全国各种进步的社会政治力量发出了呼吁，这也是一种热忱的政治邀约，更是明确的建国前景的描绘。其中，建立联合政府的呼吁，直接延续了毛泽东在1945年中共七大政治报告中强调的主张，也体现了中国共产党要建立的新政权具有广泛的政治包容性。“五一口号”之所以被认定是各民主党派、无党派民主人士公开自觉地选择了中国共产党的领导，坚定地走上了新民主主义、社会主义道路的重大标志，之所以被认定为是中国共产党领导的多党合作制度的重要起源，道理也在这里。

“五一口号”明确发布了要打倒国民党反动统治，建立民主、自由、富强的新中国的目标，这也是包括民主党派在内的一切追求民族解放和复兴事业的社会政治力量的共同主张，由“五一口号”方式喊出来，影响更为广泛。

今天回顾“五一口号”的条条主张，可以得到很多启示：

第一，它给当时处于困难时期的民主党派和无党派民主人士指明了政治前途，解除了许多思想困惑。1946年6月底解放战争开始，许多民主党派对未能实现抗战后国内和平建国深感失望，一些人对中共的路线和政策有误解；另一方面，国民党和国民政府为了战争胜利而采取了更为专制压迫的手段，对社会各界人士争取自由民主和繁荣国家的政治活动采取镇压做法，许多民主党派受到了残酷的迫害，这令一部分人士对国家前景产生失望和犹豫不决的想法。恰在此时，中国共产党通过“五一口号”明确而间接地提出了全面的政治主张，同时也真诚地号召各民主党派团结在中国共产党周围，一起建立新中国。无疑这是一种将民主党派拉出低潮低谷，引导其走上积极作为大道的有效做法。每到历史发展的关键时刻，中国共产党总是能够高瞻远瞩，具有习近平总书记所说的战略眼光和战略定力，有排除万难、执着坚定的政治信仰，不忘初心的力量，这种力量在促成中国共产党自身团结一致的同时，也对民主党派形成了不可忽视的引导作用。20 世纪 50 年代，中国共产党引领民主党派，将国家发展从新民主主义阶段推进到社会主义阶段；20 世纪 70 年代末，中国共产党引领民主党派，将国家发展从封闭停滞状态带进了改革开放新时期；21 世纪 10 年代末期，中国共产党引领民主党派，将国家发展提升到社会主义建设的新时代，提升到实现中华民族伟大复兴的全新阶段上。

第二，“五一口号”的基本精神就是中国共产党的领导为全社会所承认所接受，这是历史的选择，是人民的选择。民主党派本来就注重历史镜鉴，以人民的选择为选择，所以，在 70 年前，就坚定走上了服从中国共产党政治领导的道路，这一点，历经 70 年而不变。如今，正是在中国共产党坚强而英明的领导下，中国发展成为世界强国，无论在政治上、经济上还是文化上，都成为一股不可忽视的主导性力量，这是毛泽东及第一代中国共产党人最初期望的目标，他们为之付出了难以言喻的艰辛。中国共产党的政治自信由此更加强烈、自然，民主党派对这种自信高度认可，一如 70 年前对中国共产党能够夺取政权执掌国家建设充满信心一样，这也是作为执政党的中国共产党与作为参政党的民主党派在政治上血脉相连的根蒂所在。

第三，70 年前，“五一口号”成为联系中国共产党与民主党派的政治共识的纽带，它由中国共产党拟定和发布，却并非站在一党的立场上，也非图谋一党之利益，民主党派清楚意识到了这一点，深为中国共产党天下为公的初心所折服。“五一口号”在准确而简洁地表达了中国共产党政治主张的同时，也传递了中国共产党强大的政治魅力，显示了中国共产党具有思想活力、政治活力和组织活力的全新形象，凸显了中国共产党是当时中国政治舞台上当之无愧的领导力量的必然性。民主党派随后在中国共产党领导下的重组和改组之所以成功，也源于引入了中国共产党的一些机制和经验。在新中国成立初期，民主党派焕发出空前的活力，就是党的政治魅力辐射所致。70 年来，中国共产党一直坚持与时俱进，根据形势和任务的变化不断进行自我调整和改革，保持了最强大的活力，始终是中国政治舞台上最有活力的政党组织，始终具有强大的政治魅力，民主党派依然要从中国共产党的党建经验里吸取养分来提升自身的组织活力。

第四，“五一口号”开辟了通向多党合作制度发展之路。这一制度从一开始并非建构于一些组织连接上，而根植于政治信念和思想理论的共识，中国共产党无疑是这种共识的指导者和引领者。在“五一口号”中，体现出协商建国的政治期许，这是在中国共产党领导下执政党与参政党分享国家权力的最初主张，是多党合作制度以及如今已经蔚然成型的中国特色民主政治制度的萌芽。70 年来，中国一直践行这一权力分享主张，并根据国家发展的需要不断进行充实和提高，许多民主党派领导人在“五一口号”发布多年之后承认，他们接受这些口号时并没有想到会有那么多的机会来直接参与国家管理活动，会有那么多制度化的权力分享机会。被任命为新中国政务院副总理的黄炎培多次公开表示，在国家管理方面，他具有的并非是象征性的权力，而是实质性的权力；如今越来越多的民主党派人士通过担任政府要职、人大代表、政协委员或人民监督员等方式来参与国家管理活动，多党合作制度的不断完善表明了以后这种参与会更加实质化，范围会更广泛。

这一切都起源于70年前的“五一口号”。所谓饮水思源、抚今思昔，就是为了在思想上形成坚定的共识，就要在历史的回顾中找寻和确定当今的行动方向和合法合理性所在。“五一口号”已经成为中国共产党与民主党派合作历史上的高大丰碑，令我们永远景仰和纪念。

不忘初心跟党走　扬帆起航新时代

民建 70 多年与中国共产党肝胆相照风雨同舟，初心不改，站在新时代，踏上新征程，开启新梦想，永远跟着共产党，扬帆再起航。历史将永远铭记——2017 年 10 月 18 日，来自人民，根植人民，服务人民，拥有 8900 多万名党员的中国共产党胜利召开了第十九次全国代表大会，举世瞩目。中共十九大报告，深刻回答了新时代坚持和发展中国特色社会主义的一系列重大理论和实践问题，描绘了决胜全面建成小康社会、夺取新时代中国特色社会主义伟大胜利的宏伟蓝图，进一步指明了党和国家事业的前进方向，是全党全国各族人民智慧的结晶，是我们党领导团结全国各族人民在新时代坚持和发展中国特色社会主义政治宣言和行动纲领，是马克思主义的纲领性文献。

《中国共产党党章（修正案）》将习近平新时代中国特色社会主义思想写入党章，确立我们党长期坚持的指导思想。修改后的党章充分体现了中共十八大以来，党的理论创新、实践创新、制度创新成果，充分体现了中共十九大报告确立的重大理论观点、重大战略思想，必将对党的事业和党的建设发挥更好的指导作用。

学习领会贯彻中共十九大精神需要长期坚持、不断推进、不断深入，要带着感情去学习，要坚持系统学习原文，要保持温度、热度、持久度，要有深度、广度、厚度，结合实践提升高度学。学习中共十九大精神要紧紧围绕习近平新时代中国特色社会主义思想这一主线开展，要弄懂以下八方面的内容，即：深刻理解中共十九大的鲜明主题；习近平新时代中国特色社会主义思想的丰富内涵；中共十八大以来党和国家事业发生的历史性变革；中国特色社会主义进入新时代的重大意义；我国社会主要矛盾变化的深远影响；“两个一百年”奋斗目标；坚定不移全面从严治党的重大部署；一切为了人民，坚持以人民为中心。

1. 深刻理解中共十九大的鲜明主题。大会的主题是：不忘初心、牢记使命，高举中国特色社会主义伟大旗帜，决胜全面建成小康社会，夺取新时代中国特色社会主义伟大胜利，为实现中华民族伟大复兴的中国梦不懈奋斗。

中国共产党人的初心和使命，就是为中国人民谋幸福，为中华民族谋复兴。民建先贤顺应了历史大潮，坚定与中国共产党携手，作出了庄重的政治选择，这种选择从来不为一党之私，而是为了国家和民族的新生。民建创建之初鲜明地提出：“世界要和平、国家要民主、经济要发展、社会要公平、教育要普及、文化要繁荣。”这就是民建抛弃一些不切实际的主张转而全力服膺中国共产党的政治领导、甘于在中国共产党的政治领导下为国为民勠力作为的初心。中国共产党能够领导这个国家，也只有中国共产党才能领导这个国家。除此之外，没有一种政治力量可以担负起让中国繁荣昌盛、让中国人民富裕生活的历史任务。所以我们真心接受中国共产党的领导。这就是民建的初心，初心既定，初心不改。

2. 习近平新时代中国特色社会主义思想的丰富内涵。习近平新时代中国特色社会主义思想虽然是在中共十九大被命名的，但其思想内容、科学内涵早已写在广袤的中国大地上，刻录在人民群众心坎里，成为熊熊燃烧的思想火炬，照耀着、引领着中共十八大以党和人民创造性的探索实践。这个新时代是承前启后、继往开来、在新的历史条件下继续夺取中国特色社会主义伟大胜利的时代，是中国人民从站起来、富起来到强起来，继续前行的伟大历史时期。习近平新时代中国特色社会主义思想，是对马克思列宁主义、毛泽东思想、邓小平理论、“三个代表”重要思想、科学发展观的继承和发展，是马克思主义中国化最新成果，是党和人民实践经验和集体智慧的结晶，是中国特色社会主义理论体系的重要组成部分，是全党全国人民为实现中华民族伟大复兴而奋斗的行动指南，必须长期坚持并不断发展。

3. 中共十八大以来党和国家事业发生的历史性变革。报告从经济建设取得重大成就，全面深化改革取得重大突破，民主法治建设迈出重大步伐，思想文化建设取得重大进展，人民生活不断改善，生态文明建设成效显著，强军兴军开创新局面，港澳台工作取得新进展，全方位外交布局深入展开，全面从严治党成效卓著等 10 个方面全面系统地梳理了中共十八大以来的伟大成就。这 5 年，是党和国家发展进程中极不平凡的 5 年，5 年来以习近平同志为核心的中共中央科学把握当今世界和当代发展大势，顺应实践要求和人民愿望，举旗定向、运筹帷幄，统揽伟大斗争、伟大工程、伟大事业、伟大梦想，统筹推进“五位一体”总体布局，协调推进“四个全面”战略布局，以巨大的政治勇气和强烈的责任担当，提出一系列新理念新思想新战略，出台一系列重大方针政策，推出一系列重大举措，推进一系列重大工作，解决了许多长期想解决而没有解决的难题，办成了许多过去想办而没有办成的大事，推动党和国家事业发生历史性变革。5 年来的成就是全方位的、开创性的，5 年来的变革是深层次的、根本性的，这些历史性变革对党和国家发展事业具有重大而深远的影响。

4. 中国特色社会主义进入新时代的重大意义。中国特色社会主义进入新时代，意味着近代以来久经磨难的中华民族迎来了从站起来、富起来到强起来的伟大飞跃，迎来了实现中华民族伟大复兴的光明前景；意味着科学社会主义在21世纪的中国焕发出强大生机活力，在世界上高高举起了中国特色社会主义伟大旗帜；意味着中国特色社会主义道路、理论、制度、文化不断发展，拓展了发展中国家走向现代化的途径，给世界上那些既希望加快发展又希望保持自身独立性的国家和民族提供了全新选择，为解决人类问题贡献了中国智慧和中国方案。这个新时代，是承前启后、继往开来、在新的历史条件下继续夺取中国特色社会主义事业伟大胜利的时代，是决胜全面建成小康社会、进而全面建设社会主义现代化强国的时代，是全国各族人民团结奋斗、不断创造美好生活、逐步实现全体人民共同富裕的时代，是全体中华儿女勠力同心、奋力实现中华民族伟大复兴中国梦的时代，是我国日益走近世界舞台中央、不断为人类作出更大贡献的时代。

5. 我国社会主要矛盾变化的深远影响。中国特色社会主义进入新时代，我国社会主要矛盾已经转化为人民日益增长的美好生活需要和不平衡不充分的发展之间的矛盾。面对新矛盾变化，要把握三个重点：一是我国仍处于并将长期处于社会主义初阶阶段的基本国情没有变；二是我国是世界上最大发展中国家地位没有变；三是要牢牢把握社会主义初级阶段这个基本国情，牢牢立足社会主义初级阶段这个最大实际，以经济建设为中心，坚持四项基本原则，坚持改革开放，坚持党的基本路线不动摇，坚持中国共产党的领导。

6.“两个一百年”奋斗目标。2012年11月29日，习近平总书记在参观《复兴之路》展览时说：“每个人都有理想和追求，都有自己的梦想。

现在，大家都在讨论中国梦，我以为，实现中华民族伟大复兴，就是中华民族近代以来最伟大的梦想。这个梦想，凝聚了几代中国人的夙愿，体现了中华民族和中国人民的整体利益，是每一个中华儿女的共同期盼。”到中国共产党成立100周年时，全面建成小康社会，这是中国梦的第一个宏伟目标。中华人民共和国成立100周年时，基本实现现代化，这是中国梦的第二个宏伟目标。从十九大到二十大，是“两个一百年”奋斗目标的历史交汇期。第一个阶段，从2020年到2035年，在全面建成小康社会的基础上，再奋斗15年，基本实现社会主义现代化。第二个阶段，从2035年到本世纪中叶，在基本实现现代化的基础上，再奋斗15年，把我国建成富强民主文明和谐美丽的社会主义现代化强国。

7. 深刻理解坚定不移全面从严治党的重大部署。勇于自我革命，从严管党治党，是中国共产党最鲜明的品格。中国共产党团结带领人民进行伟大斗争、推进伟大事业、实现伟大梦想，必须毫不动摇坚持和完善党的领导，毫不动摇把党建设得更加坚强有力。要坚持和加强党的全面领导，坚持党要管党，全面从严治党，以加强党的长期执政能力建设、先进性和纯洁性建设为主线，以党的政治建设为统领，以坚定理想信念宗旨为根基，以调动全党积极性、主动性、创造性为着力点，全面推进党的政治建设、思想建设、组织建设、作风建设、纪律建设，把制度建设贯穿其中，深入推进反腐败斗争，不断提高党的建设质量，把党建设成为始终走在时代前列、人民衷心拥护、勇于自我革新、经得起各种风浪考验、朝气蓬勃的马克思主义政党。全面从严治党永远在路上。

8. 一切为了人民，坚持以人民为中心。人民是历史的创造者，是决定党和国家前途命运的根本力量。必须坚持人民主体地位，坚持立党为公、执政为民，践行全心全意为人民服务的根本宗旨，把党的群众路线贯彻到治国理政全部活动之中，把人民对美好生活的向往作为奋斗目标，依靠人民创造历史伟业。中国共产党一经成立，就把实现共产主义作为党的最高理想和最终目标，义无反顾肩负起实现中华民族伟大复兴的历史使命，团结带领人民进行了艰苦卓绝的斗争，谱写了气吞山河的壮丽史诗。她是为中国人民谋幸福的政党，也是为人类进步事业而奋斗的政党。她始终把为人类作出新的更大的贡献作为自己的使命。

中共十八大以来，中国特色社会主义进入新时代，民建会员履行职能也要跨进新时代。中共十九大描绘的新时代宏伟蓝图，为参政党履职开辟了广阔的舞台，提供了新的更高的要求。

一是要坚持中国共产党的领导，不断增强“四个意识”，坚定“四个自信”。中国共产党的领导是中国特色社会主义最本质的特征，是中国特色社会主义制度的最大优势。我们将坚定不移地走中国特色社会主义政治发展道路，毫不动摇地坚持中国共产党的领导，切实增强“四个意识”，坚定“四个自信”，更加紧密地团结在以习近平同志为核心的中共中央周围，承担起中国特色社会主义参政党的政治责任。

二是要适应新时代多党合作要求，不断提高中国特色社会主义参政党建设水平。作为中国特色社会主义参政党，在参与首都发展建设中，履行参政议政、民主监督、参加中国共产党领导的政治协商的职能和责任，在国家发展和社会进步中积极发挥作用和贡献，是新时期参政党的重要历史使命和时代需求。作为密切联系经济界的参政党要充分发挥自身特色和优势，深刻理解新时代我国社会主要矛盾的新变化，围绕中共十九大确定的战略目标战略部署，牢牢把握建设现代化经济体系这一主线，贯彻新发展理念，以解决好发展不平衡不充分的问题，将提升发展质量和效益作为长期参政议政的重要方向，聚焦供给侧结构性改革、创新型国家建设、乡村振兴战略、区域协调发展战略、社会主义市场经济体制完善重大问题，多献务实之策，多做开拓创新之事。民建至今走过了70多年的辉煌历程，不忘合作初心，继续携手与中国共产党一同前进，坚持政治站位，增强政治意识、大局意识、核心意识、看齐意识，继承和发扬民建光荣传统，落实习近平总书记在中央统战工作会议关于民主党派政治把握能力、参政议政能力、组织领导能力、合作共事能力、解决自身问题能力的“五种能力”建设，和加强思想建设、组织建设、制度建设、领导班子建设的“四个建设”的重要指示，弘扬民建“坚持爱国主义，致力于建设中国特色社会主义事业；坚持接受中国共产党的领导，与中国共产党亲密合作；坚持遵从人民群众的根本利益，认真履行参政职能；坚持与经济界的紧密联系，努力发挥会的特色；坚持与时俱进，在自我教育中不断提高会的素质”的“五个坚持”的优良传统，践行社会主义核心价值观和“爱国、民主、建设、团结、创新、奉献”民建六大共同价值理念，为首都发展和国家发展建设贡献民建的智慧和力量。

三是要为构建亲清新型政商关系、促进非公有制经济健康发展和非公有制经济人士健康成长贡献力量。中共十九大报告紧扣新时代社会主要矛盾变化和经济发展阶段变化，明确提出贯彻新发展理念，建设现代化经济体系是跨越关口的迫切要求和我国发展的战略目标；提出必须坚持和完善社会主义基本经济制度毫不动摇，鼓励、支持、引导非公有制经济发展。民建作为主要由经济界人士组成的参政党，截至2017年6月企业界会员11万人，约占会员总数63%。健康和谐的政商关系是一个社会稳定的重要基石，一个国家发展的重要动力，一个时代前进的重要标志，要推动构建亲清新型政商关系，建立并完善制度化、经常化的政企沟通机制。只有全社会都重视新型政商关系的构建，把亲清要求落到实处，一度被扭曲的政商关系才能回归正常，中华民族伟大复兴的中国梦才能行稳致远。2017 年 9 月，《中共中央国务院关于营造企业家健康成长环境弘扬优秀企业家精神更好发挥企业家作用的意见》正式印发，这是中共中央首次以专门文件明确企业家精神的地位和价值。意见用“爱国敬业遵纪守法艰苦奋斗”“创新发展专注品质追求卓著”“履行责任敢于担当服务社会”36 个字对优秀企业家精神作出了诠释，提出了要求。企业家是经济活动的重要主体，企业家精神是经济发展的重要源泉，当前，企业家成长的外部环境还不尽如人意，侵害企业家财产权和其他权益、所有制歧视、乱作为等现象还时有发生，妨碍企业家才能发挥。我们要坚强民主监督，关注民营企业产权保护，通过深入调研和集体论证，不断提出推动非公企业和非公经济发展的建议，宣传依法有效保护产权的好做法、好经验、好案例。协助有关部门宣传优秀民营企业家的先进事迹和突出贡献，共同营造尊重和激励企业干事创业的社会氛围。

四是要抓住国家和首都发展的重要契机，加强学习不断提高自身素质。学习中共十九大精神，学习中共党史和多党合作历史，学习民建成立 70 周年中共中央贺词、陈昌智主席在民建成立 70 周年纪念大会上的讲话，学习《中国共产党统一战线工作条例（试行）》，学习民建会章、会史和会的优良传统等，深刻认识中国共产党在中国特色社会主义事业中的领导核心地位和作用，深刻认识中国特色政治制度和政党制度的历史必然性和巨大优越性，深刻认识自觉接受中国共产党领导的历史必然、中国共产党与民建团结合作的光辉历程，深刻认识民建作为参政党的性质、地位、职能和任务，深刻认识民建 70 多年来的光荣历程，传承老一辈的政治信念、弘扬老一辈的优良传统，贯彻落实民建 70 周年成立大会重要精神，开启一个崭新的历史篇章。北京 9200 多名民建会员应在自我学习、自我管理、自我提高、自我服务中加强政治思想意识，在坚持学习中不断提高政治理论水平，提高政治站位，内要克服急躁骄傲自满情绪，外要树立虚心踏实勤勉形象，要经常学习，善于学习，并在学习中会总结、积累，为履行参政党职能和责任打下坚实的理论基础。在参政议政上要坚持“参政有据、认识提高、行动及时、建议可行、步调一致、议政主动”。强化为国家为民族为人民服务的意识，增强“只有国家好，我们才能好”的思想价值引导，树立“培养参政党人才要有格局，有胸怀，有眼力，团结参政党人才坚持有能力、有水平、有视野、能服众”的人才价值观。团结人才汇聚智慧，为集聚参政议政事业储备人才和能量。开展理论研究，理论联系实际，工作结合学习，不断增强中国特色社会主义道路自信、理论自信、制度自信和文化自信。

五是要强化政治担当、责任担当、历史担当，提高自觉意识，服务新时代。作为社会主义新时代的建设和参与者，更加紧密地团结在以习近平同志为核心的中共中央周围，为有序疏解首都功能、建设北京城市副中心、治理“大城市病”，推动京津冀协同发展、筹备 2022 年冬季奥运会，支持雄安新区建设，为建设国际一流和谐宜居之都，做中国特色社会主义合格参政党，积极建言献策，贡献智慧和力量。“长风破浪会有时，直挂云帆济沧海”，让我们更加自觉地把个人的发展和成长融入首都和国家发展建设大局中，创造属于自己的精彩人生，不辜负时代眷顾、人民嘱托、组织培养、国家希望，努力为实现中华民族伟大复兴的中国梦建功立业。

今天的中国已跃居世界第二大经济体，“一带一路”倡议向世界人民发出共建“命运共同体”的美丽邀约，放眼世界，今天的中国为全球治理贡献着中国智慧、中国能力、中国方案。开放包容的中国共产党正以海纳百川之势，坚持走中国特色社会主义道路，坚定将改革进行到底。站在新起点，面对新目标，踏上新征程，中国共产党和各民主党派坚持中国共产党领导的多党合作和政治协商这一适应中国国情、根植中国特色土壤的基本政治制度，加强合作共事，巩固和发展最广泛的爱国主义统一战线，最大限度把各阶层各方面的智慧和力量凝聚起来，最大限度把全社会全民族的积极性、主动性、创造性发挥出来。各民主党派要不断提高政治把握能力、参政议政能力、组织领导能力、合作共事能力和面对新形势新情况新问题解决自身问题能力，不忘合作初心，与人民同心同德，与时代同心同向，与国家同心同行，为维护社会和谐稳定、维护国家主权安全发展，为保持香港澳门长期繁荣稳定、实现祖国完全统一，为决胜全面建成小康社会、夺取新时代中国特色社会主义伟大胜利、实现中华民族伟大复兴的中国梦、实现人民对美好生活的向往继续奋斗！

“亲”要有度，“清”要从严

如何构建亲清新型政商关系？根据我们的观察，正常政商关系建立的真正难点在于如何做到“清”。“清”就是要做到划清界限，这种界限指的是在相互交往过程中法律与情理之间的界限，具体反映在官员如何合法使用手中的权力，企业家如何合法地约束自己的行为，不越出底线做违法之举。要真正做到政商关系上的“清”，应该秉持一些基本原则。

要确立组织层面的政商关系，而不是个人层面的政商关系。因为组织之间的交往更多地依照于各种规章制度，企业发展所需要的一些许可，必须由政府有关部门来审核，这是法律授权，不是个人给予，只要依照章程办事，就无须动用私人关系。从实践中看，一旦政商交往涉及私人层面，就很难做到“清”，因为私人交往中难免会有人情在其中。从揭露出来的政商关系不“清”案例来看，绝大部分的涉案政商双方，都建立了公务关系之外的私人关系。

要更多地依托制度办事，而不是依托党政官员个人的好恶办事。只有做到制度“亲”，而不是随意“亲”，才能做到政商“清”。制度是超越于个人的具体利益的，是为了公共利益而设计出来的，要在市场竞争中获得优势，就要依照制度来办事，依靠企业的实力来获胜。

但是长期以来，一些企业家不在练内功上花气力，而是专门“公关”政府官员，利用其个人好恶来曲意引诱，从市场公平原则的破坏中获利。这样的利益与企业的正当努力没有直接的关系，反倒令企业声誉受损，令企业家以为不务正业就能够盈利。这是一种严重的误导，也是政商关系不“清”造成的恶果，既害党政官员，也害企业家自身。依托稳定的制度来办事，就可以使得企业合法守规经验，能够获取长远的利益，因为制度所提供的，是一种稳定的长期预期，有了这种预期，企业才能够在内功上练得更强。

要形成“利益交换禁忌”，不能在政商关系处理上太过任性，不能没有底线。禁忌观念就是，要在守法的基础上，对行为自我约束，也要受制于习惯、风俗以及其他一些约定俗成的规矩。在与党政官员交往过程中，不能无所顾忌，这主要出自企业家自身的约束意识。在涉及与企业发展有关的重大决策事务上，希求政府部门给予支持是一种常态，但是要依靠正道来做事。遇到难处时，绝不可以做利益交换，使得企业陷入扭曲的政商关系漩涡之中。

企业家思维要从“靠关系”转向“靠本领”。从根本上看，要使得政商关系真正“清”，就需要企业家树立正确的经营理念，把头脑中的“靠关系”思维祛除掉，转向“靠本领”吃饭，回归企业家本色和本行。

在开展生产经营活动中，总要与政府部门及官员打交道，如果企业家恪守本分，行为上板板正正，就能够建立起正常的政商关系。企业把主要精力放在转型升级和质量提升上，必定能够贡献实质性的财富，成为地方经济发展的重要支柱，政府部门及官员必然就会真诚以待。一些地方政府对企业家的态度过于功利化，也助长了一些企业家不务正业，整天把工夫花在与各级官员打交道上，靠违法利益交换所得到的企业发展，就是“沙滩楼阁”，必定会被淘汰的。政商关系的不“清”，在许多情况下正是一些企业家不恪守职业道德、胡乱作为的结果，这说明他们的思维方式根本就不是企业家的思维方式，而是特权思维，陷入非法利益交换之中。这种本事不是企业家的本事，是有害于企业家本分和声誉的歪本事。

促进民主党派智库建设的十大设想

现阶段，规范的智库建设在我国尚处于起步阶段，制度框架、政策措施优化以及运行机制的健全还需要一个过程。民主党派智库建设尤其需要各方面支持，因为民主党派智库在国内还是一个新生事物，不但需要观念上的革新，还需要在实践中进行大胆而谨慎的探索。通过鼓励和支持民主党派智库建设，来推进政党协商的完善，是一个重大而迫切的问题，应该从以下几个方面入手：

第一，推进政策松绑，为民主党派智库的发展提供必要的空间。现行政策规定，非营利性组织必须挂靠某个政府主管部门，而一些部门出于“多一事不如少一事”的考虑，往往不积极接纳智库的挂靠要求。民主党派智库也会遇到这样的难题。对民主党派智库的注册，可以采取更为宽松的政策，比如，允许民主党派及下属机构具备挂靠资格，允许以公司名义注册智库。另外，在年检、活动举办、对外合作、信息收集、调研安排、成果发布等方面减少不必要的限制，提升智库的运行效率。在目前阶段，应该在扶持民主党派智库的建设与运行方面，给予一定的优惠政策，比如，在智库与基金会的合作方面，提供更便利的条件。

第二，为民主党派智库的运行提供支持，鼓励智库与更多的党政部门建立直接的业务联系。以往，民主党派的社会活动多是政党与统战部门、政党内部的往来，与其他党政部门、社会组织之间缺少沟通，影响了作用的发挥。所以，要注重利用好民主党派智库这个中介，帮助民主党派建立起与国家、社会进行沟通、了解、协作的渠道。放宽对民主党派的跨党活动的审批；鼓励民主党派智库成立联络部，与党政部门及其他社会组织建立起定期联络、对口协作机制，让政府部门有机会更多地听取民主党派智库的声音；在条件成熟的情况下，鼓励民主党派智库建立与政府部门任职的成员和特约成员的定期联系制度，扩展参政议政的渠道和途径；民主党派智库的研究成果，在以“内参”等的方式报送政府有关部门之后，其采用或办理情况，要以书面或会商方式及时给出回馈，统战部门应该将这个过程看成是全面落实政党协商制度的重要组成部分。

第三，鼓励和支持民主党派为智库的发展吸引、培养和使用各类专业人才。统战部门应该会同有关机构，就民主党派智库建设进行一次系统的人才资源摸底调查，以便掌握切实的信息，依托其他多种调查方式，对民主党派人力资源的基本情况进行分门别类的细化统计，形成大数据，以备随时使用；鼓励民主党派在建立智库时，大胆启用人才，对此，统战部门要给予相关的支持，对其中一些有志于参与公共事务的人才，可以提供相应的机会，组织安排一些优秀人才参加与境内外专业人士的直接交流，甚至送到境外科研机构短期参访，拓展其专业视野；对表现突出的优秀民主党派智库及其成员给予奖励，例如，赋予其一定的荣誉称号，现有的先进工作者、杰出青年、青年五四奖章等奖励机制中，要给民主党派智库成员预留一定的名额；推举人大代表、政协委员候选人时，给予充分的考虑；还可以根据其贡献大小，给予其一定的物质奖励，为此，要设立专项奖励基金；对从事政府委托的重大课题研究的民主党派智库，要给予充分的物质和非物质支持。

第四，扩大民主党派智库的知情渠道。政府有关部门要给民主党派智库在收集信息、沟通信息等方面提供一定的便利，如赋予民主党派智库一定的资料数据查阅权限，在调查研究方面给予一定的政策优惠和资金支持；在举办专题报告会、专题座谈会以通报重要情况时，吸纳民主党派智库成员参与旁听；帮助民主党派智库根据专业研究的需要建立起系统的信息库；放宽民主党派智库与媒体的信息共享合作的审批。这些措施旨在强化民主党派智库的信息基础设施建设。

第五，帮助民主党派规范智库的各项活动，使得智库既保持应有的专业独立性，又能够依托党派资源高效规范运行，产生实际的影响力。一些民主党派智库可以接受本党派的课题研究委托，但是，要站在理性、科学规范的立场上，不受外来的因素干扰，确保研究成果的专业独立性。同时，智库在接受本党派外课题研究委托时，要充分利用本党派的社会关系网络或其他优势资源，发挥专业优势。

第六，加强民主党派智库课题引导及研究成果的转换，使他们的意见和建议成为相关决策的参考依据。民主党派智库自身要加强对选题的筛选，选择优秀选题，选拔优秀人才，集中重点力量，提出高水平提案；鼓励民主党派智库根据实际需要，独立地确定研究方向和项目，重点引导他们研究国家和社会发展中的重大问题、前沿问题、战略问题，使得他们的研究活动与国家的需要高度同步；鼓励智库开展一些基础理论性研究，对这些成果以适当方式进行传播；建立和健全民主党派智库提案机制，并将其纳入对民主党派智库考核体系中，每年对各民主党派智库提案的采用率或实际效果进行统计分析，对智库成果进行等级评估；建立适当的机制，鼓励各民主党派智库之间进行良性竞争，提高智库的学术水平和成果质量。

第七，创新纳言渠道，最大限度地利用好民主党派智库资源。除了传统的报告会、研讨会、座谈会、协商会之外，还应该大力创新纳言渠道，利用现代通信技术所提供的便利，开拓灵活多样的途径，例如建立网络纳言渠道，在政府网站上专辟纳言通道；建立民主党派智库论坛、微信公众号等，为其提供网络平台；鼓励民主党派智库就重大政策问题进行公开的专业化讨论和辩论，并将他们的各种意见传播给广大民众；建立早餐会、茶话会、品酒会等多种形式，利用轻松环境，听取各种意见和建议，让大家畅所欲言，鼓励“头脑风暴”“神仙会”等等。

第八，帮助民主党派夯实智库的经济基础。在现有的法律框架内，大力鼓励民间资本捐助以支撑智库活动。要鼓励智库进行必要的自我宣传和吸引资助的活动，提高全社会对民主党派智库重要性的认识；对民主党派成员的自愿捐助，采取积极鼓励的态度。同时，帮助民主党派智库提升专业化规范化的运行管理水平，探索符合社会发展需要和市场规则的经营活动，比如，接受有关单位（如企业、政府部门、大学或其他组织）有偿咨询委托，所得收益全部用于智库活动本身。

第九，鼓励民主党派智库与其他智库开展广泛的合作。不同专业领域、活动范围和人力配置的智库各有自己的特色和优势，要鼓励民主党派智库与其他智库加强合作交流，深化专业研究，聚集智慧。可以由统战部门或民主党派出面，来协调智库之间的合作，比如，联合举办有关重大政策或问题的系列研讨会。建议以八个民主党派智库的名义，建立“一带一路”国际论坛、中国民主建设国际论坛，这两个论坛集中外智库的力量，形成制度化的机制，扩大影响力，传播中国声音。

第十，确定智库在政党协商活动中的重要地位。智库的交流是政党协商的补充，尤其涉及一些重大决策时，智库的专业性意见和建议直接关系到决策本身的科学化程度。开展中国共产党智库与民主党派智库之间的交流，能够确保政党协商建立在政治考虑与专业标准的完美结合基础上。

总之，推进民主党派智库建设，要有整体规划眼光，更要有切实可行的措施，要培养一批领军人物和杰出人才，不断推出高质量的研究成果，将民主党派智库建设成为有较大影响力和国际知名度的一流智库，使其成为推动政党协商过程的重要的思想资源，在提升政党协商质量的同时，体现社会主义协商民主的独特优势。

新时代发挥统战优势，助力乡村振兴

乡村振兴是不断巩固脱贫攻坚成果，促进共同富裕，建设社会主义现代化国家，实现民族复兴目标的重要要求。作为实现全面建成社会主义现代化国家的一个重要标志，体现了中国共产党带领各族人民踔厉奋发、笃定前行攻坚必胜的伟大信念。2021 年是“十四五”开局起步之年，乡村振兴也开始全面展开，推进乡村振兴政策的落实落地落细。

建立最广泛的统一战线，是党克敌制胜的重要法宝，也是党执政兴国的重要法宝。统一战线要在乡村振兴中体现新作为。积极引导鼓励广大统战成员发挥各自优势参与乡村全面振兴，这是在国家发展和社会进步事业中发挥统一战线作用的题中之义。统战成员要树立大局意识、服务意识，不断增强实际本领，以中央关于乡村振兴工作重要指示精神为指导，助力乡村振兴。

一、统一战线具有的综合优势

一是专业优势。统一战线团结了智力密集、成果丰硕的最广大人群，引导他们发挥专业优势投身乡村振兴和社会主义各项改革发展事业建设中是新时代统战工作新使命。

二是组织优势。2022 年是统战政策提出 100 周年，百年来，统一战线政策理论不断创新发展，并形成了健全的组织依托，从上到下，各级统战部门、各级政协、民主党派、人民团体和其他社会组织，设置了系统的组织网络，涉及国家建设和社会发展各领域各方面，这种组织优势确保了中国共产党的政策方针能全方位地传达到社会各个层面，为各个人群所知晓和接纳，也成为推进各项重大决策的组织依托。

三是机制优势。统一战线不是一个抽象的政治概念，在统战部的具体协调下，由上而下覆盖了社会的各区域、领域和阶层，一些重大决策通过这一机制得到切实的落实。乡村振兴作为一项重大任务受到全社会的关注，在统一战线机制优势的保障之下，可以转化为全民一致上下一致的行动。

四是声望优势。在乡村振兴工作中，可以借助脱贫攻坚和抗疫统一战线的声望优势，来团结社会各方面力量，克服困难，实现振兴目标。

二、准确把握统一战线与乡村振兴工作的相互关系

两者是一个相辅相成的过程，准确把握这种关系至关重要。可以从以下三个方面来把握。

一是积极参与乡村振兴，丰富了统一战线工作实践内容。积极参与乡村振兴，将拓展统一战线新职能，丰富发展统一战线工作新内容，更切实地体现统一战线工作与国家发展和社会进步之间的内在联系。而统一战线就是以团结各界人士积极服务于国家建设和社会进步为本职的，统战成员应该借助自身综合优势，整合各方面资源，积极参与乡村振兴。

二是积极参与乡村振兴，拓展了统一战线职能发挥的新途径。积极参与乡村振兴，能大大拓展统一战线职能发挥的新途径，助力统一战线对国家发展和社会进步事业广泛参与机制的完善。统一战线在乡村

振兴中发挥积极作用，能够拓展和丰富职能履行的途径。体现在决策过程之中，统一战线成员的积极参与将大大提升政策优化的水平。体现在人才集聚方面，统一战线的优势能够得到显著发挥。体现在协同运行机制上，要考虑到多层次的合作与协同。要有科学规范的工程设计、运行机制，而统一战线所团结和联系的许多专家学者完全可以积极参与其中。

三是积极参与乡村振兴，优化了统一战线内部关系。参与乡村振兴可以大大促进统一战线内部的关系优化，探索出良性互动、相互促进的机制，在乡村振兴过程中，积极参与的统一战线成员也获得了促进相互关系良性发展的机会。围绕乡村振兴的总目标，就具体的政策措施、制度改革的落实等问题，形成协作关系，这一关系的形成过程就是各成员相互之间寻求互补的过程。统一战线成员可以利用智库、媒体作为平台，在乡村振兴问题上，形成步调一致的动作，比如，进行政策咨询、项目招商推荐、人才交流、公益募捐等活动，使之产生更大的社会影响力。

总之，统战系统要深刻把握广大成员的时代特征，充分运用其优势，发挥其实力，尊重其个性，帮助其成长，团结其力量，汇聚其智慧和共识，在具体参与乡村振兴实践中，不断引导其提高思想政治认识，夯实坚定党的全面领导基础。广大统战成员要坚定拥护党的领导，将综合优势服务乡村发展建设，在振兴实践中运用好相关制度机制，探索新模式、拿出新思路、想出新办法，切实解决乡村振兴中的困难和问题，为不断书写统一战线新篇章贡献新力量。

提升农业现代化水平，做好全面脱贫与乡村振兴有效衔接

在庆祝中国共产党成立100周年大会上，习近平总书记庄严宣告，经过全党全国各族人民持续奋斗，我们实现了第一个百年奋斗目标，在中华大地上全面建成了小康社会，历史性地解决了绝对贫困问题，正在意气风发向着全面建成社会主义现代化强国的第二个百年奋斗目标迈进。这是中华民族的伟大光荣！这是中国人民的伟大光荣！这是中国共产党的伟大光荣！如期打赢脱贫攻坚战，实现全面脱贫，是党中央向全国人民作出的郑重承诺，也是实施乡村振兴战略的重要基础。

2020年3月6日，习近平总书记在决战决胜脱贫攻坚座谈会上指出，要接续推进全面脱贫与乡村振兴有效衔接，推动减贫战略和工作体系平稳转型，统筹纳入乡村振兴战略，建立长短结合、标本兼治的体制机制。接续推进全面脱贫与乡村振兴有效衔接，是巩固脱贫攻坚成果与乡村振兴交汇和过渡时期的一项重大战略任务。2021年是“十四五”开局起步之年，以提升农业产业现代化建设为抓手，对巩固脱贫成果与乡村振兴有效衔接提出以下建议：

1. 抓好产业衔接，推进产业兴旺。实现全面脱贫与乡村振兴有效衔接，产业是基础。在推进精准扶贫、精准脱贫工作过程中，要坚持以产业扶

贫为主导，积极创新产业扶贫模式，因地制宜，鼓励贫困户通过大力发展种植业、养殖业、外出务工等多种方式实现脱贫致富奔小康。依托产业扶贫基础，在推进农业产业和农产品升级建设中，要坚持围绕“名特优”产品种植核心区为引领，辐射带动周边村屯农民及贫困户种植，坚持引导新产品培育和种植示范区建设思路；相关部门要做好农业产业技术保障，依托本地技术服务人员为基础，积极引入高级别农业产业所需各类专家；坚持推进农业产业现代化。夯实农村基础建设，为更多产业投资提供更多的服务和便利。

2. 抓好人才衔接，培育振兴队伍。扶贫开发是全党全社会的共同责任，要动员和凝聚全社会力量广泛参与。乡村振兴的实现，要解决好“谁来振兴”问题，打造一支带动乡村振兴的骨干队伍。推进全面脱贫与乡村振兴的人才衔接，要注重把在脱贫攻坚工作中有想法、有经验、有办法的优秀人才充分利用起来，他们对农村情况熟悉，对推进全面脱贫与乡村振兴的有机衔接有深刻体会。

在培育乡村振兴人才队伍中可以采取：一是在农业田园核心区示范区创建中，积极探索构建政府引导、企业主体、农民载体、全社会参与的可持续发展、共创共建的机制创新体系，鼓励和吸引新乡贤、返乡大学生、退伍军人等投身乡村振兴，在乡村振兴推进工作中给脱贫攻坚能者以舞台，促使他们进一步成长为推进乡村振兴的骨干力量；二是培育新型农业经营主体，发展现代农业，改善投资环境，引进涉农龙头企业、电商企业，推行高素质农民培育工程，开展家庭农场主专题培训，成立农民专业合作社、合作联社等基层集体组织，真正让农民共享集体经济发展和农村改革成果；三是以农民组织的合作社或村集体作为项目实施的主要载体，鼓励其他常住市民、社区居民、企业职工、创客、游客等全社会力量充分参与农业产业示范区、核心区、田园综合体等创建，与村民风险共担、利益共享，并逐步实现就近就业、就地置业。

3. 抓好规划衔接，谋划振兴路径。科学规划是推进经济社会发展的重要前提和基础。在推进脱贫攻坚过程中，要特别注重顶层设计，精心设计精准扶贫的规划图。在推进乡村振兴战略落实落地过程中，做好中长期计划和实施指导意见，因地制宜制定示范区、核心区、田园综合体等实施方案，为全面脱贫与乡村振兴有效衔接提供新路径，创设新举措新保障。国家在乡村振兴中有诸多政策规划，各地要结合本地实际做好政策对接，切实为实现乡村振兴担当作为。

4. 抓好组织衔接，健全领导体系。推进全面脱贫与乡村振兴的组织衔接，要做好脱贫攻坚与乡村振兴的组织领导体制机制工作的有机结合，建立实施乡村振兴战略领导责任制。以基层党委“一把手”为乡村振兴领导小组组长，真正落实书记要当好乡村振兴“一线总指挥”的责任。健全全面脱贫与乡村振兴保障制度，出台工作机制落实的相应细则，确保短期注重坚持脱贫攻坚与乡村振兴一起抓，长期注重解决相对贫困问题与乡村振兴齐推进。健全全过程监督机制，切实把各项工作落实到位，杜绝形式主义，走过场。让党旗在乡村振兴实现共同富裕征程中高高飘扬。

5. 抓好政策衔接，形成长效机制。在推进精准扶贫、精准脱贫工作过程中，要制定脱贫攻坚的系列政策和工作机制，比如，驻村扶贫、财政投入、督查考核、组织协调等。这些政策和工作机制，可以有力地推动脱贫攻坚工作的顺利开展。脱贫攻坚的主战场在贫困乡村地区，乡村振兴的主战场同样是在乡村，其中也包括贫困地区。因此，在具体推进上，可以共享相关政策和工作协调机制。推进全面脱贫与乡村振兴的政策衔接，可以借鉴脱贫攻坚成功经验，参照脱贫攻坚相关政策与工作机制，建立健全乡村振兴的政策与工作协调机制；加强对现有扶贫政策的梳理，对于既涉及脱贫攻坚又涉及乡村振兴的政策优惠，要尽量保持政策的连续性、可持续性，着力促进特惠政策向普惠政策的转变。

新时代民主党派支部主委的五种能力

新时代民主党派支部主委要在加强政治坚定力、影响力、号召力、凝聚力、领导力上下功夫，不断提高适应执政党对参政党新要求的能力。

1. 政治坚定力。各民主党派是中国特色社会主义参政党，通过履行参政议政、民主监督、参加中国共产党领导的政治协商基本职能，参与推动国家经济社会发展事务。新时代各民主党派支部主委要积极引导广大成员学习贯彻落实习近平新时代中国特色社会主义思想，树牢“四个意识”，坚定“四个自信”，做到“两个维护”。政治坚定力就是毫不动摇地坚持中国共产党领导，坚持新型政党制度，坚持不断提升自身政治素养，不断解决支部在自身建设、履职建设存在的问题，更好地适应经济社会发展需要。主委作为支部的主要力量，必须能够做到巩固政治思想防线，扎紧政治坚定力，防范政治风险。主委要带头坚定不移地在“听党话、跟党走”的大是大非面前坚定政治立场，坚守政治底线，体现政治坚定力的不可动摇性。支部主委要时刻不忘自己为什么要加入民主党派这一初心，时刻明确自己的使命，要做到讲政治，明底线，存大局，懂规矩，树正气，不投机，信组织，扬传统。

2. 影响力。建设组织坚实的中国特色社会主义参政党是执政党对参政党的期望和要求，也是参政党适应新时代要求的必然。组织坚实在民主党派支部层面体现的应该是，主委能够团结带领支部委员会和成员搞好支部班子建设，能积极主动地推进支部代表人士参与人大、政协、政府等政治平台进行履职，能够着眼发现并吸纳身边代表人士为本党派成员，能够把不断提高组织发展的质量作为支部中心工作常。这一切都需要支部主委的影响力，对支部成员的影响力，对非支部成员的影响力，再有就是在本党派系统和其他党派的影响力，还有在多党合作大框架下的影响力。这个影响力取决于主委本身的专业、行业背景，对党派认识专业化程度，对多党合作理解程度，对新型政党制度的理解程度，还包括正确的大局观、历史观、角色观、政治观、价值观等内在的个人魅力等。影响力是一个综合性概念，要全面更要具体地辨识，不能简单地理解，要有一个测评体系。一个支部主委要时刻把规矩挺在前头，把“树立典型、形成合力、缩短差距”作为推动支部组织发展的重要支撑，作为主委体现组织影响力的重要抓手。

3. 号召力。新时代民主党派支部主委的号召力体现在能够准确把握几个关系上，即准确把握中国特色社会主义参政党性质和定位，准确把握执政党和参政党关系，准确把握自身建设和履职尽责等关系。各民主党派坚持中国共产党领导，要自觉自主自为地履行基本职能，当好执政党的好参谋、好帮手、好同事。号召力贯穿政治上、履职上、组织上等多个方面，主委的号召力不仅仅是能够上传下达，更多的是得到接收信息的支部成员从内心上的支持，不是表面的，不是浮夸的，更不是敷衍的。去年的疫情防控政策受到各民主党成员积极响应，闻令而动冲到一线承担了很多具体的抗疫工作，很好地树立了民主党派形象，也充分体现了民主党派各级组织的号召力。支部主委是体现组织号召力的主体，压实这一责任，就能够不断树立党派新的形象，展现党派新的作为，体现党派新的能力。主委自身政治素养、履职能力和水平都将直接影响号召力。支部主委要多在学习上下功夫，加强政治理论学习，多在中国共产党党史、新中国史、改革开放史、社会主义发展史、多党合作史和党派章程等知识学习上下功夫，做一个有正确历史观的党派成员，时刻做成员学习的表率。号召力是可以通过学习实现的，只有不断学习才能不断提升对成员的号召力。

4. 凝聚力。民主党派支部主委的凝聚力是要通过履职体现的。坚持中国共产党的领导是民主党派最大的政治共识，这一共识需要贯穿履职全过程、全链条、各环节。当前支部作为党派组织的最基础构成单元，较大的痛点是成员对社情民意信息的收集及调研报告、政治理论课题报告的撰写。要更好地在跟进社会重点、关注民生需求焦点、破解经济发展堵点等问题上聚焦发力，加强对所联系群众的了解，集中反映社情民意。做好政策宣传、解疑释惑、理顺情绪、化解矛盾、引导预期、提振信心等工作，主动发声，主动出力，和中国共产党想在一起，站在一起，干在一起，体现民主党派凝聚力。支部主委的凝聚力要体现在能够很好地求同存异，更要能够做到聚同化异。支部工作头绪比较繁多，本党派中央、市委，政协，统战，社院等各口工作都汇集在这里，支部成员来自不同职业，所联系的界别群众也不尽相同，对一些问题的看法和认识存在不同，在履职工作中要坚持体谅包容、渠道畅通，求同存异，促进不同观点的充分表达和最大限度地交流，更要加强引导，善用协商，尊重个性，弥合分歧，化解风险，在履职中寻求凝聚起最大公约数，画出最大同心圆。

5. 领导力。民主党派事业的薪火相传、多党合作事业的不断发展，都为推动中国政治文明不断前进注入了强大的动力。民主党派支部主委的领导力是上述四种能力的最后呈现和表达。主委领导力要牢牢把握自党坚持中国共产党领导的政治坚定力这一核心，要能够团结更多的支部成员，把主要精力凝聚在干事上、履职上。支部主委要有敏锐的政治判断能力和总揽全局能力，要有容人的宽阔胸襟和格局，要有甘愿奉献的情怀和能够担当铺路石的谦逊，在本职工作、党派工作、生活作风中，时刻能够树立榜样和典范。领导力不是固步自封的，不是个人主义，更不能忽略团结，要能够把不同性格的成员统一到一起，使心往一处想，劲往一起使。可以说支部主委工作是一个包容性很强的工作，很大程度上是做人的工作，就是做人的思想工作，统一了思想，激活干事的热情，运用得当的方法，就是最大领导力。

乘势建党百年着力加强民主党派思想政治建设

中国共产党成立100年，中华人民共和国成立70余年，中国共产党带领全国各族人民前赴后继勇往直前，缔造了举世瞩目的辉煌伟大成就。中国共产党百年筚路蓝缕谋求民族复兴人民幸福的征程中，中国共产党领导的多党合作和政治协商制度作为新型政党制度，作为国家一项基本政治制度发挥了重要作用，这一制度必须长期坚持好，发展好，完善好。

中共中央高度重视多党合作事业，召开了一系列重要会议，出台了一系列重要文件，作出了一系列重大部署，科学回答了统一战线一系列重大理论和实践问题，形成了习近平总书记关于加强和改进统一战线工作的重要思想，这些都为在中国共产党建党百年的历史节点上，在民主党派广泛开展中国共产党党史、新中国史、改革开放史、社会主义发展史的学习教育活动中，着力加强民主党派思想政治建设提供了根本遵循。

民主党派理论武装提升要有新水平

新时代多党合作事业是在中国共产党的领导下，以马克思列宁主义、毛泽东思想、邓小平理论、“三个代表”重要思想、科学发展观、习近平新时代中国特色社会主义思想为指导，坚定不移地走中国特色社会主义道路，坚持长期共存、互相监督、肝胆相照、荣辱与共的基本方针，各民主党派成员要不断增强“四个意识”，坚定“四个自信”，做到“两个维护”，始终在思想上政治上行动上同中共中央保持高度一致。

一是要坚持中国共产党的领导。中国共产党领导是多党合作事业最鲜明的特征，是中国特色社会主义事业的最本质特征。中国共产党成立百年是不忘初心、牢记使命的一百年，是始终在不忘为民族谋复兴、为人民谋幸福的道路上孜孜以求、不断前行的一百年，也正是有了中国共产党的领导才有了中国从站起来、富起来到强起来的伟大飞跃，没有中国共产党就没有新中国，只有中国共产党领导才能实现中华民族伟大复兴的中国梦。中共十八大以来，我国的经济实力、科技实力、民生保障、生态环境等综合国力跃上新的台阶，我们为近一亿人解决贫苦问题，全面建成小康社会，中华民族伟大复兴向前迈出了新的一大步。百年大党，必将在带领全国各族人民从胜利走上新的胜利的征程中不断发挥制度优势并转化为国家治理效能。

二是思想政治建设是履职尽责的保障。各民主党派是接受中国共产党领导的中国特色社会主义参政党。如何在协调推进国家经济社会建设过程中提出建设性意见和建议，各参政党成员应当准确把握与执政党的关系，牢记使命，坚持自觉自主自为，适应新时代中国特色社会主义参政党履职要求。当前，要把实施“十四五”规划作为参政议政的重点、关键点、聚焦点，紧紧围绕构建新发展格局、推动各项改革高质量发展、促进共同富裕、乡村振兴、数字经济、城市数字化、碳达峰、碳中和等重大课题，深入开展调查研究，提高建言献策质量。坚持“江山就是人民，人民就是江山”，把履职做到推动经济社会发展的一线实践中，在实践中推动理论新升华。

民主党派政治共识巩固要有新提高

民主党派思想政治建设是广泛凝聚多党合作政治共识的基础和前提。结合建党百年，各民主党派在学习中国共产党党史过程中，增加各民主党派史和多党合作历史的学习，发挥“不忘合作初心，继续携手前进”的主题教育牵引作用，不断深化政治交接，传承和弘扬多党合作光荣传统，创新巩固政治共识成果，增进对中国共产党和中国特色社会主义的政治认同、思想认同、理论认同、情感认同，当好中国共产党好参谋、好帮手、好同事，做中国特色社会主义实践者、维护者、捍卫者。

一是强化对民主党派凝聚共识的认识。凝聚共识从民主党派组织层面理解就是要把握内部与外部两个环节。内部就是要用多党合作的创新理论武装头脑、指导工作、推动实践，引导广大成员坚持中国共产党领导，牢牢把握正确的政治方向，不断夯实“不忘合作初心，继续携手前进”的思想政治基础，强化参政党责任担当，团结引领成员正确认识中国共产党，正确认识中国共产党领导的多党合作事业的历史必然性、优越性，不断坚定“听党话，跟党走”共识。凝聚共识从外部理解具有时间和阶段属性，当前，凝聚共识在外部就是要向所联系的界别群众、社会各界讲好中国共产党百年故事，通过各种平台的履职把中国共产党的主张不断转化为全社会各领域共识。

二是加强各种政策理论学习。推进多党合作事业要准确领会各项政策，推动理论与实践不断创新发展。运用好各种学习教育活动的重要契机，民主党派成员要加强学习，不断提高素质，增强本领。学习中国共产党党史和多党合作历史，学习中国共产党十九大和十九届二中、三中、四中、五中全会精神，学习《中国共产党统一战线工作条例》，学习民主党派章程、民主党派历史，深刻认识中国共产党在中国特色社会主义事业中的领导核心地位和作用，深刻认识各民主党派作为参政党的性质、地位、职能和任务，深刻认识老一辈民主党派领导人的政治信念，弘扬老一辈的优良传统。民主党派应在自我学习、自我提高、自我服务中加强思想政治意识，在坚持学习中不断提高政治理论水平，增强政党意识，提高政治站位。

民主党派思想引导要有新强化

从多党合作事业发展角度理解，思想引导至少应该包括三个方面主体。

一是民主党派各级班子成员的教育引导。民主党派各层级班子成员是开展各项工作的领头雁、排头兵，其思想意识程度和做事执行力水平将直接影响整个民主党派和统战工作。强化统战部门的政治领导、工作指导，紧紧扭住亲密友党、凝聚共识、团结教育来谋划民主党派各项具体工作是关键之举。指导各民主党派梳理完善现有制度机制，明确职责任务，对苗头性、倾向问题要引起重视。建立堵漏补缺长效机制，尤其是要建立对民主党派班子成员科学的检查和监督，确保各项工作抓实、落地、见效。各民主党派组织本身也要注意班子成员中出现的问题，坚持自我教育，自我批评，自我管理的原则，建立思想政治预警机制，设立矛盾风险不上传制度，不断推动新时代对参政党要求相适应的能力建设水平。

二是抓好民主党派成员思想政治引导。随着经济社会结构发展的新变化，民主党派成员构成呈现出知识结构丰富，个人经历多样，对社会贡献奉献程度较高，对新思潮、新事物理解接纳程度较快，各种利用诉求多样，尤其是政治诉求各异等新特点，各民主党派组织要对成员呈现的多样性、时代性以及工作存在的复杂性有客观的判断和分析，要有针对性的应对方式。当前，正在开展中国共产党党史学习教育，各民主党派完全有必要对原有的工作方法方式进行再剖析，切实找出符合这个时代这个时期的民主党派工作可行之道，为全面推进社会主义现代化国家建设，开好局起好步贡献民主党派力量。

三是重视各民主党派所联系的界别群众。民主党派是接受中国共产党领导的中国特色社会主义参政党。这已经成为全社会对中国共产党领导的多党合作和政治协商制度这一基本政治制度的广泛共识。民主党派成员以及当中的代表人士在民主党派本身、政协、统战、政府等广泛的平台履行基本职能，为推动经济社会发展贡献能力和智慧，这也是社会的广泛共识。联系所代表的界别群众，倾听意见、收集呼声、整理建议、维护权益、引导发声、唱响主旋律是民主党派成员的担当和使命。对所联系的界别群众的思想政治引领这一环节尤要重视，建立民主党派成员联系界别群众（包括学习培训、谈心谈话、走访调研等）制度，是新时代推动民主党派履职效能高质量发展的重要抓手，也是将中国共产党主张转化为广泛共识的有效载体，是推进政党治理体系和治理能力现代化发展的必然要求。

“摆摊儿”彰显为民情怀

在疫情防控背景下，有关经济社会发展中最重要、最现实的问题是“六稳”“六保”，“六稳”“六保”最基础的着力点就是保住就业。对这次新冠肺炎疫情最直接的感受就是人流、物流的停摆，人流、物流的停摆，直接影响了经济社会的发展。所以只要保住稳住就业，就等于活跃了人流、物流，经济自然就会逐步恢复。“六保”应该是特殊时期的特殊应对，抓民生保就业，实施扩大内需战略，体现的是以“人民为中心”的执政理念和为民情怀。

“摆摊儿”与城市治理要并举

全国文明城市评比是从2008年开始的，其中城市形象在文明城市的评级中的分量很重，于是城市发展中都在强调城市形象这一目标。随着城市高速发展，久居都市的普通百姓不知不觉地与极具城市烟火气和人情味的“地摊儿”“早市夜市”疏远了。“地摊经济”被认为是不入流的，因为摆地摊带来的如环境卫生问题、占用街道问题等，给当时的城市治理带来不小的困惑和麻烦。于是有些地方采取了“一刀切”的简单做法即禁止“摆摊儿”而引发的了一些冲突。城市的文明和形象是城市各要素在配置中的协调、联动，是一个综合的整体，好的城市环境是每个百姓的愿望，市井虽然嘈杂，有时候显得不那么有序，但生活恰恰是因为有了这些烟火气，更有人情味，城市的文明治理能力的程度也不仅仅体现在井然有序上，对包括地摊现象的有关行业的敬畏，与嘈杂无序引发的烦躁不安厌恶引发的治理效能不高相比较，内心宁静祥和或许才是直指人心的、更接近城市文明的治理效果。

今天衡量一个城市治理水平的指标体系不仅包括繁华、有序、现代，也包括对最底层群众的包容、理解、帮助和支持，这应该成为城市治理能力和治理水平现代化的要求。自古以来街头巷尾流动的小商小贩，活跃了经济，丰富了生活的色彩，给人民带来了方便，他们陪伴了都市的繁华，还原了城市的底色。2020 年全国两会后，文明城市测评标准已经发生了变化，不再将占道经营、马路市场、流动商贩作为文明城市考核内容。我们相信在政府科学规划、合理指导、共治共享理念引领下，“人间烟火味最抚凡人心”的地摊经济的重新燃起，一定会解决很多人的就业问题，也为新时代城市提供带有温度治理的尝试。

“摆摊儿”跟风盲从是保就业的禁忌

“政府只有敢给自己添麻烦，才能给商家添利润”将成为政府转变职能新时尚，这是新时代人民政府为人民的底气和自信，是对以人民为中心、人民至上价值取向的生动诠释。这句话对地摊经济同样适用。地摊经济将有力缓解就业压力，拉动内需消费。但摆摊儿不要跟风，不能盲从。这段时间，媒体报道出很多年轻人干脆不找工作了，更有甚者本来有不错的工作，看到人家开豪车都出来摆地摊儿了，自己干脆也摆摊儿，认为摆摊可以实现一夜暴富，自己通过摆摊儿也可以买豪车，这些是对摆地摊的不清醒认识，摆地摊儿的本意是让更多的人可以有份稳定的工作，稳定收入。豪车地摊主很多是为了拍短视频，吸引眼球、作秀，他们的出现很大程度给年轻人带来错误的价值引导，相关部门一定要注意这一现象，尤其是对想就业创业的人群的负面影响，媒体舆论要加以引导，作为个体的我们也要清醒冷静地认识到，没有哪辆豪车是靠摆地摊儿赚钱买来的。地摊经济由于门槛相对不高、投入资金成本不高、技术要求不高，地摊主赚的大都是辛苦钱，再好的地摊儿生意也都是自己和家人干。大众创业、人人就业，人生没有什么捷径可言，唯有踏踏实实地干好每一件事儿，方是正道，摆摊儿亦如此。

出口企业滞销，依靠科技找出路

疫情对大量外贸企业的影响是严重的，很多外贸企业不得不转战国内市场。但外贸出口转内销不能盲从，要紧紧依靠“科技是我们战胜一切困难的有力武器”这一指导思想。疫情改变了很多公司原有的产品定位、销售渠道、销售模式、技术创造。最近网上卖得很火的一款消毒杀菌垃圾桶引起笔者注意，这家企业本来一直做垃圾桶的外贸出口，因为疫情影响外贸订单中断，企业一度陷入困境，大量员工面临失业风险，该企业依靠相关平台大数据搜索量看出，消费者对消毒杀菌类产品需求空间大，企业迅速决定在原来产品上进行技术创新、功能优化，进行消毒杀菌垃圾桶的生产，同时改变原有销售渠道和方式，用网上直播的方式进行销售，该企业最终实现了比去年同期营业额的翻倍增长。利用大数据、云计算等技术，有效地遏制了疫情带来的危机，企业运转稳住了，员工的工作也稳住了。这个案例的启发是，疫情给经济社会带来的影响是客观的，广大的民营企业要坚定中国经济长期向好的信心，我们有 14 亿中国人的强大国内需求市场，面对疫情防控与经济社会发展的“两个大局”，企业需要及时主动了解政府相关扶持政策，认真研判，依靠科技力量进行技术革新创造，找准切市场入点，推动“危机中育新机，于变局中开新局”。

世界多国看好中国经济

我国的线上消费持续火爆，也吸引了海外的目光，不少驻华使节也纷纷做起网络主播，推荐自己国家的产品。波黑驻华大使塔里克·布克维奇在一场关于本国旅游文化产品直播中，有 50 万人观看。他对采访的媒体说，波黑国家总人口 350 万人，这种方式非常了不起，能够扩大我们的宣传，我们很希望以这种方式为中国供货。云消费的数字经济正以其网络化、平台化、智能化的优势，以其线上线下强大的协调能力和通达能力，打破着经济活动的空间限制。中国巨大的消费市场为世界经济提振提供了可能。数据显示，共有全球 92 个国家和地区约 2.5 万个海外品牌来某电商平台赶集，其中首发新品超过 40 万件。另据国家统计局数据，2020 年 5 月基本类生活商品消费较快增长，同时消费升级类产品持续改善。这为身处困境的外贸外资企业提供了广阔的转型机会和可能。也为做好“六稳”工作、落实“六保”任务释放了积极的信号，政府相关部门要主动联络国内知名电商平台，整合资源发挥各自优势，与优质的产业带集群进行深度合作，打通线上线下两个平台，为消费者提供充足的低价的优质的商品服务，带动经济复苏。线上消费的火爆，将成为重新焕发活力的世界经济消费增长的新引擎。

“地摊经济”“夜经济”“线上经济”“出口转内销”等各种经济活动形式的目的是拉动消费，推动扩大需求，挖掘市场潜力，通过开展消费行动，推动传统产业加快转型，最终实现高质量发展，满足人民对美好生活的需求。线上线下多措并举，政府要善于搭台，经济才能好戏连台。“六稳”“六保”的主体都是人，只有人这个主体稳住了就业，稳住了收入，经济社会也就活了起来。

政协委员要以画大同心圆为己任

中华民族伟大复兴进程进入关键阶段，人心向背、力量对比决定事业成败。政协委员应该以习近平总书记提出的“同心圆”理论为遵循，团结各界群众，增进巩固政治共识，把联系各界群众的履职实践与努力画大画好同心圆联系在一起，在思想和行动上，探索新理念、新机制、新方法，发挥积极作用。

同心圆之所以是同心，往往就是通过增进本界别成员的共同意识，来做好维护和巩固、扩大同心圆的工作，把俞正声主席强调的“认真做好凝心聚力工作”的要求落到实处。要强化政协委员的责任意识。政协委员在团结各界、发扬民主方面担负着重要的责任，应不断强化这种责任意识，激励政协委员在联系各界群众、巩固和扩大同心圆方面履职尽责。

俞正声主席多次强调要发挥政协委员的主体作用。笔者建议在对政协委员履职考核评价中，应把是否以各种方式与各界群众联系，作为一个明确要求，提倡政协委员与群众特别是所在界别的群众进行联系。有一些委员平时不重视联系群众、深入基层调研，在政协会议上的发言缺乏事实依据和民意支持，肤浅之极，影响了参政议政的质量，降低了政协委员身份的社会公信力。这样的委员作为专业人员也许是优秀的，但是作为政协委员，却缺乏画大同心圆的意识和能力。

应进一步完善政协委员推荐程序，采取各种方式更多地听取群众意见。一是真正推荐出有代表性且有履职能力的政协委员，提升政协委员的社会公信力。二是强化政协委员的责任意识，让他们时刻意识肩负的责任，既然是本界别群众推荐的代表性人士，参与国家或地区重大事项的协商议政，就应该切实负起责任来。

创造条件鼓励政协委员密切联系群众，相互之间建立起良好的互动关系。最稳固的同心圆实际上应该是相关各方建立的双向互动的结果，这种结果有利于同心圆的巩固和扩大。同心圆的扩大，有赖于群众对同心圆核心的认同。要让群众真正认同，政协委员就要在与群众的互动中，尽可能地倾听群众的呼声、真实反映群众的各种意见和建议，在互动中发挥引导作用，产生影响力。

俞正声主席指出，“团结的面越宽越好，团结的人越多越好，团结的同心圆越大越好。”要画大同心圆，就不能忽视对边缘群众的引导工作，政协委员应该具有鲜明的引导意识。要鼓励政协委员发挥他们作为杰出专业人士的优势和才能，以深入细致的方法建立与边缘群众相互接近、坦诚交流的关系，这是发挥引导作用的关键。

笔者认为，发挥政协委员联系群众的功能，是画大同心圆的基础性工作。政协具有完善的组织系统，也是汇聚各界杰出人士的人才库。画大同心圆，是一项重要的政治任务，政协委员是重要的人力依托，只要在理念上、机制上和方法上不断改进，就能够将习近平总书记强调的画大同心圆的工作要求落在实处。

新时代基层统战工作创新的三大要点

近年来，大学统战工作事业发展迅猛，取得了显著的成就，成为国家民主政治发展、社会经济进步和民众大团结的有力推进力量。不可否认，这些成就主要有赖于中央高层的统战工作力度和强度的提升，相比之下，县级层级、社区层级和基层单位层级上的统战工作，在声势、影响力和成绩上，都较逊色，甚至在不少地区，基层统战工作陷入了“统战观念淡薄、机制体制不顺、队伍建设欠精、工作方法单一”的困境。比如，一些信教群众的心理与行为如何引导，一些侨胞的切身利益如何保障，一些在内地（大陆）工作、留学和居住的港澳台人士的动向如何把握，这些问题在一些基层地区没有得到很好地解决。直接面对广大统战对象和民众的基层统战工作深化和发展，已然成为一个关系到整个统战工作大局健康发展的重要问题，这不容忽视。

基层统战工作的定位、责任和职能都有明确的规定，尤其是改革开放三十多年来统战事业发展极为迅速，也积累了大量的经验。中共十八大以来，中共中央政治局委员直接兼任中央统战部长，还连续召开统战主题的重要会议，发布了统战工作新决议，这是新中国成立以来统战工作受到最高级别重视的时期之一，这表明，统战工作已经列入了最重要的工作范围之内。大政方针已经确定，重要的在于落实。基层统战工作要摆脱被动局面、开创积极局面，关键就在于工作创新。

这种创新主要应该集中在：

第一，工作理念创新。中共中央早就提出了基层统战工作的“充分尊重、广泛联系、加强团结、热情帮助、积极引导”的二十字方针。这是推进基层统战工作的指针，有助于我们在理念上强化积极的基层统战工作意识。对统战对象的尊重要达到“充分”的程度，对群众及各界人士的联系到达到“广泛”的广度，与广大民众的团结要达到“加强”的力度，都有赖于基层统战的每一步安排、每一个动作、每一项推动；而要做到“热情帮助”“积极引导”，更离不开基层统战工作者的责任心和全身心投入的精神。有一段时间，不少基层统战工作者因各种客观条件（比如编制不全、经费不足等）而失去了工作积极性，还有人对基层统战工作的重要性产生了怀疑，对应该做的工作采取得过且过的应付态度。这都源于对基层统战工作理念的误解。对此，要引起高度的重视。统战工作理念的强化，要具体反映在：

——强化对基层统战工作的必要性、重要性的认识，要从统战工作大局出发，来准确地定位基层统战工作，要有扎根意识、第一线意识、面对面意识、手把手意识，要把最广大的普遍非中共人士和群众作为统战对象，以最热情真诚的工作态度做好统战工作。

——强化对基层统战工作的重点的把握，要将统战对象的意愿表达和利益维护作为工作重点，要时刻把握他们的思想动向和行为动向，要善于引导他们提出合理要求，将其纳入统战工作的基本框架之内，不能仅限于做一些口头工作，要以切实的措施来帮助他们解决难题，提升对党和国家大局的正确认识。

——强化对基层统战工作的科学性的理解，要注意利用理性、科学和有效的方法来做好联系工作、沟通工作、保障工作。统战工作就是做人的工作，就是做在社会上有特定影响力的人的工作，这些工作必须是扎实的，有根有据的。要有善于做基层统战工作的意识，对成效显著的，要进行经验总结，进行推广，使得基层统战工作越来越有活力，让统战工作效应发挥到最高程度，服务于党和国家工作大局。

第二，工作机制创新。工作机制主要是指在既定制度规范约束下，落实既定政策、实现既定目标的程序性要求。在基层统战工作中，每一项事务的处理、每一个统战工作者的活动，都要符合这种程序性要求。但是，长期以来，有些要求并没有做到与时俱进，一些规定落后于情况的变化和统战工作对象需求的变化，显得保守和被动，依照这些要求来做工作自然就难以有效。比如，一些基层统战工作部门的工作权限受到不必要的限制，一些工作要经过层层报批，才能展开，从而丧失了很好的时机；还有许多地方和部门，对基层统战工作业绩的报道和宣传十分消极，令统战工作的进展少有社会影响力；一些单位对从事统战工作的人员的资格做了过多的限制，打压了工作的积极性和主动性。这些都是机制上的问题，对此，要进行彻底的改进，基层统战工作机制的创新应该体现在：

——在决策、执行权限规定上，要下放权力，赋予基层统战部门更多的自主权。在组织结构上，基层统战部门依旧是党委的一个职能工作部门，大事需要汇报请示，但是，在第一线基层工作，随时需要面对和处理一些临时性和新颖的问题，对此，应该给基层统战部门以必要的决定权和执行权，以便及时处理一些必要的事情。从工作经验教训上看，一些基层统战工作出现延误、丧失良好时机，主要是统战部门权力不够造成的。对此，应该引起高度的重视。

——在工作流程安排上，要追求实效，杜绝形式主义，减少表面文章。一些基层统战部门沿袭了一些不好的机关作风，在从事统战工作时，没有注意实效，而是就事论事，搞形式主义，对一些场面上的事情比较热衷，而对扎扎实实的工作却不善于去做，造成一些地方的基层统战工作要么是冷冷清清，要么是表面热闹风光，而实际上解决不了实际问题。为此，就要在工作部署、手段选择时，充分注意实事求是，凡是有利于工作实效的，就要提倡，凡是仅仅满足于表面风光的，就坚决不做，防止资源浪费和基层统战工作信誉丧失现象的发生。

——在工作业绩考核方面，要采取更为开放的、多样化的标准，准确地反映基层统战工作实绩，形成对基层统战工作者的足够激励。对基层统战工作业绩的考核，不能局限于开了几次联谊会，搞了几次活动，而是要注重统战工作对象的满意度，要有科学的方法来测度，以此作为考核工作业绩的重要依据，要改变以往僵化和固定不变的考核方法，要善于从基层统战工作的特点出发，来设计和实施工作业绩考核制度。

第三，工作方法创新。在很多情况下，基层统战工作的成败取决于工作方法是否具有灵活性。不少地区的统战工作对象反映，一些统战工作者在工作上官气十足，也不了解具体情况，就一厢情愿地做工作，结果浪费了精力，没有取得应该有的效果；还有一些地方，基层统战工作者以机关处理公文的习惯，来对待统战对象的合理要求，无法满足他们的希望，造成了与统战对象之间的严重脱节。这都是需要加以改进的，为此，就要做如下的创新：

——要鼓励采取各种灵活措施。鼓励基层统战工作者积极探寻新的灵活的工作方法，要沉在第一线，要与统战对象直接打交道，要善于倾听他们的呼声，对他们的各种要求有清晰的辨识，区分出合理的与不合理的，对其中合理的，要根据条件给予及时反馈。比如，对一些长居的统战对象的工作方法，与对一些临时来居的统战对象的工作方法，就要有所区别，要了解他们的真实需求。

——根据不同的工作对象和情境，采取不同的工作方法。要对统战对象的复杂性有直接的认识，要对在不同情境下他们的思想和行为模式有足够的把握，以便因人施策、因境施策，切忌万事一刀切。对统战对象的进取性要求（比如投资、个人发展等）与保守型要求（比如要求保障合法权益等）进行必要的区分，要有不同的工作方法。对前者，要以积极热情待之，甚至要善意地提醒其在本地区发展可能面临的潜在风险，帮助其有充分的考虑，防止因为盲目性而陷于失败；对后者，要待以耐心，对其合理诉求有明确的了解，要帮助他们在合法合理的轨道上解决难题。对待一些文化程度不高的信教群众，要理性、规范，要有积极引导意识，防止一些消极的情绪引发不好的后果。

——要注意各项统战工作之间的协同效应。这对基层统战工作尤其重要，在高层和中层，这种协同效应往往看得比较明显，而在基层则不容易发现，也难以掌握。但是，要做好基层统战工作，不重视这种效应，是不行的，首先要在既定的统战工作制度框架下对一些工作领域进行专业化的分工，比如对台商的统战工作，可以由台办来办理，也可以由统战部来办理，也可以根据具体情况由其他相关部门来办理。相互之间要有协调意识，及时发现可能出现的不协调，尽最大努力减少资源的浪费，也防止政出多头而造成统战对象的误会。另外，统战部门也要与党的其他工作部门之间形成良性的协同关系，比如对于知识分子工作，要讲究工作上的一致性，部门之间的工作竞争，要有良性的规范来约束，不能造成交义、重复和混乱。